ALTERNATIVE HEILMETHODEN FÜR PFERD UND REITER

SUSAN MCBANE & CAROLINE DAVIS

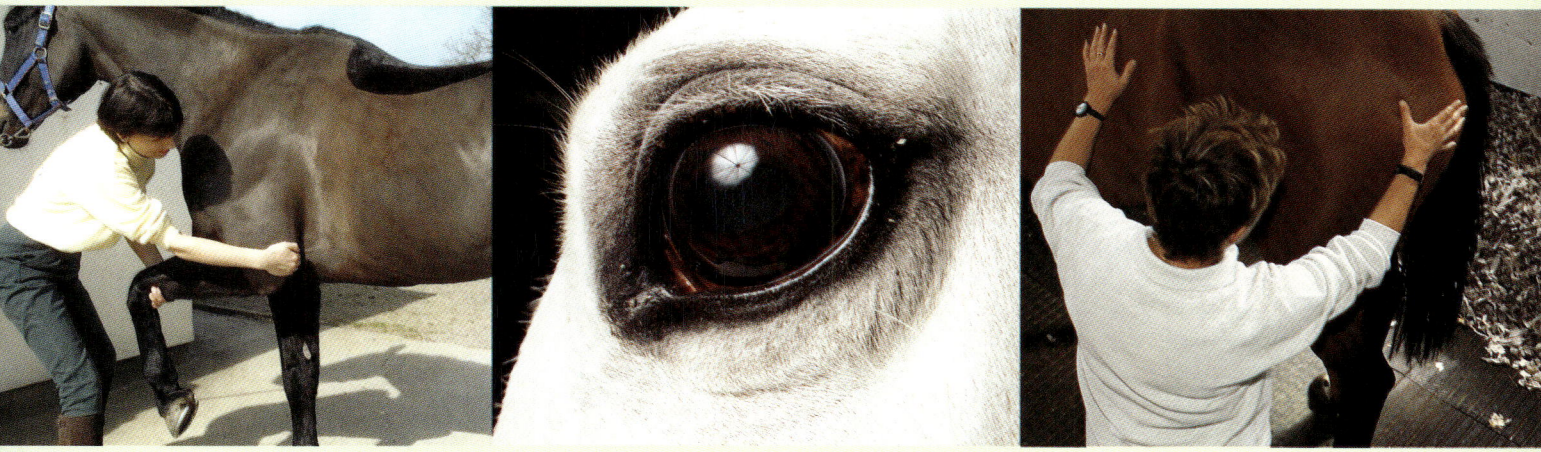

ALTERNATIVE HEILMETHODEN FÜR PFERD UND REITER

KOSMOS

Aus dem Englischen von Karin Körngen, München

Medizinische Fachberatung: Dr. med. vet. Jürgen Bartz, Kaltenkirchen

Umschlaggestaltung von Friedhelm Steinen-Broo, eSTUDIO CALAMAR, unter Verwendung von Farbfotos (von links oben im Uhrzeigersinn) von David & Charles/Bob Langrish, D&C/Susan McBane, D&C/Susan McBane, D&C/Bob Langrish, D&C/Susan McBane, D&C/Kit Houghton, NHPA/Nigel J. Dennis, Bee Health Ltd, NHPA/E.A. Janes und Kit Houghton (Rückseite)

Titel der englischen Originalausgabe: Complementary Therapies for Horse and Rider, erschienen 2001 bei David & Charles, Brunel House, Newton Abbot, Devon, TQ12 4PU (ISBN 0 7153 1072-0)
Copyright © Susan McBane und Caroline Davis, David & Charles 2001

BILDNACHWEIS

Der Verlag dankt für die Bebilderung dieses Buchs:
Academy of Systematic Kinesiology: S.98
Adrenaline Sports Ldt: S.39
Bob Atkins : S.128(oben), 130, 177
Edward Bach © S.85(rechts), 86(beide), 87(links), 88(oben rechts und unten)
Bee Health Ltd: S.81
Frank Bell: S.131
Caroline Bradley: S.139, 140
Britstock-IFA: S.7(Hasenkopf), 9(Zscharnack), 65(beide)(Number Three Co.), 69(oben) (Number Three Co.), 82(unten links) (Bernd Ducke), 62(oben links) (Britstock-IFA), 89(Option Photo), 153(IPP), 154(alle) (Number Three Co.), 157(Option Photo), 169(Esbin Anderson), 173(Ostarhild), 174(Gerald Schorm),
Jacqueline Cook: S.22(oben rechts), 23(alle)
Corbis: S.159(John Henley), 160(Ronnie Kaufmann)
Emap Active Ltd/Your Horse Magazine: S.118
Equine Bowen (Beth Darall): S.52, 53
Forbes Copper: S.66(beide)
Ian Francis: S.20

Greenshires Publishing/Riding Magazine: S.40(Anthony Reynolds), 42(Joanna Prestwich); 43, 92, 122, 124(beide); 125(Jan Piper)
Hilton Herbs Ltd: S. 68(oben & Mitte), 70(links)
Kit Houghton: S.6, 9(beide), 11, 30, 32, 33, 34, 36, 37, 46-7, 58-9, 67, 70(rechts), 72, 73, 74, 75, 76, 78-9, 83(beide), 84(beide), 85(links), 97, 111, 112-13, 142(rechts), 143(oben links), 144(beide), 147, 148(oben rechts), 149(oben links)
Caroline Ingraham: S. 102
Artaine Jewell: S. 120-1
Bob Langrish: S.10
Magno-Pulse Ltd: S.38
NHPA: S.68(unten links) (Nigel Dennis), 69(unten) (E.A. Janes)
John Walmsley Photo Library: S.91
Photographs ©David & Charles auf S.8, 22(unten links), 24(beide), 25(alle), 28, 29, 44, 45, 49, 54, 57, 60, 61, 62(beide), 84(oben), 87(rechts), 100, 101, 103, 104, 105(beide), 106-7(alle), 115(alle), 117(beide), 142(links & Mitte), 143(unten links, oben und rechts), 156(Susan McBane); 12, 13, 50(alle), 51(beide), 55(beide), 56(beide), 63(beide), 126, 128(unten), 165, 166(Bob Langrish); 94-5, 114-115, 162, 163, 171, 176(Kit Houghton)

Zeichnungen von: S.17, 116(beide), 127, 145(alle), 146(beide), 148(alle), 149(beide): Maggie Raynor; S.18, 141: Samantha Elmhurst
Zeichnung auf S. 108 von Jean MacFarland mit freundlicher Genehmigung von Ebury Press

Für die deutschsprachige Ausgabe:
© 2002 Franckh-Kosmos Verlags-GmbH & Co., Stuttgart
Alle Rechte vorbehalten
ISBN 3-440-09300-X
Lektorat: Sigrid Eicher
Produktion: Claudia Kupferer, Kirsten Raue
Printed in Italy
Satz: TypoDesign, Radebeul
Druck und buchbinderische Verarbeitung: Milanostampa, Italien

Informationen senden wir Ihnen gerne zu

Bücher · Kalender · Spiele · Experimentierkästen · CDs · Videos
Natur · Garten & Zimmerpflanzen · Heimtiere · Pferde & Reiten
Astronomie · Angeln & Jagd · Eisenbahn & Nutzfahrzeuge · Kinder & Jugend

KOSMOS

Postfach 10 60 11
D-70049 Stuttgart
TELEFON +49 (0)711-2191-0
FAX +49 (0)711-2191-422
WEB www.kosmos.de
E-MAIL info@kosmos.de

INHALT
THERAPIEN VON A-Z

EINLEITUNG

Kreisläufe schließen sich immer wieder. Dies scheint auf die Medizin genauso zuzutreffen wie auf andere Lebensbereiche, und Dinge, die in der Humanmedizin eingesetzt werden, finden bald auch Anwendung in der Tiermedizin. Heute finden alternative Therapien und Heilmittel wieder großen Anklang bei Pferdebesitzern, sowohl für sie selbst als auch für ihre Familie, ihre Pferde und Haustiere, und das scheint keine Modeerscheinung zu sein. Menschen unter 45 meinen vielleicht, sie hätten mit der Kräuterheilkunde, der Akupunktur oder der Aromatherapie etwas Neues entdeckt, aber Ältere erinnern sich, dass diese Behandlungsarten früher genauso gebräuchlich waren wie andere.

LESEN, NICHT BLÄTTERN!

Wir hoffen, dass Sie unser Buch nicht nur zum Nachschlagen einzelner Therapien verwenden und den Rest ignorieren. Das Buch kann erste Informationen liefern, die Welt der alternativen Therapien ist jedoch so groß und so vielfältig, dass es nicht einmal ansatzweise das ganze Konzept alternativen und ganzheitlichen Heilens und Lebens darstellen kann.

Wir hoffen dennoch, dass Sie dieses Buch auch als Buch lesen werden, weil wir glauben, dass dadurch etwas von der Kontinuität der ganzheitlichen Medizin und Lebensführung für Mensch und Tier (in diesem Fall speziell für Pferde und deren Reiter und Besitzer) deutlich wird und ein größeres Verständnis und Gefühl hierfür vermittelt werden kann.

„ZUSÄTZLICH" NICHT „AN STELLE VON"

Der Name „alternative" Therapien ist irreführend. Er klingt, als ob diese Therapien eine reine Alternative zu dem wären, was wir als Schulmedizin bezeichnen. Wir, die Autoren, bevorzugen eigentlich das Wort „zusätzlich". Die meisten Therapien können nämlich in Kombination miteinander (dies trifft nicht immer zu) oder mit der orthodoxen Human- oder Tiermedizin eingesetzt werden. Natürlich können sie, genau wie die Schulmedizin, alleine angewendet werden, aber oft werden durch eine Kombination bessere, ja die besten Ergebnisse erzielt.

Ein ganzheitlicher Ansatz umfasst die klassische Tiermedizin und alternative Therapien. Das Ergebnis: ein glücklicheres, gesünderes Pferd.

EIN STÜCK GESCHICHTE

Bis zur Mitte des 20. Jahrhunderts basierte die Schulmedizin ebenfalls auf natürlichen Heilmitteln tierischen, organischen oder mineralischen Ursprungs. Auch damals gab es daneben alternative Therapien. Jedermann hatte einen Kräutergarten, in dem sowohl Küchen- als auch Heilkräuter wuchsen. Hausfrauen, Kindermädchen, Großmütter, Köche und Haushälterinnen hatten ihre ureigensten Heilmittel, und die Menschen konsultierten Apotheker und andere Heiler (in der Regel weise Frauen, die früher häufig als Hexen verbrannt wurden) für sich und ihre Tiere genauso wie qualifizierte Schulmediziner oder Tierärzte, nachdem diese Berufe entstanden waren.

Ungefähr in der Mitte des letzten Jahrhunderts explodierte dann die medizinische Forschung regelrecht, und synthetische Medikamente und Heilmittel, manche von ihnen sehr stark in ihrer Wirkung, überschwemmten die Human- und die Tiermedizin und verdrängten so die natürlichen Heilmittel fast, aber nicht vollständig: Diese wurden von da an als altmodisch angesehen, als nicht stark genug, als etwas, das man nur dann einsetzte, wenn alles andere versagte. Zwei Generationen sind in dem Glauben aufgewachsen, dass die moderne konventionelle Schulmedizin, ob bei Mensch oder Tier, die einzig richtige, effektive Methode sei.

Mit der Zeit stellte man fest, dass diese starken Medikamente nicht nur nicht immer wirkten, sondern dass sie häufig auch äußerst unangenehme Nebenwirkungen hatten. Man begann, nach anderen Methoden für die Heilung oder die Erhaltung der Gesundheit zu suchen.

Die meisten Therapien, die wir heute als „alternativ" bezeichnen, sind alles andere als neu. Viele sind hunderte, ja tausende von Jahren alt und haben sich über die Jahrtausende hinweg in der Praxis als effektiv erwiesen. Kein Volk verwendet eine Therapie so lange oder auch nur annähernd so lange, wenn sie nicht wirkt. Trotzdem blickt die Schulmedizin gemeinhin auf große Teile der alternativen Medizin herab, weil ihre Wirkung nach schulmedizinischen Maßstäben nicht erwiesen ist. Medizinische Forschung wird größtenteils von der Pharmaindustrie betrieben oder finanziert, und das nur dann, wenn dabei Profit erzielt werden kann.

In keinem Labor der Welt wurde jemals die mysteriöse Lebenskraft, die Energie, das Chi, Ki oder Prana, das Kernstück der östlichen Heilkunst, isoliert. Aber käme deshalb jemand auf die Idee zu behaupten, dass, im Vergleich zu nur ca. 50 Jahren westlicher Schulmedizin, auf diesem ausbalancierten Energiefluss basierende Therapien nicht wirken und seit tausenden von Jahren nicht gewirkt haben? Nur weil es keinen wissenschaftlichen Beweis in der modernen westlichen Welt dafür gibt, dass etwas wirkt, heißt das nicht, dass es nicht wirken kann. Seit sehr langer Zeit wussten die

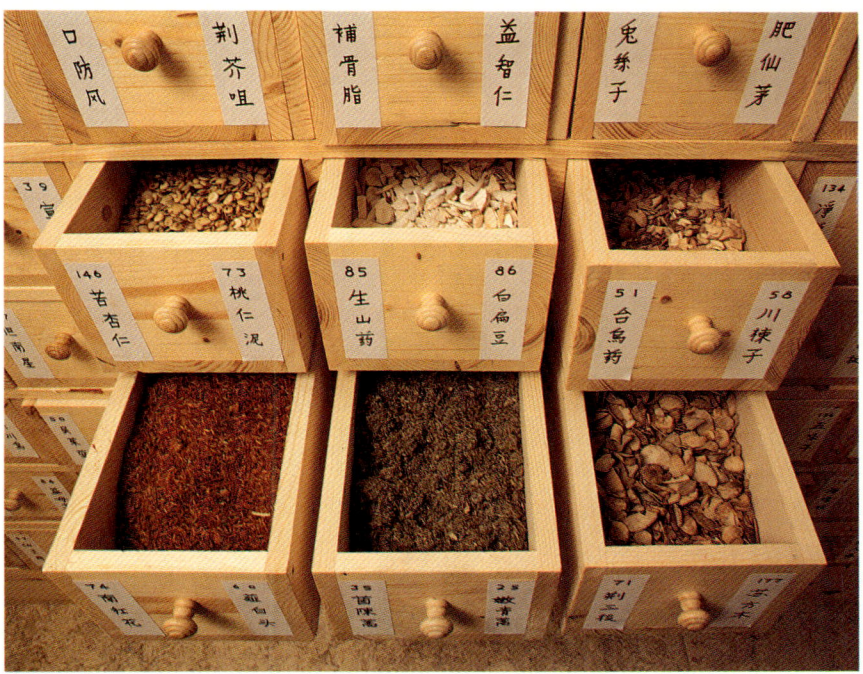

Die Heilkraft der chinesischen Medizin ist seit Jahrtausenden anerkannt.

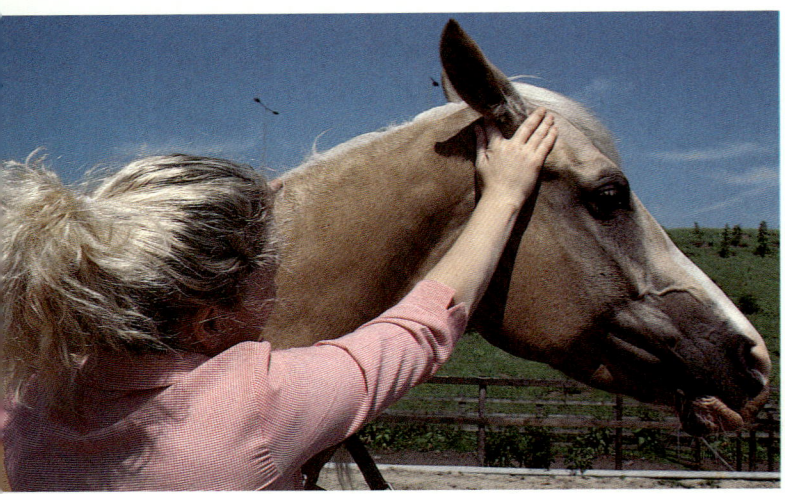

Shiatsu kann bei kopfscheuen Pferden eingesetzt werden. Hier massiert und bewegt die Therapeutin ein Ohr.

GANZHEITLICHKEIT: DAS KONZEPT DER EINHEIT VON KÖRPER UND GEIST

Das Konzept der Ganzheitlichkeit stammt von Jan Christian Smuts (1870–1950). Er präsentierte es auf für westliche Wissenschaftler verständliche Weise. Überall in der Natur greifen biologische Systeme ineinander, und sie umfassen alle anerkannten Naturwissenschaften – die Chemie, die Physik sowie die Biologie.

Der größte Unterschied zwischen der ganzheitlichen Medizin und der Schulmedizin besteht darin, dass Erstere den ganzen Menschen unter Berücksichtigung physischer und psychischer Aspekte behandelt, daher Ganzheitlichkeit, während Letztere sich immer noch fast ausschließlich auf die physischen Aspekte konzentriert. Zwar wird von der klassischen Human- bzw. Tiermedizin immer mehr anerkannt, dass der Geist den Körper mit Sicherheit positiv bzw. negativ beeinflusst, dem Körper wird hier aber immer noch mehr Gewicht beigemessen.

Ganzheitliche Therapien sind häufig sehr individuell, weil die Betonung auf „Ganzheitlichkeit" liegt. Man verwendet nicht ein Medikament für eine Krankheit, sondern versucht die Ursache von Beschwerden zu finden und mit dem zu behandeln, was für den Einzelnen unter Berücksichtigung seines Temperaments, seiner Lebensumstände, seiner Umwelt sowie seiner Konstitution geeignet ist. Es soll der Patient, nicht die Krankheit behandelt werden.

Menschen, dass Rauchen krank macht, aber da es bis vor kurzem keinen definitiven wissenschaftlichen Beweis hierfür gab, wurde nichts Konkretes gegen das Rauchen unternommen. Gewinne und Steuern wurden dank geschäftlicher Interessen weiterhin eingefahren, während Millionen von Rauchern und Nichtrauchern auf der Welt weiterhin unter den Auswirkungen des Rauchens litten oder sogar daran starben. Da es jetzt wissenschaftliche Beweise gibt, hat sich die Einstellung zum Rauchen verändert, aber Rauchen wurde nicht erst durch den wissenschaftlichen Beweis zu einer tödlichen Gefahr, sondern war es schon immer.

Man könnte hier weitere Beispiele anführen, aber schließlich hatten, als dieses Buch in Druck ging, erste wissenschaftliche Versuche der Schulmedizin gezeigt, was indische Kräuterheiler schon längst wussten, dass nämlich Cannabis, aus der indischen Hanfpflanze Cannabis savita, das sowohl zur Herstellung von Seilen und anderen Hanfprodukten als auch für die Herstellung der Droge Marihuana verwendet wird, bei Mäusen die zerstörerischen Symptome einer Art der multiplen Sklerose abschwächt. Diese Wirkung wird jetzt auch beim Menschen untersucht, und es könnte sich herausstellen, dass die illegale Droge der Flower Power-Bewegung im 21. Jahrhundert zu einem wertvollen Medikament wird. In den 1960er Jahren hatte der Begriff „Flower Power" eine doppelte Bedeutung: Blumen waren das Symbol der Hippies für allgegenwärtigen Frieden (sie trugen sie als Schmuck oder steckten sie in die Gewehrläufe der Soldaten), aber Pflanzenkraft stand auch für bewusstseinserweiternde Eigenschaften, wobei Hanf nur eine dieser Pflanzen ist.

Es gibt nur wenige Allheilmittel auf der Welt. Sowohl in der Schulmedizin als auch bei den alternativen Therapien gibt es Erfolge und Misserfolge, und es wäre schön, wenn wir alle bei der Auswahl von geeigneten Heilmitteln etwas offener sein könnten.

IST „NATÜRLICH" GLEICH-BEDEUTEND MIT „SICHER"?

Viele alternative Therapien werden als „natürlich" und deshalb als völlig harmlos betrachtet, aber das ist nicht immer der Fall. Deshalb sollte man immer zuerst professionellen Rat einholen, auch wenn später eventuell eine eigenständige Behandlung in Frage kommt. Abgesehen davon, dass einige der tödlichsten Gifte direkt von natürlichen Quellen stammen, können sich gegen manche Stoffe Allergien entwickeln, und andere Substanzen und Therapien passen möglicherweise nicht zusammen. Einige Selbstheilungsarten etwa heben sich gegenseitig auf, und manche Aromatherapieöle sollten bei alkoholisierten Menschen nicht angewendet werden, weil sie sonst solche „Albträume" bekommen, dass sie lieber tot wären, wie es ein Therapeut beschreibt. Lassen Sie sich in jedem Fall beraten!

PFERDEHALTUNG, GESUNDHEIT UND FITNESS

Alternative Therapien sind nicht nur für die Heilung von Krankheiten nützlich. Gesundheit und Fitness sind hauptsächlich eine Sache der guten Haltung, und ganzheitliche Fütterung ist hier ein wichtiger Punkt. Heute sind ganzheitliche oder organische Fütterungsprodukte für Pferde häufiger erhältlich, und die ganzheitliche Weidebewirtschaftung mit verschiedenen Gräsern, Kräutern und anderen Pflanzen wird nun auch mehr gefördert, und ihre Bedeutung wird wieder stärker geschätzt.

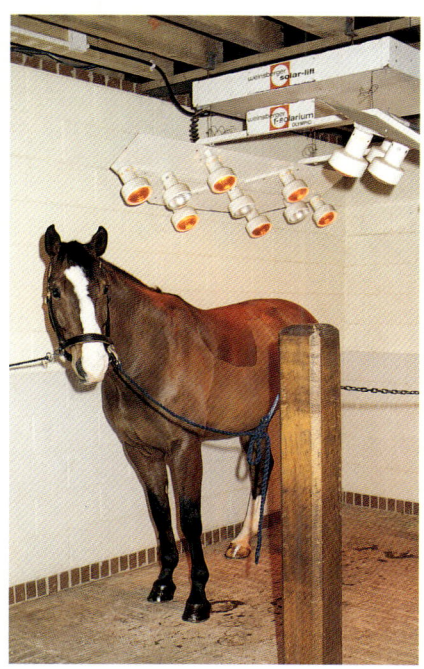

Technischer Fortschritt bei der Ausstattung wie z.B. Solarien haben zur Erweiterung der Behandlungsmöglichkeiten beigetragen.

Auch der Einstreu wird mehr Aufmerksamkeit gewidmet. Sie ist nicht mehr nur beinahe staub- und sporenfrei, sondern wird mit neuen unbedenklichen Produkten behandelt, um Infektionen und Vergiftungen einzudämmen. Auch die Auswirkungen von richtiger Ausrüstung und korrektem Beschlag werden nun nach und nach getestet und veröffentlicht, und man beginnt die Zusammenhänge innerhalb der Pferdehaltung besser zu verstehen: wie etwa ein Pferd durch ein wundes Maul lahm erscheinen oder ein falscher Beschlag zu Rückenproblemen führen kann und wie falsches Futter Krankheiten und ein ungeeigneter Stall Verhaltensstörungen verursachen können. Überall kommt es auf die ganzheitliche Betrachtung von Körper und Geist an.

DAS HEILEN

Das Heilen kann mit einer Orange verglichen werden, wobei jedes Stück eine Medikamentenart oder Therapie darstellt. Es gibt die Schulmedizin für Mensch und Tier, Pflanzenheilkunde, Kräuterheilkunde, Homöopathie, Chiropraktik, traditionelle chinesische Medizin, Ayurveda, Physiotherapie, Hypnose, Diät, Reiki, Geistheilung, usw. Natürlich hält jeder Therapeut sein System für das Beste, andernfalls hätte er sich anfänglich nicht dafür entschieden. Aber die offeneren Therapeuten schauen nun häufiger über den Tellerrand, beschäftigen sich mehr oder weniger intensiv mit anderen Therapiearten oder erwerben gar Qualifikationen in einer völlig anderen, „fremden" Therapie.

Kenntnisse der Biomechanik und ihrer Auswirkungen auf Pferd und Reiter, wie sie von Lehrern wie Mary Wanless vermittelt werden, können zur Gesunderhaltung beitragen.

DIE FÜNF BEKANNTESTEN THERAPIEN

Akupunktur, Chiropraktik, Kräuterheilkunde, Homöopathie und Osteopathie sind die fünf Therapien, die für bestimmte spezielle Beschwerden als in sich vollständig angesehen werden, die aber dennoch nötigenfalls mit anderen Therapien kombiniert werden können. All diese Therapien werden natürlich in diesem Buch behandelt.

Sie sind heute sowohl in der Humanmedizin als auch in der Tiermedizin fast überall, wenn nicht gar überall auf der Welt als wertvolle Mittel zur Heilung und Gesunderhaltung anerkannt.

Akupunktur
Der Durchbruch fernöstlicher Medizin in die Schulmedizin ist wahrscheinlich der Akupunktur zu verdanken. Da sie sehr fremdartig wirkte, wurde sie ursprünglich mit Abscheu oder Gelächter bedacht. Das hat sich geändert: Heute ist sie als eine effektive nicht-schulmedizinische Form des Heilens und als Mittel gegen Schmerzen anerkannt. Sie wird in den meisten Krankenhäusern als Therapie eingesetzt.

Chiropraktik
Die Chiropraktik spezialisiert sich auf die Behandlung von Beschwerden und Verschiebungen in den Gelenken, insbesondere in der Wirbelsäule, und die Folgen auf Nervensystem und allgemeinen Gesundheitszustand. Manipuliert wird sowohl beim Menschen als auch bei Tieren. Die Chiropraktik beruht auf dem Konzept, dass die Wirbelsäule das „Hauptquartier" der Gesundheit darstellt. Chiropraktiker kurieren Fehlstellungen durch Manipulation bzw. Einrenken an der Wirbelsäule. Die Chiropraktik ist eine effektive und anerkannte Therapie.

Kräuterheilkunde
Dies ist eine uralte Therapieform. Sie wird oft als Pflanzenheilkunde bezeichnet, was sich aber auf aus Pflanzen im Allgemeinen gewonnene Medikamente bezieht und nicht notwendigerweise auf aus Kräutern (Pflanzen, die über der Erde nicht verholzen) hergestellte. Sie ist wahrscheinlich die bekannteste und anerkannteste alternative Therapie. Die Kräuterheilkunde stellte bis zur Mitte des 20. Jahrhunderts in der westlichen Welt fast die einzige und

Die Chiropraktik konzentriert sich auf die korrekte Ausrichtung der Wirbelsäule. Durch das Manipulieren werden nicht nur Steife und Schmerzen gelindert, sondern auch allgemeinere Gesundheitsprobleme.

sicherlich die wichtigste Art der Medizin dar. Viele Medikamente der Schulmedizin werden immer noch aus Pflanzen hergestellt, z.B. die Salizylsäure (Aspirin) aus der Weidenrinde und Digitalis aus dem Fingerhut (gegen Herzkrankheiten). Die klassische Human- und Tiermedizin scheint jedoch immer noch nicht begriffen zu haben, dass die Pflanzenheilkunde deshalb so effektiv ist und so wenige Nebenwirkungen hat, weil oft die ganze Pflanze verwendet wird, wobei mehrere Substanzen synergetisch zusammenarbeiten und so eine ausbalancierte Wirkung erzielen. Das Ergebnis: Heilen ohne Schaden – einen qualifizierten Therapeuten vorausgesetzt. In der Schulmedizin hingegen wird standardgemäß der „aktive" Inhaltsstoff von seinen „Teamkollegen" isoliert und im Labor zu Medikamenten mit sehr hoher Wirkstoffkonzentration verarbeitet. Dadurch geht nicht nur die synergetische und regulierende Wirkung verloren, sondern es treten zusätzlich unschöne Nebenwirkungen auf. Wenn die Schulmedizin doch nur mit der alternativen Medizin Hand in Hand arbeiten würde!

Homöopathie

Die Homöopathie basiert zwar auf uralten Prinzipien, dennoch ist sie eine der vergleichsweise neueren Formen der Heilkunst. Orthodoxen Human- und Tiermedizinern fällt es schwer, sie anzuerkennen. Möglicherweise ist sie eine derart fortgeschrittene Wissenschaft, dass wir mit unserem derzeitigen Kenntnis-

Kräuterheilkunde ist möglicherweise die älteste „Therapie" und heilt ohne Nebenwirkungen.

stand nur an der Oberfläche kratzen. Die Schulmedizin stützt sich auf allopathische Prinzipien und scheint die umgekehrte Logik der Homöopathie nicht begreifen zu können: Wie kann ein Medikament, das keine Moleküle des ursprünglichen Wirkstoffs enthält, wirken? Eine berechtigte Frage. Um die Homöopathie auch nur ansatzweise zu begreifen, muss man das Heilen aus einem anderen Blickwinkel betrachten. Für den Anfang empfehlen wir das Buch „Die heilende Kraft" von Deepak Chopra.

Osteopathie

Die Philosophie der Osteopathie besagt, dass der Körper von Mensch und Tier als Ganzes funktioniert und dass Struktur und Funktion von scheinbar unzusammenhängenden Körperteilen voneinander abhängig sind.

Wenn der Körper nicht im Gleichgewicht ist (Fehlstellungen oder Bewegungseinschränkungen aufweist), versucht der Osteopath, dies zu ändern. Er arbeitet an den Muskeln und Gelenken, die für die Fehlstellungen verantwortlich sind, mit dem Ziel, diese Fehlstellungen zu korrigieren, da sie (durch Druck, Verletzungen oder Funktionsverlusten an den versorgenden Nerven) in fast allen Körperteilen starke Schmerzen und Funktionsstörungen hervorrufen können. Wenn die Fehlstellung behoben ist, sollten die Nerven sich erholen, außer der Schaden ist dauerhaft. Häufig verschwinden „mysteriöse" Krankheiten wie von selbst, wenn die Selbstheilungskräfte des Körpers wieder aktiviert werden.

Die Osteopathie ist heute sowohl in der Human- wie in der Veterinärmedizin anerkannt.

DIE ROLLE DES TIERARZTES

Dieses Buch wurde speziell für Pferde, ihre Besitzer, Pfleger, Reiter und Fahrer geschrieben. Es wird in verschiedenen Ländern erhältlich sein, und die Gesetze über die medizinische Behandlung von Tieren sind von Land zu Land unterschiedlich. In manchen Ländern darf außer Tierärzten niemand Tiere behandeln; auch kann der Tierarzt dort nicht an andere Therapeuten überweisen. In anderen Ländern wie z.B. in Großbritannien kann nur ein Tierarzt Tierkrankheiten diagnostizieren und behandeln, er kann Patienten aber auch an andere Therapeuten überweisen. Anderswo darf jeder Tiere behandeln, ohne den Tierarzt hinzuzuziehen. Für uns, die Autoren, ist es völlig unmöglich, die Gesetze jedes Landes zu zitieren, in dem das Buch möglicherweise verkauft werden wird.

Wir möchten an dieser Stelle betonen, dass wir unbedingt dafür sind, einen Tierarzt zu Rate zu ziehen, wenn es um die Gesundheit und das Wohl von Tieren geht, ganz gleich, in welchem Land der Leser lebt. Tierärzte absolvieren ein langes, komplexes Studium, und ihre anatomischen und physiologischen Kenntnisse müssen ausgezeichnet sein. Die Diagnose und Meinung eines Tierarztes ist also auch in Ländern unverzichtbar, in denen seine Konsultation nicht gesetzlich vorgeschrieben ist.

In manchen Ländern muss die Ausbildung für bestimmte Therapien erst in der Humanmedizin absolviert werden (wie z.B. in GB für die Physiotherapie). Erst danach ist es möglich, sich für die Behandlung von Tieren – je nach Land mit oder ohne Überweisung des Tierarztes – weiter zu qualifizieren. Wir finden dies unlogisch und hinderlich. Die Gesetze könnten so geändert werden, dass die Ausbildung sofort mit der Tierbehandlung beginnt und so die Möglichkeit bestünde, dass die Therapeuten in der Anatomie und der Physiologie den Stand eines Tierarztes erreichen. Tierärzte und Tierarzthelfer müssen sich auch

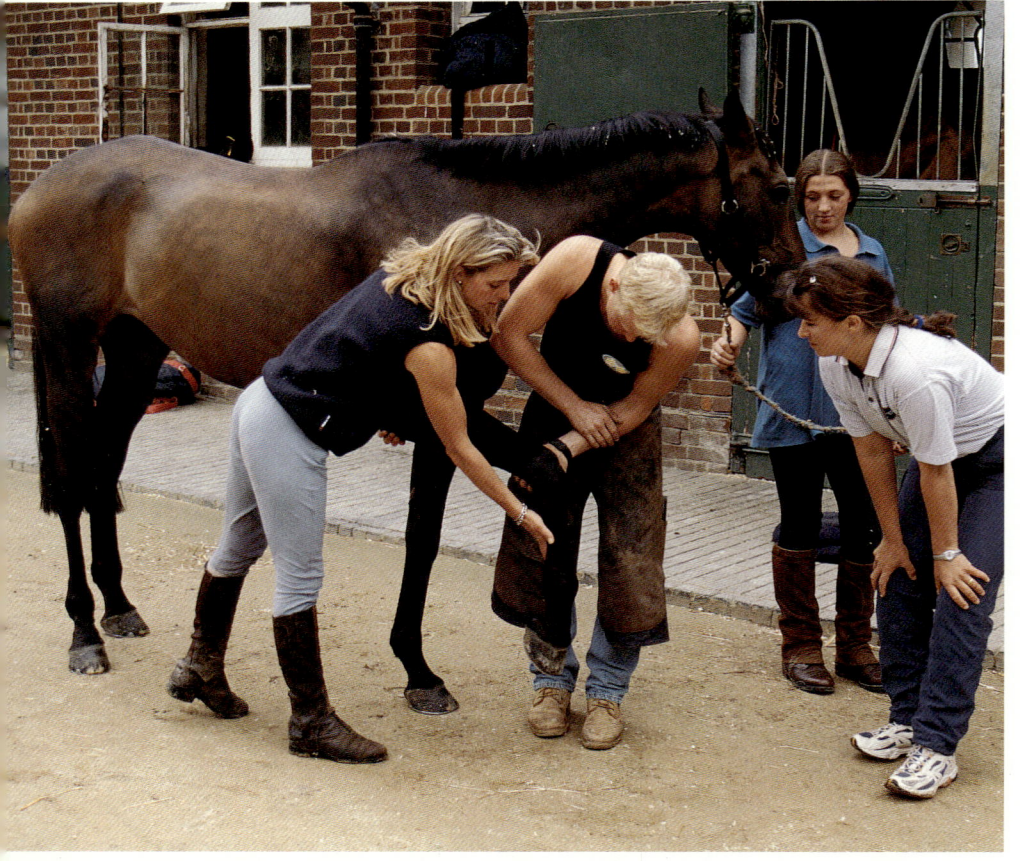

Das Wohl ihres Pferdes liegt in der Zusammenarbeit eines Teams. Die unschätzbar wichtige Arbeit ihres Tierarztes oder Schmieds kann durch andere Therapeuten ergänzt werden.

nicht zuerst über die Humanmedizin qualifizieren, und andere Therapeuten sollten ebenso wenig dazu gezwungen werden. In manchen Ländern könnte man dies als wettbewerbsbeschränkend und gesetzeswidrig ansehen!

In der Praxis sind zumindest die Tierärzte in Großbritannien (über die wir am besten Bescheid wissen) sehr viel offener als früher, und im Allgemeinen bereit, Patienten an Therapeuten der Alternativmedizin zu überweisen, wenn sie sich für den Patienten etwas davon versprechen.

Konsultation eines Fachmanns

In welchem Land Sie auch leben und welche Therapie Sie in Betracht ziehen, ob die Konsultation eines Tierarztes zwingend vorgeschrieben ist oder nicht: es ist wahrscheinlich immer das Beste, Therapeuten zu konsultieren, die sich über einen Berufsverband qualifiziert haben. Dies bedeutet nicht, dass andere Therapeuten nicht in vielen Fällen kompetente Hilfe leisten können, sondern dass man bei einem qualifizierten Therapeuten von mehr Kompetenz ausgehen können sollte. Man sollte auch an Schadenersatz und Haftpflichtversicherungen denken: Ob mit oder ohne Qualifikation – fragen Sie nach, ob der Therapeut eine geeignete Versicherung hat. Sonst ist in einem Schadensfall keine Ausgeichszahlung zu erwarten.

Das Thema Qualifikation ist in der Alternativmedizin sehr heikel.

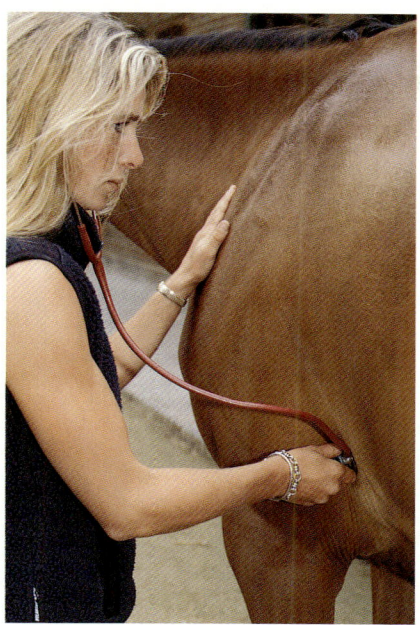

Tierärzte sind in punkto Tiergesundheit über ihr Studium sehr gut qualifiziert. Deshalb ist es immer ratsam, zuerst einen Tierarzt zu konsultieren.

Für manche Therapien gibt es keine formellen Qualifikationen, bei anderen könnte man sagen, dass die Qualifikationen „das Papier nicht wert sind, auf dem sie geschrieben sind", und für wieder andere gibt es international anerkannte Qualifikationen von hochangesehenen Prüfungskommissionen oder sogar Universitätsabschlüsse. Qualifikationen aus einem Land werden nicht immer auch in anderen Ländern anerkannt. Leider ist die Situation verwirrend, und es ist nicht wahrscheinlich, dass sich in naher Zukunft etwas verbessert.

Für manche Therapien gibt es Verbände, in denen Therapeuten sich eintragen. Außerdem gibt es Dachverbände für Therapeuten aus verschiedenen Therapierichtungen mit unterschiedlichen beruflichen

Warnung

Weder die Autoren noch die Verleger können für Auswirkungen verantwortlich gemacht werden, die Aussagen in diesem Buch in Verbindung mit jedweden Aspekten der Therapie, der Praxis oder Heilformen hervorrufen. Für dieses Buch wurde über Jahre hinweg sorgfältig recherchiert, aber die vorliegenden Informationen sind das Ergebnis dieser Recherche und geben die Informationen von Verbänden oder Therapeuten verschiedener Therapien wieder. Nicht alle Informationen können aus unserem persönlichen Wissensschatz stammen, und wir können ihre Exaktheit nicht garantieren, obwohl wir die Quellen, aus denen sie stammen, sehr wohl respektieren. Wir haben uns sehr bemüht, hilfreiche, genaue und interessante Informationen zu präsentieren, können aber nicht oft genug betonen, dass es in allen Fragen der Gesundheit und des Wohlergehens immer ratsam ist, einen professionellen Therapeuten und einen Arzt oder Tierarzt zu konsultieren – je nachdem was am geeignetsten erscheint.

THERAPIEN

FÜR PFERD UND
REITER

AKUPUNKTUR

Die Akupunktur stammt ursprünglich aus China und ist dort ein wichtiger Bestandteil der Kultur. Bei der Akupunktur werden Nadeln an speziellen Punkten (den Akupunkturpunkten) in die Haut gestochen, um Krankheiten zu behandeln oder körperlichen bzw. seelischen Stress zu lindern; sie kann auch schmerzstillend wirken. Sie wird bei vielen körperlichen und seelischen Krankheiten eingesetzt, wobei es das Hauptziel ist, den Patienten als Ganzes zu behandeln und das Gleichgewicht und die Harmonie zwischen körperlichen und geistigen – und beim Menschen seelischen – Aspekten, die das Leben beherrschen, wieder herzustellen.

PHILOSOPHIE

Um die Akupunktur vollständig zu verstehen, ist es notwendig, das Konzept der Lebensenergie „Chi" zu begreifen, von dem die Chinesen (sowie auch andere Kulturen) glauben, dass es unter der Haut in Kanälen oder Meridianen durch den Körper fließt, die alle Systeme und Funktionen im Körper verbinden und ihn so als harmonisches Ganzes funktionieren lassen. Das Chi bewegt Blut und Lymphe, wärmt den Körper, wehrt Krankheiten ab und trägt zur Gesunderhaltung bei. Es kann durch seelischen Stress, schlechte Ernährung, Infektionen, Verletzungen, Traumata, Vergiftung, Erbfaktoren und sogar durch Wetter und Umwelt gestört werden.

Die Frage, ob Meridiane anatomisch gesehen existieren, ist gerechtfertigt. Obwohl sie noch nie in einem westlichen Anatomieatlas beschrieben wurden, glaubt ein in östlicher wie in westlicher Medizin ausgebildeter Arzt in China, einige dieser Meridiane in Form von unglaublich feinen Gewebskanälen unter der menschlichen Haut entdeckt zu haben. Meridiane stellt man sich am besten als Fließrichtungen vor. Wie Windrichtungen oder Wasserströme müssen sie nicht in einem Rohr fließen, doch jeder weiß, dass sie existieren.

Die Akupunktur wird in China nur als ein Teil des ganzen traditionellen medizinischen Ethos angesehen, weitere Teile sind z.B. Kräuterheilkunde, spez. Übungen, Massage und Ernährung. Sie ist auch Bestandteil anderer Therapien. Sie alle basieren auf der Stimulation bestimmter Punkte entlang der Energiemeridiane (über deren Lage sich alle Therapeuten einig sind), mit dem Ziel, die Kanäle frei zu machen und den Körper zur Selbstheilung anzuregen. Ziel ist es, das allgemeine Wohlbefinden auf diese Weise zu steigern, statt nur isolierte Symptome zu behandeln, (obwohl der Zustand oder das Ungleichgewicht, das die Symptome verursacht, auch behandelt wird).

WIRKUNGSWEISE

In China glaubt man, dass die Akupunktur dadurch wirkt, dass man sensible Punkte entlang der Meridiane stimuliert, indem man dünne Kupfer- oder Stahlnadeln hinein-

---

Einsatzgebiete der Akupunktur

Studien haben ergeben, dass die Akupunktur

▶ zu einer Erhöhung des natürlichen Glückshormonspiegels im Blut während oder auch nach der Behandlung führt (opiatische Enzephaline und Endorphine sowie Serotonin und Kortisol),

▶ einen zufriedenen, entspannten Zustand des Körpers und Geistes fördert,

▶ den Appetit anregt,

▶ das Energieniveau erhöht,

▶ eine offensichtliche Stimulation bestimmter Nerven erzielt, die nicht nur Muskelfunktionen anregen, sondern auch die Hormonausschüttung; die Kombination hieraus hat großen Einfluss auf Körper und Geist;

▶ Schmerzen lindert.

Dickdarmmeridian (durchgehende Linie) und Lungenmeridian (gestrichelt)

Verlauf der Meridiane

Konzeptionsgefäß(durchgehende Linie), Nierenmeridian (gestrichelt) und Magenmeridian(gepunktet)

Lenkergefäß (durchgehende Linie)

Gallenblasenmeridian (durchgehende Linie) und Lebermeridian (gestrichelt)

Blasenmeridian (durchgehende Linie) und Nierenmeridian (gestrichelt)

Magenmeridian (durchgehende Linie) und Milzmeridian (gestrichelt)

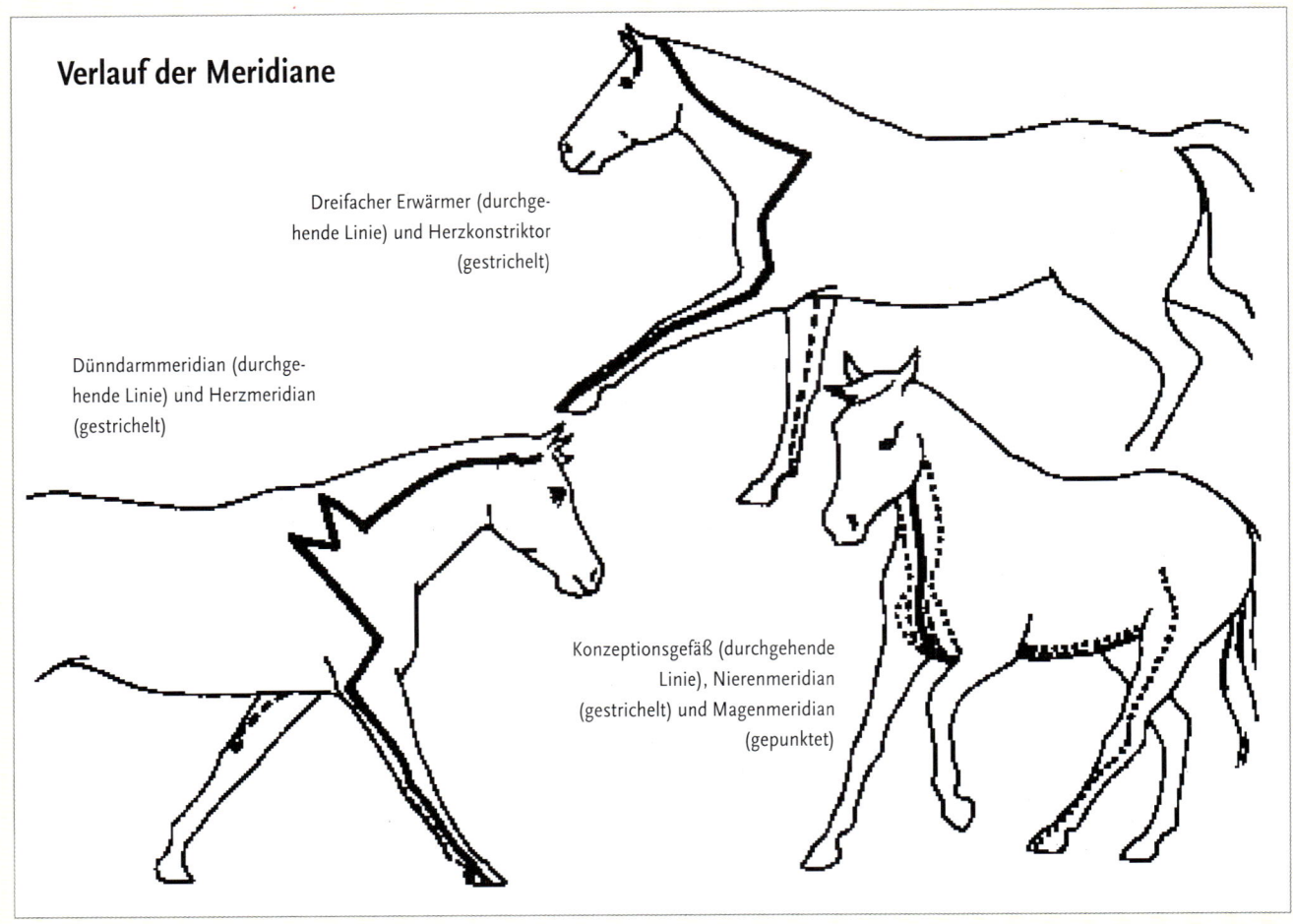

Verlauf der Meridiane

Dreifacher Erwärmer (durchgehende Linie) und Herzkonstriktor
(gestrichelt)

Dünndarmmeridian (durchgehende Linie) und Herzmeridian
(gestrichelt)

Konzeptionsgefäß (durchgehende
Linie), Nierenmeridian
(gestrichelt) und Magenmeridian
(gepunktet)

sticht. Dies verursacht eine Veränderung im Energiegleichgewicht und hilft heilen. Häufig werden Moxakräuter in den Nadelspitzen verbrannt, was den Vorgang in gewissen Fällen effektiver macht. Viele Akupunkturpunkte werden zu speziellen Reaktionen angeregt, und das Wissen um diese Punkte und ihre Auswirkungen, einzeln oder in Kombination, verlangt eine komplexe Ausbildung und viel Praxis.

Die neueste Entwicklung ist die Akupunktur per Laser. Licht hat unterschiedliche Wellenlängen, und eine davon scheint für die Regeneration von Nerven nach Verletzung oder Krankheit besonders wirksam zu

sein. Natürlich birgt die Behandlung mittels eines nicht spürbaren Lichtstrahls bei Pferden enorme Vorteile.

Wird mein Pferd sich wehren? Wenige Pferde wehren sich gegen die Akupunktur. Pferde mit Schmerzen entspannen sich während der Behandlung, weil die Schmerzen gelindert werden, manche dösen sogar währenddessen, ein Vorgang, bekannt als „Daychi". Wenn die Behandlung korrekt ausgeführt wird, scheinen die Tiere sich der Nadeln nicht bewusst zu sein – nur die Besitzer scheinen dabei Schmerzen zu haben.

Menschen beschreiben das Gefühl entweder als Kribbeln oder

dumpfen Schmerz. Manche verspüren beim Einstechen der Nadeln einen Schmerz, laut Aussage aber nicht so schlimm wie eine Spritze. Die Nadeln können zwischen ein paar Sekunden und zwanzig Minuten in der Haut verbleiben. Bei Pferden verwendet man ca. 10–12 Nadeln, je nachdem wie viele man für die gewünschte Wirkung benötigt. Solange Pferde auf die Nadeln reagieren, profitieren sie auch davon, manche mehr, manche weniger – je nach Erkrankung und Krankheitsgrad.

Bei Pferden, die sich wehren, kann man es mit Akupressur versuchen. Die Punkte können durch

Druck der Hand, Massage oder Antippen mit einer abgerundeten Sonde stimuliert werden. Auch Elektroakupunktur und Laser sind hier eine Alternative.

Anwendungshäufigkeit und -dauer: Normalerweise werden mindestens fünf Behandlungen empfohlen, wobei ein bis zwei pro Woche stattfinden sollten, bevor eine Wirkung spürbar wird. Manche Patienten brauchen mehr, andere weniger Nadeln, manche brauchen die Behandlung in Abständen immer wieder, andere nie mehr im Leben.

Ganzheitlicher Ethos: Wenn der Therapeut ein Pferd begutachtet, wird er versuchen, ein vollständiges Bild zu bekommen, um die genaue Ursache des Problems festzustellen: Wenn nämlich die Ursache an sich nicht behandelt wird – ein schlecht sitzender Sattel, ein schmerzender Zahn, falsche Fütterung, ein grober Reiter – werden die Symptome wiederkommen. Wenn ein Pferd also an einer bestimmten Stelle Schmerzen hat, muss diese Stelle nicht die Wurzel des Problems sein. Der Therapeut muss demnach erst die Ursache finden und beseitigen, um die Symptome zu lindern. Ein Problem im Nacken oder eine Lahmheit kann zum Beispiel Schonhaltungen hervorrufen. Dies belastet andere Körperteile wie etwa den Rücken, der dann zu schmerzen beginnt. Die Akupunktur kann in Verbindung mit der Manipulation eingesetzt werden, da die beiden Therapien gut zusammenpassen.

Akupunktur für den Reiter

Im Westen wird die Akupunktur oft nur als Mittel zur Schmerzlinderung angesehen, obwohl sie sich zur Behandlung vieler geistiger, seelischer und körperlicher Krankheiten eignet. Das ist etwas, was die Menschen in der westlichen Welt nur schwer verstehen. Alles dreht sich um den Glauben, dass Chi die Hauptquelle von Leben und Energie in allen Wesen ist. Wenn der Körper stirbt, hat man nur einen Teil seines Wesens verloren: Das Chi fließt weiter, in eine andere Dimension oder Existenz. Menschen, die auf irgendeine Weise an ein Leben nach dem Tod glauben, werden dies eher begreifen als Menschen, für die der Tod das Ende bedeutet. Die Indianer glauben, dass wir weiterleben, indem unsere Körper zerfallen und sich als das, was wir heute als unsere Körperbestandteile kennen – Moleküle aus Kohlehydraten, Aminosäuren aus Proteinen, Mineralien, Vitamine und andere Stoffe, aus denen alle Organismen bestehen – wieder mit der Erde verbinden. Diese kommen wieder anderen Menschen oder Tieren zugute, nachdem sie von anderen Organismen aus dem Boden aufgenommen wurden, mit dem sie sich verbunden haben, und sie leben erneut in einem Körper, weil sie als Nahrung aufgenommen werden, entweder aus einer auf dem jeweiligen Boden wachsenden Pflanze oder als Tier (Fleisch), das vorher diese Pflanze gefressen hat. Was immer Sie daher persönlich glauben, irgendwie leben wir alle weiter, und laut den fernöstlichen Völkern fließt unser Chi weiter, wenn auch in anderer Form. Das Gleichgewicht des Chi ist das Gleichgewicht zwischen zwei Polen, zwischen Yin und Yang. Die Akupunktur möchte das Gleichgewicht zwischen beiden erhalten, die 50 : 50 Partnerschaft in einer guten Ehe. Wenn diese Pole aus dem Gleichgewicht geraten, können Beschwerden auftreten.

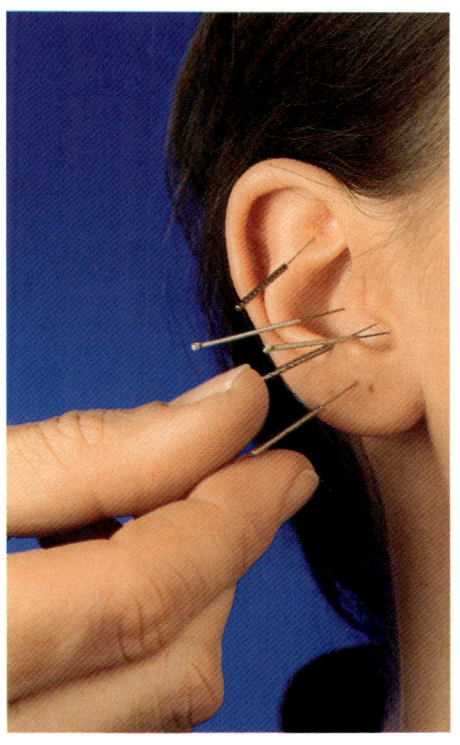

Ohrakupunktur

AKUPUNKTUR IN DER PRAXIS

Ian Francis BVScMRCVs

Ian Francis, der vor fünfzehn Jahren an der Universität Liverpool sein Examen als Tierarzt ablegte, hatte, bis er vor einigen Jahren in Somerset zu praktizieren begann, keinerlei Erfahrung mit der Akupunkturbehandlung von -Tieren. Ian beschreibt: „Einer meiner Kollegen beschäftigte sich mit der Akupunktur und behandelte damit erfolgreich einen Schäferhund mit neurologischem Befund. Ich glaube, was mich damals am meisten beeindruckt hat, war die Tatsache, dass der Hund meinem Kollegen beim Einstechen der Nadeln nicht den Kopf abgebissen hat."

Ians Interesse war so stark, dass er beschloss, sich selbst in der Akupunktur ausbilden zu lassen, und er belegte einen Kurs. War die Technik schwierig zu erlernen? Muss man ein bestimmtes Talent haben?

„Ich fand es anfangs schwierig", gibt Ian zu, „weil es bei Tieren so viele Akupunkturpunkte gibt." Beim Setzen der Nadeln im Brustbereich muss man besonders vorsichtig sein, weil die feinen Kupfer- und Stahlnadeln ca. 5 Zentimeter lang sind, und man sie ja nicht in die Brusthöhle stechen will. Es gibt auch so genannte „Verstärkerpunkte", und man muss daran denken, dass Punkte aus früheren Behandlungen evtl. schmerzen, und neue Punkte finden. Es ist wichtig, dass man ein Gefühl für die Akupunktur hat und weiß, ob ein Tier darauf reagiert, ansonsten könnte man nicht erfolgreich und wirkungsvoll behandeln.

Ian besitzt offensichtlich dieses Gefühl, was seine Kundenliste bestätigt, die Top-Sportpferde aus aus aller Welt aufweist, denen seine „magischen Hände"

helfen. Seine Erfolgsquote bei der Akupunktur ist sehr hoch. In der Regel kontaktieren ihn Menschen, die wissen, dass er Akupunktur anbietet, und die glauben, dass dies ihren Tieren helfen könnte, weil andere Behandlungsmethoden versagt haben, oder weil er ihnen von zufriedenen Kunden empfohlen wurde.

Ian: „Manchmal muss man eine Therapie mit anderen ergänzen, um den gewünschten Effekt zu erzielen. Ich finde zum Beispiel, dass die Manipulation in Verbindung mit der Akupunktur häufig gute Ergebnisse erzielt. Man muss jedoch ein echtes Gefühl für eine Therapie haben, um Erfolg zu haben. Ich habe mich z.B. nebenbei mit Homöopathie beschäftigt und herausgefunden, dass das nicht das Richtige für mich ist."

Wie weiß Ian, dass die Akupunktur bei einem Tier wirkt? Und wirkt die Therapie bei jedem Tier? Ian: „Bei ca. 85 % aller Tiere wirkt sie. Für mich ist der belohnendste Moment, wenn ein Tier mit Schmerzen sich während der Behandlung entspannt, weil die Schmerzen gelindert werden, manche schlafen sogar ein und fallen so in einen Zustand, der „Daychi" genannt wird. Tiere scheinen das Setzen der Nadeln nicht zu spüren, wenn es korrekt gemacht wird; meistens sehen die Besitzer dabei besorgter aus!

Solange die Pferde auf die Nadeln reagieren, werden sie von der Behandlung profitieren, manche mehr, manche weniger, je nach Erkrankungsart und –grad. In einem Fall hatte ein Pferd eine extrem schlimme Rückenverletzung, und alle glaubten, es könne nie wieder geritten werden. Zum Glück für Pferd und Reiter hat die Akupunktur so weit geholfen, dass das Pferd schmerzfrei ist und sogar ausgeritten werden kann. Turniere kommen aber nicht mehr in Frage."

Ian verwendet in der Regel 10–12 Nadeln bei jedem Pferd, „je nachdem wie viele für eine Behandlung nötig sind." Um das Risiko von Infektionen zu minimieren, verwendet er immer neue Einwegnadeln.

Zu dieser Art der Behandlung gehört mehr als nur Nadeln in Pferde zu stechen und auf das Beste zu hoffen. Ian arbeitet nach dem ganzheitlichen Prinzip. Er begutachtet das ganze Pferd, statt nur die vermeintlich betroffene Stelle zu behandeln. Deshalb zieht er häufig auch die Manipulation hinzu, weil er entdeckt hat, dass diese Therapien gut harmonieren. Er warnt jedoch:

„Was die Manipulation betrifft, empfehle ich Pferdebesitzern, bei der Auswahl eines Therapeuten sehr vorsichtig zu sein, damit nicht jemand behandelt, der dem Pferd mehr schadet als hilft. Der sicherste Weg ist es, einen Tierarzt zu fragen."

Wie also stellt Ian fest, ob ein Tier eine Akupunkturbehandlung braucht? Er erklärt:

„Wenn ich ein Pferd untersuche, versuche ich, mir ein vollständiges Bild zu machen, um die genaue Ursache des Problems zu finden. Wenn man diese nicht behandelt, werden die Symptome natürlich wieder auftreten. Ich untersuche das Tier von Kopf bis Fuß, rasple wenn nötig auch die Zähne, sehe mir an, wie gut das Sattelzeug passt, und frage den Besitzer nach der Haltungsart, der Arbeit, wann die Symptome aufgetreten sind und wie sie sich äußern. Ich sehe mir das Pferd auch unter dem Reiter auf seine Bewegungen und Reaktionen an.

Bei Problemen im Rücken kann die Ursachenfindung extrem schwierig sein. Für nicht Eingeweihte liegt die Antwort auf der Hand: durch Röntgenaufnahmen. Es ist jedoch aufgrund der ihn umgebenden Masse schwierig, den Rücken eines Pferdes korrekt zu röntgen, deshalb ist dieser Weg nicht der Richtige. Außerdem stelle ich fest, dass Rückenschmerzen in vielen Fällen von einem eingeklemmten Nerv oder verletztem Muskelgewebe herrühren, was man auf Röntgenbildern nicht sehen könnte.

Man muss immer daran denken, dass die Stelle, an der ein Tier Schmerzen verspürt, nicht die Wurzel des Übels sein muss. Erst muss also die Ursache gefunden und behandelt werden. Nur so können die Symptome gelindert werden. Das Problem kann zum Beispiel im Hals sitzen, wodurch das Pferd eine Schonhaltung einnimmt, um die Schmerzen zu lindern. Weil das Pferd sich dann nicht korrekt bewegt, belastet es andere Körperteile, z.B. den Rücken, der daraufhin anfängt zu schmerzen.

FALLSTUDIE

Pferd: Jasper, ein Vollblutwallach, wird für Point-to-Point-Rennen trainiert. Ein zufriedenes und talentiertes Pferd, das gerne mitarbeitet.

Problem: Jasper sprang allmählich schlechter und buckelte viel und heftig. Jaspers Trainer bat einen Tierarzt und Ian Francis, das Pferd zu untersuchen, und fand so heraus, dass der Rücken aufgrund einer Muskelverkrampfung verspannt war, möglicherweise hervorgerufen durch einen eingeklemmten Nerv.

Behandlung: Ian erzählt: „Nach der ersten Akupunkturbehandlung sah Jasper besser aus und fühlte sich auch besser, und die Verbesserung war nach ein paar Tagen noch offensichtlicher. Eine Manipulation und Krankengymnastik trugen zur vollständigen Heilung bei. Nach zwei weiteren Behandlungen hörte er auf zu buckeln, und seine Leistungen wurden immer besser.

Ergebnis: Jasper konnte nun erfolgreich an Hürdenrennen teilnehmen, und die Probleme im Rücken traten nicht wieder auf.

AKUPRESSUR

Die Akupressur ist eine Schwestertherapie der Akupunktur (wie auch Shiatsu), und die Grundprinzipien sind die Gleichen, mit der Ausnahme, dass bei der Akupressur keine Nadeln verwendet werden und die Haut nicht durchstochen wird: Hier wird Druck auf bestimmte Punkte ausgeübt (Akupunkte), um Krankheiten zu heilen, Symptome zu lindern oder zu betäuben. Mit den Worten der Schulmedizin: Es ist eine nicht-invasive Therapie, weil man dabei nicht in den Körper eindringt.

Eine Therapeutin übt Druck auf den Akupressurpunkt für Gesichtslähmung, Zahnschmerzen und Augenprobleme aus.

Die Akupressur wird schon seit über 5000 Jahren als Therapie eingesetzt. Sie ist für Mensch und Tier oft attraktiv, weil sie keinerlei Schmerzen verursacht. Die Sanftheit täuscht jedoch: die Wirkung auf die Patienten ist außerordentlich.

WIRKUNGSWEISE

Die Akupressur wirkt durch die Stimulation sensibler Punkte entlang der Meridiane mittels Druck. Dies verursacht eine Änderung des Energiegleichgewichts und -flusses im Körper und hilft heilen. Druck kann mit den Fingern, den Handballen, Ellbogen, Knien oder Fersen (bei Pferden: Ellbogen und Hände), durch abgerundete Sonden, Laser oder elektrische Stimulation ausgeübt werden. Die Stimulation bestimmter Punkte erzeugt eine bestimmte Wirkung, deshalb sind ein gutes Training und praktische Erfahrung von Nöten.

Die Akupunktur-/Akupressurpunkte: Sie sitzen hauptsächlich entlang der Energiemeridiane des Körpers und reagieren auf verschiedene Arten von Druck: Der Therapeut kann einfachen, konstanten Druck oder pulsierenden, kreisenden Druck ausüben, bis er fühlt, dass es an diesem Punkt genug ist. An diesen Punkten fließt das Chi, die Lebensenergie, nahe an der Körperoberfläche. manche Punkte sind ständig, andere periodisch vorhanden, letztere treten oft bei Beschwerden oder einer Störung der Energie auf, nur um nach der Heilung wieder zu verschwinden. Dies ist nur ein Grund, warum der Therapeut untersuchen muss, welche Punkte für die Therapie zur Verfügung stehen. Die permanenten Punkte können natürlich jederzeit eingesetzt werden.

Akupunkturpunkte können als transpositional oder traditionell beschrieben werden.

Traditionelle Punkte sind diejenigen Punkte, die seit tausenden von Jahren verwendet werden und nicht unbedingt zu einem Meridian gehören.

Transpositionale Punkte sind die Punkte aus dem Meridiansystem des Menschen, die man auf die Anatomie der Tiere übertragen hat. Dieses System ist wegen der großen anatomischen Unterschiede zwischen Mensch und Tier angeblich weniger genau, aber die Therapeuten, die mit den transpositionalen Punkten ar-

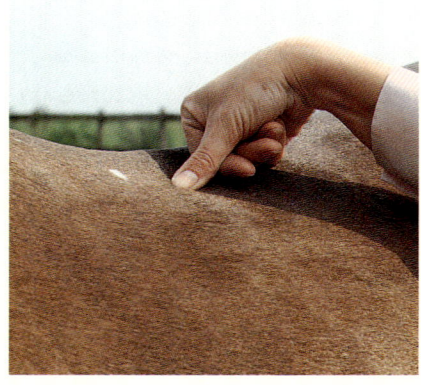

Akupressur wird meist durch Druck der Finger oder Daumen auf spezielle Punkte entlang der Energiemeridiane ausgeübt, je nach Lehrmeinung des Therapeuten.

Einsatzgebiete der Akupressur

Die Akupressur wirkt gemäß dem ganzheitlichen Prinzip, bei dem sowohl physische als auch psychische Aspekte berücksichtigt werden. Ziel ist es, so zu behandeln, dass das Gleichgewicht zwischen körperlichen und emotionalen Bedürfnissen wieder hergestellt wird. Einsatzgebiete:

▶ Behandlung und Eliminierung von Problemen im Bewegungsapparat incl. chronischer und unklarer Lahmheit, Rückenschmerzen und Steife

▶ Erhaltung der Beweglichkeit, der Gesundheit und des Wohlbefindens

▶ Maximierung des Wohlfühlfaktors zur Leistungsoptimierung

▶ Im Verletzungsfall: Stimulierung der Blut- und Lymphzirkulation, des Nervensystems, der Hormonausschüttung (Endorphine und Kortisol, die körpereigenen Schmerzmittel) zur schnellst- und bestmöglichen Heilung

▶ Verhaltens- und Temperamentskontrolle durch die Feststellung und Reduzierung körperlichen Schmerzes und durch die emotionale Entspannung beim Pferd

▶ Entwicklung einer engeren und verständnisvolleren Beziehung zwischen Pferd und Reiter

Behandlung des sog. „Aspirin-Punktes" zur Linderung von Arthritis im Sprunggelenk und von Weichteilverletzungen

beiten, scheinen genauso viel Erfolg zu haben wie andere.

Auf jeden Fall kann die exakte Lage der Meridiane und Akupunkturpunkte nicht immer genau definiert werden: viel hängt ab von der Sensibilität, der Erfahrung und der Intuition des jeweiligen Therapeuten.

Leider ist dies einer der Aspekte, den Wissenschaftler heranziehen, um die Alternativmedizin abwerten zu können.

SELBSTHILFE

Es gibt zahlreiche Bücher über Akupunktur und Akupressur bei Pferden. Eine sorgfältige Lektüre wird den Leser mit den Grundprinzipien vertraut machen und es ihm ermöglichen, selbst eine sichere und wirksame Grundform der Akupressur bei Pferden anzuwenden, wenn alle Anweisungen richtig befolgt werden. Wir raten allerdings dazu, zusätzlich einen professionellen Therapeuten zu befragen. In Akupressurbüchern sind auch einfache Techniken, die der Reiter bei sich selbst anwenden kann, beschrieben. In Buchläden kann man erfragen, was gerade aktuell ist, und daraus auswählen.

Oben: Akupressurpunkte existieren entlang der Energiemeridiane des Körpers. Der hier stimulierte Punkt lindert Schmerzen im Hals.

Rechts: Die Punkte wirken auf mehr als nur einen Körperteil. Der hier stimulierte Punkt kann Schmerzen im Hals, der Schulter und im Lendenwirbelbereich, Arthritis im Sprung- und Kniegelenk, Verstopfung und Durchfall lindern.

SHIATSU

Shiatsu ist ein ganzheitliches System zur Heilung und Gesunderhaltung aus Japan. Shiatsu funktioniert nach den gleichen Prinzipien wie Akupunktur und Akupressur, und bedeutet „Finger" (shi-) und „Druck" (-atsu), also Druck mit den Fingern. Beim Shiatsu werden keine Nadeln verwendet, es ist also eine nicht-invasive Therapie, bei der mit den Händen sanft an Muskeln, Sehnen und Bändern gearbeitet wird. Auch hier soll der Energiefluss bei Mensch oder Tier ins Gleichgewicht gebracht werden und so der „Wohlfühlfaktor" erhalten bleiben oder ein spontaner, natürlicher Heilungsprozess angeregt werden.

Sanfter Druck wird mit den Handflächen auf die Energiekanäle oder Meridiane ausgeübt. Hier ruht die rechte Hand als „Mutterhand" auf dem Pferd und hält den Kontakt, fühlt und überträgt Energie, während die linke Hand (Arbeitshand) mit der Handfläche einen Meridian bearbeitet.

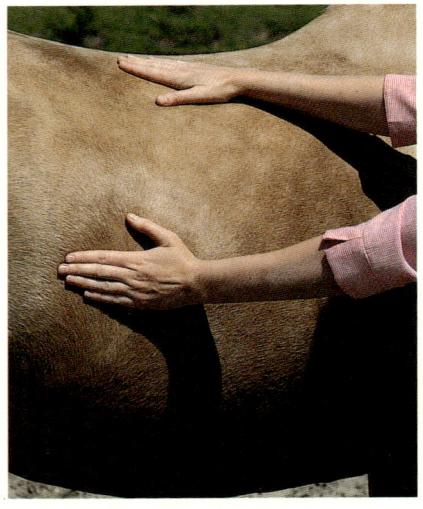

PHILOSOPHIE

Hauptziel von Shiatsu und verwandten Therapien ist die Behandlung des Individuums als Ganzes, um das Gleichgewicht und die Harmonie zwischen physischen und psychischen Bedürfnissen wieder herzustellen. Wie bei der Akupunktur ist es nötig, das Konzept des Ki oder Qi (japanisch) oder Chi (chinesisch) zu begreifen, der Lebenskraft oder Energie, von der man glaubt, dass sie in Kanälen oder Meridianen unter der Haut fließt, und die alle Systeme und Funktionen verbindet, so dass der Körper als harmonisches Ganzes funktioniert.

Das Ki bewegt Blut und Lymphe, wärmt den Körper und bekämpft so Krankheiten und trägt zur Gesundherhaltung bei. Jeder der folgenden Faktoren kann es jedoch aus dem

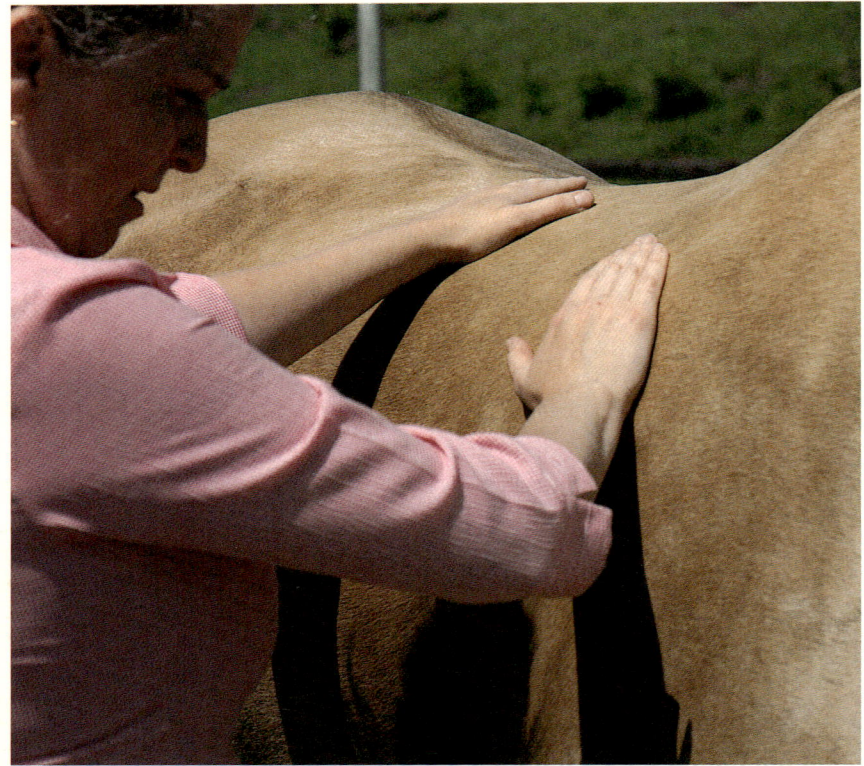

Die Shiatsu Sitzung beginnt damit, dass man mit beiden Händen abwechselnd über den ganzen Körper streicht, um die körperliche Verfassung, den Energiefluss und mögliche Verspannungen beim Pferd zu untersuchen.

Anwendungsgebiete von Shiatsu

▸ Früherkennung und –behandlung von Problemen vor einer Eskalation

▸ Behandlung und Eliminierung von Problemen des Bewegungsapparats incl. chronischer und unklarer Lahmheit, Steifheit und Rückenschmerzen

▸ Erhaltung der Beweglichkeit, der Gesundheit und des Wohlbefindens

▸ Reduzierung der Verletzungsanfälligkeit

▸ Maximierung des Leistungspotentials

▸ Anregung des Immunsystems

▸ Stimulierung von Blut- und Lymphzirkulation, Nervensystem und Hormonausschüttung (incl. von Endorphinen und Kortisol, der körpereigenen Schmerzmittel)

▸ Verhaltens- und Temperamentsprobleme

▸ Eine engere, verständnisvollere Beziehung zwischen Pferd und Reiter

Sanftes Dehnen (die Kooperation des Pferdes vorausgesetzt) streckt weiches Gewebe und wirkt auf verschiedene Meridiane.

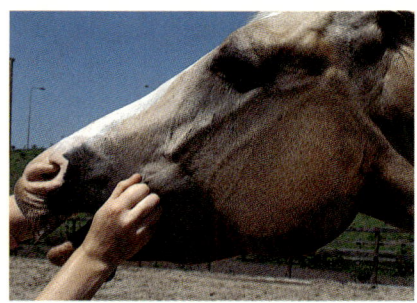

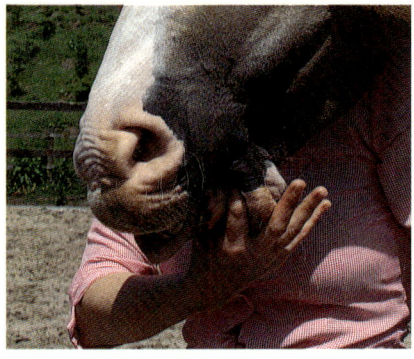

Kneifen und massieren Sie sanft Ganaschen und Maulbereich des Pferdes, um kopfscheues und „mauliges" Verhalten zu reduzieren.
Drücken Sie mit Ihrer Hand sanft aber dennoch fest in die Spalte zwischen Lippen und Gaumen, wo sich mehrere Akupunkturpunkte befinden, um Spannungen und „Mauligkeit" zu reduzieren. Die meisten Pferde genießen das und müssen nicht festgehalten werden.

Gleichgewicht bringen: ein gestörter emotionaler Zustand, falsches Futter, Infektionen, Verletzungen, Traumata, Schmerzen und Beschwerden, Vergiftungen, Erbfaktoren, Stress und sogar das Wetter.

Stress ist fast immer als Ursache von Stalluntugenden wie Weben, Koppen mit und ohne Aufsetzen und vielem mehr zu nennen.

WIRKUNGSWEISE

Shiatsu wirkt durch die Stimulierung sensibler Punkte entlang der Meridiane mittels direktem Druck oder spezieller Bewegungen. Dies verursacht eine Veränderung des Gleichgewichts und Flusses der Energie im Körper und trägt zur Gesunderhaltung bei. Spezielle Punkte, sogenannte Tsubos, werden stimuliert, um spezielle Wirkungen zu erzielen.

Praktische Anwendung: Beim Shiatsu wird Druck mit den Fingerspitzen, den Handkanten, den Ellbogen, den Daumenballen und den Unterarmen ausgeübt, je nach Absicht des Therapeuten. Beim Shiatsu wird Druck ausgeübt auf einen ganzen Meridian oder auf Teile davon, statt nur auf Akupunkturpunkte oder Tsubos, an denen ein Meridian natürlich zugänglich ist. Außerdem arbeitet man mittels vorsichtiger Streck- und Drehbewegungen an den Meridianen. Der Druck beim Shiatsu regt den Energiefluss an und stimuliert darüber hinaus bestimmte Nerven, was nicht nur die Muskelfunktion fördert, sondern auch die Hormonausschüttung anregt. Dies kann sich sehr vorteilhaft auf den Körper und auf das seelische Gleichgewicht auswirken.

Beispiel: Druck auf den Blasenmeridian eines Pferdes, der vom Gesicht, über Genick, Hals, Rücken und Kruppe zu den Hinterbeinen und Hufen verläuft, kann bei Schmerzen in Hals und Rücken, Bewegungseinschränkungen der Hinterhand, Blasenbeschwerden, einem klemmenden Schweif und allgemeiner Erschöpfung helfen. Dadurch wird jeglicher psychische Stress gelöst, und so entspannen sich Körper und Geist. Der Blasenmeridian ist ein wichtiger Meridian, der im Allgemeinen zur Ausscheidung von Giftstoffen etc. aus dem Körper dient, und so die Gesundheit im Allgemeinen fördert. Studien haben ergeben, dass bei der Akupunktur ein Anstieg der natürlichen „Wohlfühl„-Chemikalien und Schmerzmittel (Opiatenzephaline, Endorphine sowie Serotonin und Kortisol) im Blut entsteht. Deshalb glaubt man, dass dies auch beim Shiatsu der Fall ist.

Zusätzliche manipulative Therapien: Viele Therapeuten setzen eine Energietherapie in Verbindung mit einer manipulativen Therapie ein, Dehnübungen und Drehungen etwa sind ein Teil der Shiatsutherapie.

SELBSTHILFE

Es gibt Bücher über Shiatsu bei Pferden, aber wir, die Autorinnen möchten jedem Pferdebesitzer empfehlen, zunächst einen ausgebildeten Therapeuten zu Rate zu ziehen und sich die richtigen Übungen am Pferd zeigen zu lassen, bevor er sich selbst an eine Behandlung wagt.

FALLSTUDIE

Pferd: Halbblut, Schimmelwallach namens Haze, im Besitz eines landwirtschaftlichen Colleges. Eingesetzt für Dressur und Springen der unteren Klassen.

Ursprüngliche Untersuchung: Haze hatte keine spezifische tierärztliche Diagnose und war offiziell gesund. Es war nicht möglich, mit einem seiner Reiter zu sprechen. Die Therapeutin ließ ihn sich an der Hand vorführen und stellte fest, dass Hals und Kopf sich nur wenig bewegten, der Rücken, der Brustkorb und der Schweif kaum schwangen und die Lendenpartie übertrieben bemuskelt war, wobei Hüfte und Becken sich kaum bewegten. Er trat im Schritt kaum in die Spur der Vorderhufe ein. Das Pferd war ruhig, draußen aber ängstlich.
Behandlung: Im Stall wurde Haze ruhelos und nahm weder Futter noch Wasser auf. Während der Behandlung fand die Therapeutin Stellen mit Energiemangel oder Kyo (Schwäche, „Leere") im vorderen Teil des Rückens, in der Hinterhand und der Kruppe, aber starke Jitsu (Energieblockaden, Spannungen in der Lendenpartie).
▶ Die Therapeutin fing an, das Pferd überall zu streicheln, um es zu beruhigen, und klopfte sanft auf die Jitsustellen. Immer wieder entzog sich Haze und schien abgelenkt, aber die Therapeutin wollte ihn nicht festhalten, um weitere Spannungen zu vermeiden. Sie übte Druck mit den Fingern und dem Handballen auf Hazes Blasenmeridian aus. Sie arbeitete zweimal auf jeder Seite über den gesamten Blasenmeridian. Danach war Haze entspannt, kaute und konzentrierte sich auf seinen Körper.
▶ Die Therapeutin klopfte sanft weiter und dehnte die Hinterbeine nach vorne und hinten. Sie bewegte auch den Nacken von einer Seite zur anderen, wobei sie Hände, Arme und Körpergewicht einsetzte. Ihr Ziel war, die Muskeln und Gelenke zu lockern. Sie zog Haze auch am Schweif, was gut für die gesamte Wirbelsäule ist.

Ergebnis: Beim Aus-dem-Stall-führen war eine deutliche Verbesserung sichtbar. Kopf und Hals bewegten sich normaler, und Rücken, Brustkorb und Schweif schwangen merklich. Die Kruppe war weniger verspannt, und das Pferd trat eine Hufbreit über.

JIN SHIN JYUTSU

Mit Hilfe von Jin Shin Jyutsu sollen Verspannungen gelöst werden, die verschiedene Symptome im Körper auslösen. Diese Therapie dringt bis zum Kern eines körperlichen Problems vor und reduziert die Heilungszeit bei Verletzung und Krankheit beträchtlich. Sie ist eine wertvolle Ergänzung zur Schulmedizin, weil der Patient sich dabei entspannt und so Stress und seine Auswirkungen reduziert werden.

PHILOSOPHIE

Die Kunst des Jin Shin Jyutsu ist abgeleitet von der angeborenen und uralten Weisheit des Körpers, sich selbst zu heilen. Der erste Eintrag findet sich im über 5000 Jahre alten Kojkii, den japanischen Aufzeichnungen über althergebrachte Dinge, und es finden sich viele mündliche Überlieferungen.

WIRKUNGSWEISE

Im Körper gibt es Energiepfade, die das Leben in alle Zellen transportieren. Wenn einer oder mehrere dieser Pfade blockiert sind, kann diese Stauung zu Beschwerden und Schmerzen führen. So wie die Akupunktur und die Akupressur stellt Jin Shin Jyutsu die Harmonie und das Gleichgewicht des Energieflusses wieder her, allerdings ohne den Einsatz von Nadeln oder Druck: Hier werden nur leichteste Berührungen der Hände eingesetzt.

Trotz der Sanftheit wirkt Jin Shin Jyutsu weit in die Tiefe und dringt angeblich durch die Haut bis ins Knochenmark, wo die Blutkörperchen gebildet werden. Es soll auch durch Kleidung, Bandagen und sogar durch Gipsverbände und Schienen wirksam sein. Menschen bleiben während der Behandlung komplett angezogen, bei Pferden werden Decken nicht abgenommen.

Prävention: Jin Shin Jyutsu wird auf der ganzen Welt immer häufiger eingesetzt, um Harmonie und Gleichgewicht im Körper von Menschen und ihren Pferden herzustellen, um Verletzungen und Krankheiten vorzubeugen, bevor sie entstehen, besonders bei denjenigen Menschen bzw. Tieren, die Höchstleistungen erbringen müssen und dadurch unter Druck stehen.

Ein harmonischer Körper ist ein starker Körper und daher wesentlich weniger anfällig. In diesem Zusammenhang kann man beispielsweise Turnierpferden helfen, mit im Sport auftretenden Problemen fertig zu werden: zum Beispiel mit dem Stress des Transports, einer reglementierten Fütterung, langem Aufstallen und dem Wettbewerbsstress allgemein.

Eine konstruktive Therapie: Jin Shin Jyutsu wird in den Vereinigten Staaten, in Südamerika, auf dem europäischen Kontinent, in Australien und im Fernen Osten zur Förderung von Gesundheit, Fitness und Wohlbefinden von Pferd und Reiter eingesetzt.

Einsatzgebiete von Jin Shin Jyutsu

▶ Zum Lösen von Spannungen, die körperliche Symptome verursachen
▶ Zur Entspannung und Reduzierung der Auswirkungen von Stress
▶ Um Körper, Geist und Seele in Einklang zu bringen
▶ Herstellung von Gleichgewicht und Harmonie im Körper zur Prävention
▶ Förderung von Gesundheit, Fitness und Wohlbefinden bei Pferd und Reiter

REFLEXZONENMASSAGE

Die Reflexzonenmassage wurde vor tausenden von Jahren in China und Ägypten eingesetzt und stellt ein physikalisches Mittel dar, um die Einheit aus Körper und Geist auszubalancieren, zu stabilisieren und zu koordinieren, obwohl die Betonung hier auf körperlichen Beschwerden zu liegen scheint.

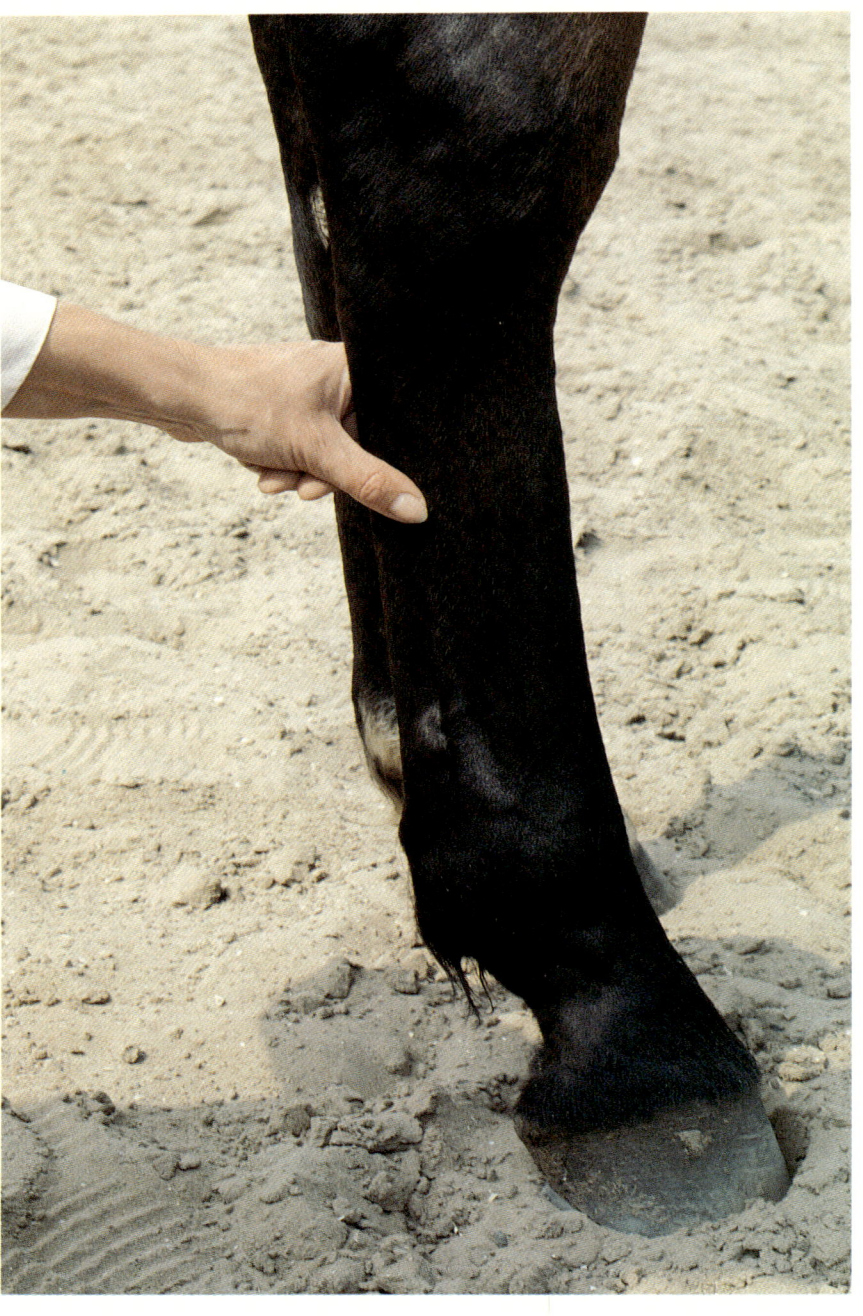

PHILOSOPHIE

Beim Menschen: Man glaubt, dass zehn Kanäle von den Fingerspitzen zum Kopf und zu den Zehen verlaufen. Diese Kanäle ermöglichen den Zugang zu allen Körperteilen und Organen über Chakrenpunkte, die es an verschiedenen Stellen des Körpers, besonders viele z.B. an den Fußsohlen, gibt. Durch Drücken oder Massieren der genau festgelegten Punkte kann jeder Körperteil durch die Regulierung des Flusses der Lebensenergie innerhalb von zehn verbundenen Stellen im Körper erreicht werden.

Beim Pferd: Der „Fuß" des Pferdes beginnt beim Sprunggelenk (das Gegenstück zum Knöchel beim Menschen) und beim hinteren Unterschenkel. Am Kronrand und an den Ballen gibt es viele Punkte, die massiert und gedrückt werden können, wenn man weiß, wie man die Punkte korrekt vom Menschen auf das Pferd überträgt.

WIRKUNGSWEISE

Der ausgebildete, erfahrene und sensible Therapeut kann durch sanftes Untersuchen und Drücken von geeigneten Punkten und Kanälen an Füßen (Mensch) und Beinen (Pferd) viel über den Gesundheitszustand herausfinden. Man nimmt an, dass durch das Nachziehen eines geeigneten Kanals an der richtigen Stelle jeder Wirbel erfühlt werden kann und dass Druck auf die richtige Stelle an Fuß bzw. Bein die erneute korrekte Ausrichtung verschobener Wirbel fördern kann.

Kitzelt es? Für das Fließen von Energie ist es wichtig, sich zu entspannen, und nach anfänglicher Anspannung entspannen sich die Patienten bald. Ein gut ausgebildeter Therapeut wird genügend Druck ausüben, um den Patienten zu entspannen, ihn aber nicht zu kitzeln. Reflexzonenmassage schmerzt weder beim Menschen noch beim Pferd.

Wirkt Reflexzonenmassage? Diese Therapie scheint bei den meisten Patienten sehr gut zu wirken, manchmal sofort, manchmal ein paar Stunden oder Tage später. manchmal bedarf es nur einer Behandlung, manchmal mehrerer. Es kommt vor, dass Patienten sich nach der ersten Behandlung für ca. einen Tag unwohl fühlen. Dies ist ein gutes Zeichen dafür, dass der im 24-Stunden-Rhythmus arbeitende Energiefluss sich ausbalanciert.

SELBSTHILFE

Dies ist eine sehr spezialisierte Therapie, die ohne Anleitung nicht selbst praktiziert werden kann. Dennoch ist sie es genauso wert wie jede andere alternative Therapie, dass man sie sich ansieht. Es kann sich jedoch als schwierig erweisen, einen Therapeuten zu finden, der Pferde behandelt.

Einsatzgebiete der Reflexzonenmassage

▶ Entspannung des Patienten zur Anregung des maximalen Energieflusses zur Optimierung von Gesundheit und Fitness
▶ Behandlung körperlicher Beschwerden zur Regulierung der Lebenskraft oder Lebensenergie
▶ Lösen von Problemen am Skelett – insbesondere am Rücken – durch sanften Druck auf die geeigneten Stellen am Fuß des Reiters und am Bein des Pferdes

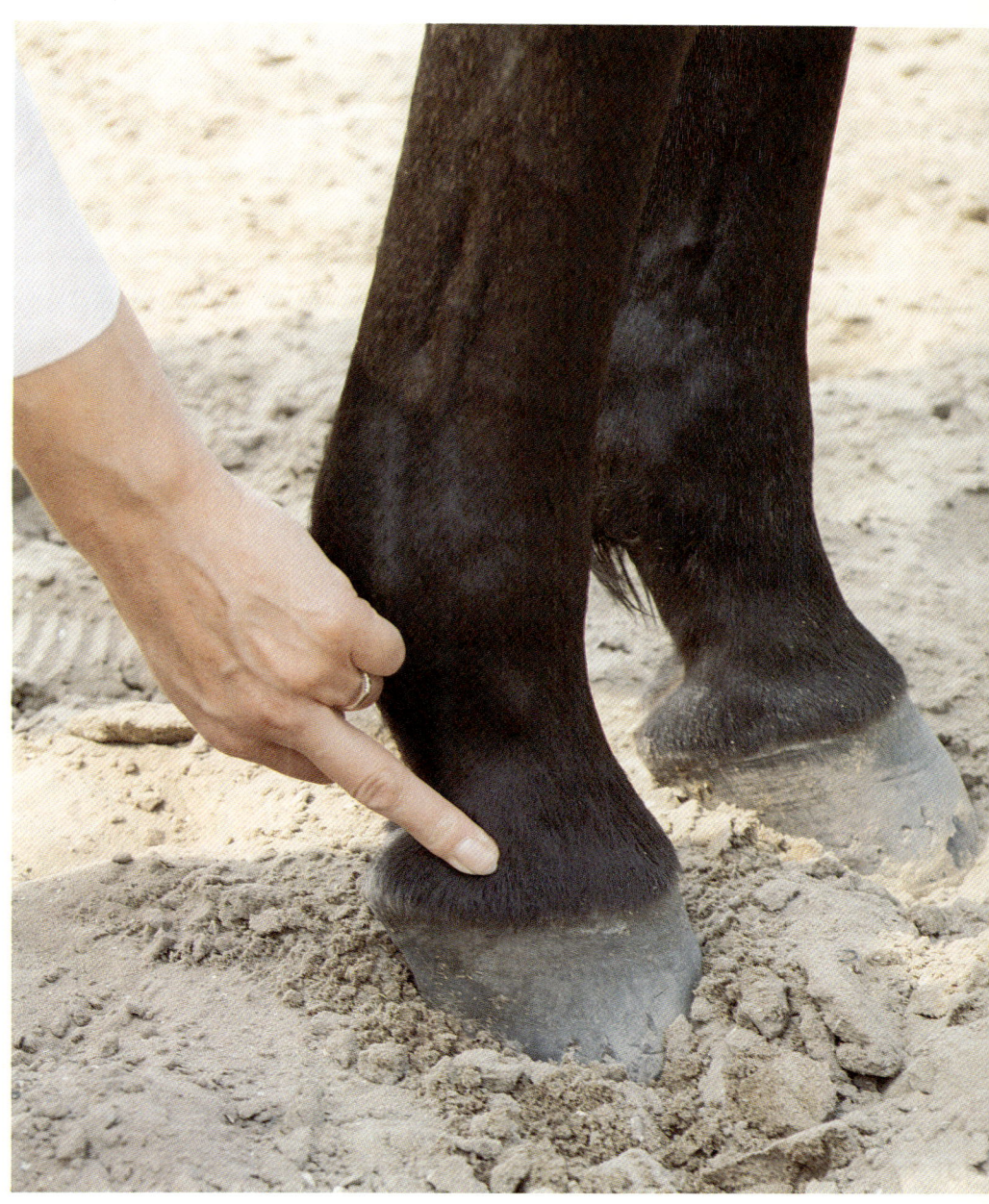

Da der Fuß des Pferdes am Sprunggelenk beginnt, dem Gegenstück zum menschlichen Knöchel, ist klar, dass man die in dieser Therapie verwendeten Punkte auf das Pferd übertragen kann.

PHYSIOTHERAPIE

Das Wort „Physiotherapie" umfasst eine große Anzahl von Therapien, die bei Mensch und Tier angewendet werden. Diese Therapien werden zur Behandlung von Krankheiten, Verletzungen oder Deformierungen eingesetzt und umfassen Massage, Manipulation, spezielle Geräte, Übungen und/oder die Anwendung von Wärme bzw. Kälte. Physiotherapeuten verschreiben ihren Kunden und Patienten keine Medikamente. Wenn dies angebracht ist, gehört es zur Aufgabe des Arztes oder Tierarztes, obwohl bei vielen Verletzungen statt Entzündungshemmern der Schulmedizin auch immer häufiger Medikamente aus Homöopathie und Kräuterheilkunde sowie Magnetbandagen, -gamaschen, -decken oder -pads eingesetzt werden können.

PHILOSOPHIE

Noch vor dreißig Jahren wurden die damals neuen Physiotherapeuten von den meisten Anhängern der Schulmedizin als Quacksalber angesehen, und über einen Einsatz bei Tieren wurde überhaupt nicht nachgedacht. Wie hat sich die Lage verändert! Die Physiotherapie wird von den Gesundheitsbehörden der meisten Länder voll anerkannt und ist ein regulärer Teil des Fitness- und Gesundheitsprogramms der meisten Turnierpferde, sowohl bei der Vorbeugung als auch bei der Rehabilitation, entweder mit oder ohne Überweisung des Tierarztes, je nach Gesetzeslage des Landes.

In der Physiotherapie gibt es verschiedene Lehren und Techniken zur Heilung. Sie stellt ein eigenes Fachgebiet dar, und über sie wurden viele Bücher geschrieben. Wir können in diesem Buch nur einen Überblick anbieten.

WIRKUNGSWEISE

Diagnose und Untersuchung: Obwohl die Diagnose von Krankheiten bei Pferden von einem Tierarzt gestellt werden muss (abhängig von der nationalen Gesetzeslage), müssen Physiotherapeuten die Pferde ebenfalls untersuchen, nachdem sie sich – falls vorhanden – mit dem Bericht des Tierarztes vertraut gemacht haben. Erst dann werden sie sich die Körperhaltung, Bewegungen beim Frei-laufenlassen und Führen, unter dem Sattel oder im Geschirr ansehen.

Physiotherapeuten wissen genau, dass es natürlich ist, dass der Körper des Pferdes Schmerzen oder Bewegungseinschränkungen durch Fehlhaltungen ausgleicht, um Beschwerden zu lindern.

Der Therapeut wird möglicherweise den Besitzer/Reiter/Bereiter des Pferdes nach dem normalen Bewegungsablauf, dem Ausbildungsstand und dem Trainingsprogramm befragen. Er wird dann ein Behandlungsprogramm ausarbeiten, das auf die Heilung, die Erholung und die Rehabilitation des Pferdes abzielt.

Ein Teilnehmer an der Weltmeisterschaft der Distanzreiter wird physiotherapeutisch behandelt.

Massage, Dehnübungen und Manipulation

All diese Therapien sind Teil der Physiotherapie und können, falls angemessen, von Physiotherapeuten durchgeführt werden. Sie werden in anderen Kapiteln des Buches unter den oben angegebenen Überschriften abgehandelt.

Geräte

Elektrische Geräte werden in der Physiotherapie häufig und für verschiedene Zwecke eingesetzt. Manche funktionieren nach dem Prinzip der Magnetfeldtherapie, die auf die Körperzellen wirkt, und ein Magnetfeld schafft, das die Heilung fördert. Man stellt sich vor, dass die Magnetfelder der Zellen durch Verletzung oder Überlastung gestört werden und das von dem Gerät erzeugte Feld den Normalzustand wieder herstellt und so die Selbstheilung anregt. Bei Geräten, die nicht in der Hand gehalten werden, werden normalerweise Pads verschiedener Größe mit Klebeband am Pferd befestigt. Die Pads sind durch Drähte mit dem Gerät verbunden, durch das der Strom fließt. Hier eine Beschreibung einiger dieser Geräte:

Massagegeräte: Eine Massage, die richtig ausgeführt wird, hilft fast immer und schadet fast nie. Es gibt schmale Handgeräte, die mit Vibration arbeiten. Sowohl Menschen als auch Pferde scheinen das Gefühl zu genießen, das in verschiedenen Tiefen des Bindegewebes des Körpers verspürt werden kann. Normalerweise wird das Gerät zur Gewöhnung

auf eine niedrige Stufe gestellt. Das Gerät wird auf den Körper gepresst, und der Druck, in Kombination mit der Vibration, löst überschüssige Flüssigkeit auf, pumpt Blut durch die Venen zurück zum Herzen und regt den Lymphfluss im Körper an.

Niagara-Geräte: Sind für den Einsatz zu Hause, ohne direkte Aufsicht, geeignet, obwohl ein Experte die Funktionsweise erklären sollte. Zwar muss man das Pferd erst an das Gerät und seine Wirkung gewöhnen, wenn es dann aber ruhig genug ist, kann das Gerät an seinem Körper befestigt und dort belassen werden.

Stoßwellen: Von Pferden in der Regel sehr gut toleriert; scheinen beruhigend zu wirken. Mit hohen Frequenzen schmerzlindernd; die Wirkungsweise soll darauf beruhen, dass sie die sensorischen Nerven daran

hindert, Schmerzsignale zum zentralen Nervensystem zu übertragen, evtl. auch durch die Stimulierung der Produktion von Glückshormonen. Die niedrigeren Frequenzen erzeugen Muskelkontraktionen, einen aktiven Prozess, der beim Massieren nicht entsteht. So wird überschüssige Flüssigkeit aufgelöst und die Blutzirkulation verbessert, Lymphdrainage und -fluss werden angeregt.

Ionicare und Electrovet: Beide funktionieren nach dem gleichen Prinzip. Da es bei einer Störung der elektrischen Aktivität der geladenen Partikel oder Ionen in den Zellen zu Funktionsverlusten kommt, ist es das Ziel beider Therapien, die ionische Balance schneller als normal wieder herzustellen. Das Ionicare-Gerät erzeugt einen elektrischen Strom, der durch das Gewebe fließt und die Ionenaktivität positiv beein-

---

Einsatzgebiete der Physiotherapie

Die verschiedenen Methoden der Physiotherapie werden eingesetzt, um das Folgende zu erreichen:

▶ Schmerzlinderung und Heilungsförderung
▶ Anregung der Muskeltätigkeit zur Auflösung von Zellflüssigkeit, Förderung von Lymphdrainage und Lymphfluss, Verbesserung der Blutzirkulation und Prävention von Muskelabbau durch Bewegungsverlust
▶ Erhöhung der Blutzufuhr zu tiefer liegendem Gewebe; so werden Verletzungen behandelbar, die sonst nicht zugänglich wären.
▶ Stimulierung der Zellaktivität; dies erzeugt Wärme, die wiederum die Heilung fördert.
▶ Beschleunigung der Heilung von Verletzungen: Laser wirkt z.B. gut bei der Behandlung von Blutergüssen, Muskelverletzungen und Wunden, Verletzungen an Sehnen und Bändern und bei Gelenkkapselverletzungen
▶ Reduzierung der Bildung von Narbengewebe

flusst. Der Elektrovet hat eine ähnliche Wirkung, stimuliert aber zusätzlich die Muskeltätigkeit, um Muskelabbau durch Funktionsverlust vorzubeugen.

Kurzwellendiathermiegerät: Hier wirkt Tiefenwärme, die entsteht durch einen hochfrequenten Wechselstrom, der durch das Gewebe fließt. Das Gewebe „wehrt sich" gegen den Strom, Wärme entsteht, was die Gewebsaktivität und den Blutfluss anregt. Je dichter das Gewebe, desto mehr Wärme entsteht. Diese Therapie erhöht die Blutzufuhr zu tiefer liegendem Gewebe und ist so bei schwer zugänglichen Verletzungen geeignet.

Ultraschall: Ultraschall hat viele Einsatzgebiete und arbeitet immer auf dem Zellniveau. Er wird zur Erwärmung tiefer liegender Gewebe eingesetzt, aber auch zur Diagnose, als Scanner und zum Vermessen. Er sendet Schallwellen aus, die als Energiequelle funktionieren und die Zellaktivität anregen; er kann auch mechanische Zellvibration erzeugen, was Wärme entstehen lässt. Zellen können aber auch ohne Wärmeerzeugung stimuliert werden, durch die sog. Mikromassage. Er ist das spezialisierteste und potentiell gefährlichste Werkzeug, das momentan in der Physiotherapie und von Tierärzten eingesetzt wird. Der Ultraschall kann Knochen brechen und sollte nicht von Laien eingesetzt werden.

Im Ultraschallkopf befindet sich ein Kristall, der vibriert, wenn man ihn einer elektrischen Ladung aussetzt. Weil Luft Schall schlecht leitet, wird ein Gel aufgetragen, um die Übertragung der Schallwellen zu verbessern. Ultraschall wirkt auch unter Wasser, weil Wasser Schall gut leitet. Ultraschall sollte nur von ausgebildetem Personal angewendet werden.

Laser: Das Wort entstand aus der englischen Beschreibung der physikalischen Vorgänge, aus „Light Amplification by Stimulated Emission of Radiation". Starke Laser wurden in den späten 1960er Jahren zum ersten Mal in der Laserchirurgie eingesetzt. in der Physiotherapie werden andere, weniger starke Laser verwendet, die die Wundheilung beschleunigen. Es gibt verschiedene Laserarten, die verschiedene Verletzungsarten heilen.

Der Laser ist ein nicht-invasives Gerät und wird von Pferden gut toleriert, weil die abgegebenen Lichtstrahlen nicht spürbar sind. Meist wird die Heilung dadurch merklich beschleunigt. Mit Erfolg einzusetzen bei nicht mehr frischen Blutergüssen, Muskelverletzungen und älteren Wunden, aber auch bei Sehnen-, Bänder- und Gelenkkapselverletzungen, je nachdem welche Lichtwellenlänge verwendet wird. Er kann auch zur Stimulierung von Akupunkturpunkten dienen.

Ein Laser sollte nur von geschultem Personal verwendet werden.

Tens (= Transcutanuous Electrical Nerve Stimulators): häufig zur Schmerzlinderung eingesetzt. Mehrere Elektroden werden auf die Haut

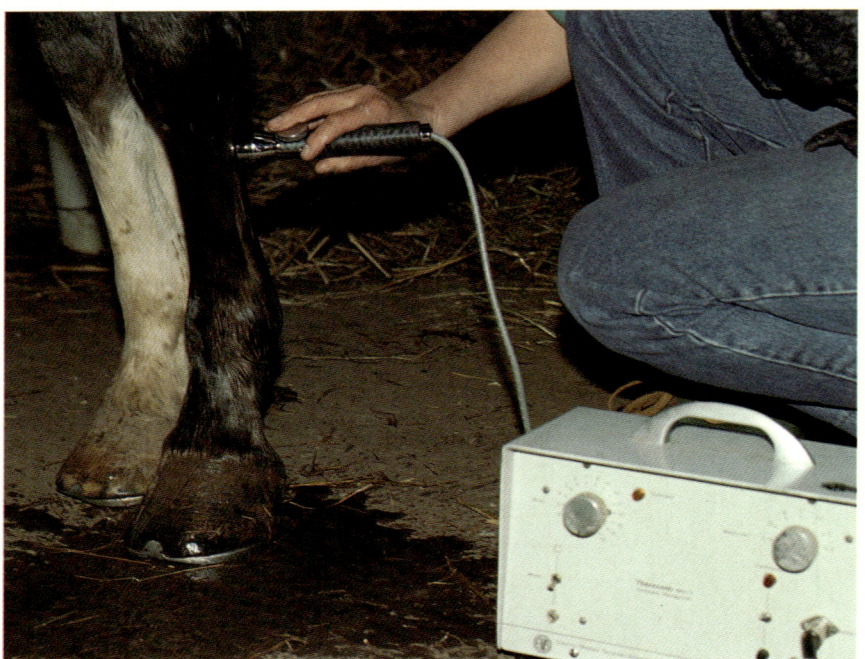

Ultraschall kann nur von ausgebildetem Personal durchgeführt werden. In den falschen Händen kann er sehr gefährlich sein, weil die Geräte bei falscher Anwendung schwere Verletzungen hervorrufen können.

aufgeklebt, und ein pulsierendes Signal (sechzig Impulse pro Sekunde) blockiert die Übertragung von Schmerzsignalen von einer verletzten Stelle über die sensorischen Nerven zum Gehirn. Bei weniger als sechzig Impulsen pro Sekunde entsteht ein Muskelzucken, welches den Blutfluss zu einer Stelle anregt, Muskelkrämpfe lindert und Flüssigkeiten und Schwellungen auflöst. Diese Kombination lindert Schmerzen, ohne sich auf die Nerven auszuwirken.

Elektrische Muskelstimulatoren: Es gibt heute verschiedene dieser Geräte. Die ursprünglich verwendete Faradisierung ist längst überholt, wird aber manchmal noch für die Stimulierung größerer Muskelpartien eingesetzt.

Elektrische Muskelstimulatoren können Schmerzen lindern und den Blut- und Lymphfluss anregen, wodurch Aufschwemmungen aufgelöst und Muskelkrämpfe gelindert werden; dies wiederum erhöht die Mobilität, verringert die Bildung von Narbengewebe, und regt die Wundheilung an, was wiederum die Narbenbildung minimiert.

Wärme- und Kälteanwendungen

Diese werden seit langem bei Verstauchungen, Blutergüssen und Muskelrissen eingesetzt.

Kältetherapie zur Entzündungsbehandlung: Entzündungen sind die natürliche Reaktion des Körpers auf eine Verletzung, können aber zu Hitze, Schwellungen, Schmerzen und

Die ursprünglichen Faradisierungsgeräte aus der elektrischen Muskelstimulation werden nicht mehr so häufig verwendet wie früher, spielen aber bei der Behandlung größerer Muskelpartien noch immer eine Rolle.

Flüssigkeitseinschlüssen an einer verletzten Stelle führen, was die Zirkulation einschränkt und so die Heilung behindert. Kälteanwendungen kühlen die entzündete Stelle, lindern die Schmerzen und wirken abschwellend – obwohl dies teilweise auch durch den sanften Druck der Anwendung bedingt sein kann. Dies ermöglicht eine bessere Zirkulation der Flüssigkeit, was die Heilung positiv beeinflusst.

Wärmetherapie: Eigenartigerweise scheint auch die Anwendung von Wärme schmerzlindernd zu wirken: Die Zirkulation wird angeregt, weil die oberflächlichen Blutgefäße erweitert werden, durch die so mehr Blut fließen kann. Dies fördert die Muskelelastizität, die Zellfunktion und den Gewebetonus und fördert so die Heilung. Wärme wird nur bei Verletzungen angewendet, die mehr

als 48 Stunden alt sind, wenn sich die natürliche Entzündungsreaktion in der Regel beruhigt haben sollte.

Wärme und Kälte können z.B. wie folgt eingesetzt werden: über Geräte, Packungen, Umschläge, Breiumschläge und Wärmelampen.

Hydrotherapie

Schwimmen: Wird in den letzten 25 Jahren vermehrt eingesetzt:

▸ um Pferde fit zu machen, ohne die Beine zu stark zu belasten,
▸ um das Herz-Kreislaufsystem während Verletzungen, z.B. bei Beinverletzungen, fit zu halten,
▸ für einen guten Muskeltonus,
▸ als erfreuliche Abwechslung im Pferdealltag.

Da das Schwimmen für Pferde keine natürliche Aktivität darstellt (obwohl schon Fohlen instinktiv wissen, wie man schwimmt), muss man beim „Schwimmenlernen" viel

Beim Schwimmtraining von Pferden ist erfahrenes Personal wichtig, das Signale des Pferdes gut deuten kann. Die Notsignale werden leicht übersehen, und das Pferd nur um der Fitness willen einer Überanstrengung auszusetzen ist unverzeihlich.

Warnung

Die Bedeutung der Überwachung: Schwimmen ist für Pferde sehr anstrengend, und die Zeit im Wasser muss langsam gesteigert werden. Der Puls muss mit Hilfe eines Monitors überwacht werden. Man muss beachten, dass ein schwimmendes Pferd, das normalerweise von zwei Helfern an am Halfter befestigten Longen durch den Pool dirigiert wird, vollkommen hilflos ist und nicht zeigen kann, wenn es durch falsche Behandlung und ungenügende Beobachtung überfordert ist, wenn die Helfer aus Unwissenheit zu viel verlangen oder über die Physiologie und die Psyche von Pferden nicht Bescheid wissen.

Sorgfalt walten lassen, und es ist das Sicherste, dies in einem speziellen Pool unter der Anleitung von erfahrenem Personal zu tun. Manche Reiter schwimmen mit ihren Pferden in Flüssen oder Seen, und obwohl das sehr viel Spaß macht, ist sicher ein großes Risiko damit verbunden.

Wenn Pferde schwimmen, drücken sie ihren Rücken weg, tun also genau das, was man beim Reiten vermeiden möchte. Deshalb sollte das Pferd danach über den Rücken gehen.

Pooldesign: Die Pools können entweder gerade oder rund sein, wobei es mehr gerade Pools gibt, weil die Pferde nicht ständig auf einer gebogenen Linie schwimmen müssen. Für das

Fitnessschwimmen werden jedoch häufig runde Pools benutzt, weil das Pferd für eine vorgegebene Zeit im Wasser bleiben kann, wohingegen man das Pferd bei einem geraden Pool nach jeder Bahnlänge „an Land" zum Ausgangspunkt zurückführen muss.

Nachsorge: Wenn das Pferd den Pool verlässt, sind Dinge wie Zittern, Wanken, Steifheit, Unkoordiniertheit, sehr schnelle Atmung, Nasenbluten aus einer Nüster oder beiden oder ein zu schneller Puls nicht normal. Dies sind sichere Zeichen dafür, dass das Pferd bis zur Erschöpfung und/oder Unterkühlung schwimmen musste.

Die Pools sind normalerweise beheizt, und obwohl Pferden trockene Kälte nicht so viel ausmacht wie Menschen, sind sie anfällig für die Auswirkungen von Kälte und Nässe, wenn z.B. fast der ganze Körper im kalten Wasser eines Pools untertaucht. Gut trainierte Pferde haben selten eine schützende Fettschicht, sind also nicht gut isoliert, und frieren daher sehr leicht sehr stark bis hin zur Unterkühlung, auch wenn beim Schwimmen Wärme erzeugt wird.

Schutz gegen Überforderung: Natürlich müssen Herz und Lunge belastet werden, um einen Trainingseffekt zu erzielen, aber man sollte als Besitzer die individuellen Puls- und Atmungswerte und Erholungszeiten des eigenen Pferdes kennen, so dass man es vor Missbrauch bewahren kann. Wenn das Pferd für eine Pause oder Richtungsänderung aus dem Pool geholt wird und bei erneutem Heranführen an das Wasser auch nach ruhigem, gutem Zureden nicht von selbst wieder hineingehen will, gibt es dafür sicherlich einen guten Grund.

Wassertreten: Wenn Sie das Glück haben, in nicht allzu weiter Entfernung vom Meer zu wohnen, waren sie sicher schon mit ihrem Pferd im Wasser, wenn auch nur zum Spaß. Das kalte Wasser wirkt positiv auf Füße und Beine, indem es sie kühlt und massiert. Beim Waten durch Wasser werden die Muskeln stärker beansprucht, weil entweder die Beine über das seichte Wasser hinweg

gehoben werden oder bei tieferem Wasser dasselbe verdrängt werden muss. Etwa 1 Kilometer im Wasser zu gehen trainiert ebenso gut wie drei Kilometer Galopp am Strand. Susan McBane hat aber die Erfahrung gemacht, dass man die Wassertiefe genau beobachten muss, weil die Pferde sonst die falschen Muskeln aufbauen: das Wasser sollte knapp bis zum Vorderfußwurzelgelenk reichen, denn wenn es nur wenig tiefer ist, müssen die Pferde die Beine zu weit hochheben, was anstrengende, künstliche Bewegungen erzeugt. Weil die Pferde zu viel Zeit und Anstrengung zum Hochheben ihrer Beine über das Wasser brauchen, führt dies zu einer dauerhaften Verkürzung der Tritte. Wenn man mit den Pferden aber in tieferes Wasser, ungefähr bis zu den Ellbogen, geht, wird die Aktion flacher, und die Pferde verdrängen das Wasser. Das ist gut, weil dadurch die richtigen Muskeln aufgebaut werden.

Man darf auch keinesfalls schnell reiten, weil die Pferde leicht das Gleichgewicht verlieren und fallen können. Es ist auch keine gute Idee, im Wasser stehen zu bleiben, weil die Pferde im weichen Sand einsinken und die Beine dann nicht schnell genug frei bekommen – mit dem gleichen Ergebnis.

Andere Möglichkeiten: Wenn sie Zugang zu einem Fluss oder See mit festem Grund und ohne Unterströmungen haben, können sie mit ihrem Pferd dort schwimmen. Ansonsten können speziell gebaute

Wassertretanlagen verwendet werden, wie es sie in der Hydrotherapie, in Rehabilitationszentren und Poolanlagen gibt.

Insgesamt gesehen ist das Wassertreten in Maßen, etwa 2-3mal pro Woche 20 Minuten, sehr positiv, wenn man es mit anderen Übungen für gleichmäßigen Muskelaufbau kombiniert.

Whirlpools für Pferde sind sehr nützlich, weil die Pferde in mäßig tiefem Wasser stehen können, während ihre Beine mit Wasser, das mit Druck aus Düsen strömt, massiert werden und das Wasser an sich die Beine kühlt.

Laufbänder

Sie haben die Erforschung der Physiologie des Pferdes in den letzten Jahrzehnten sehr vereinfacht, und durch sie können Pferde nach Verletzungen sehr schnell in jeder Gangart wieder antrainiert werden. Auch hier sollte erfahrenes Personal das Gerät bedienen, um einen korrekten Einsatz des Laufbands zum Wohl des Pferdes zu gewährleisten.

Nützlichkeit: Sie sind nicht so nützlich, wie zuerst angenommen wurde. Biomechanische Studien haben ergeben, dass die Arbeit auf dem Laufband nicht so effektiv für die Fitness ist wie auf „normalem" Boden, weil das Band sich unter den Füßen bewegt und dabei andere Muskeln beansprucht werden als bei Bewegung bzw. Training auf festem Boden. Allerdings setzen die Pferde durch den bewegten Untergrund

Warnung

Es besteht kein Zweifel, dass Laufbänder für Studien am Herz-Kreislaufsystem und am Bewegungsapparat sehr nützlich sind und dass durch sie viele sinnvolle Forschungsergebnisse und Diagnosen ermöglicht wurden. Dennoch kann man damit Pferde im Training über ihre Leistungsgrenze hinaus überfordern, manchmal einfach um herauszufinden, was Herz und Lunge leisten können. Aber wie überall beim Training von Sportpferden muss auch die ethische Seite Beachtung finden, was für Qualifikationen oder Ziele wir auch vor Augen haben. Wenn ein Pferd, das schon auf dem Laufband trainiert worden ist, nicht mehr hinauf gehen möchte oder, obwohl es brav hinauf geht, beim Anbinden nervös oder unruhig erscheint, hat es zuvor offensichtlich schlechte Erfahrungen mit dieser Art Arbeit gemacht. Man kann dann eigentlich nicht von diesem Pferd verlangen, dieses Training noch einmal zu absolvieren, zu welchem Zweck auch immer. Wenn ein Pferd während des Trainings unruhig wird und der Überwachungsmonitor oder das Verhalten des Pferdes dies deutlich anzeigt, sollte man das Training beenden, ob das Pferd nun das Laufband kennt oder nicht.

gleichmäßige Tritte, was auf „unbewegtem" Grund nicht der Fall ist. Deshalb sind Laufbänder sinnvoll bei der Rehabilitation von Pferden mit Problemen in den Grundgangarten jedweden Ursprungs (z.B. nach Lahmheiten).

Schutz gegen Überforderung: Bei den meisten Laufbändern kann ein Steigungsgrad eingestellt werden, um die körperliche Anstrengung zu erhöhen. Man sollte aber daran denken, dass das Pferd dann auf nicht nachgebendem Untergrund bergauf geht und dass dies die gleiche Wirkung hat, als ob es lange Zehen und kurze Trachten hätte, was die Sehnen und Bänder an der Röhrbeinhinterseite und den Hufen belastet. Auf gutem, natürlichem Boden oder auf einem präparierten Untergrund kann die Zehe am Punkt des Abrollens etwas einsinken, genug, um die Belastung zu reduzieren, nicht aber auf dem Laufband. Auch das Sprunggelenk kann belastet werden, wenn der Winkel zu steil oder das Tempo zu schnell ist. Man ist heute der Meinung, dass Laufbänder ohne Steigung sich am besten eignen.

Führanlagen

In Maßen eingesetzt sind sie in Ställen sehr wertvoll, in denen viel Betrieb herrscht:

▸ für das Lösen vor und das Abschwitzen nach der Arbeit,
▸ um den Pferden Bewegung zu verschaffen,
▸ für den Erhalt der Fitness bei Pferden, die nicht arbeiten, (2 x 30 min pro Tag; evtl. mit Trab),
▸ zur Bewegung von Pferden, die sich von Verletzungen erholen (zur Vermeidung der Bildung von Narbengewebe),
▸ um Pferde in den Grundgangarten wieder zu schulen, ohne

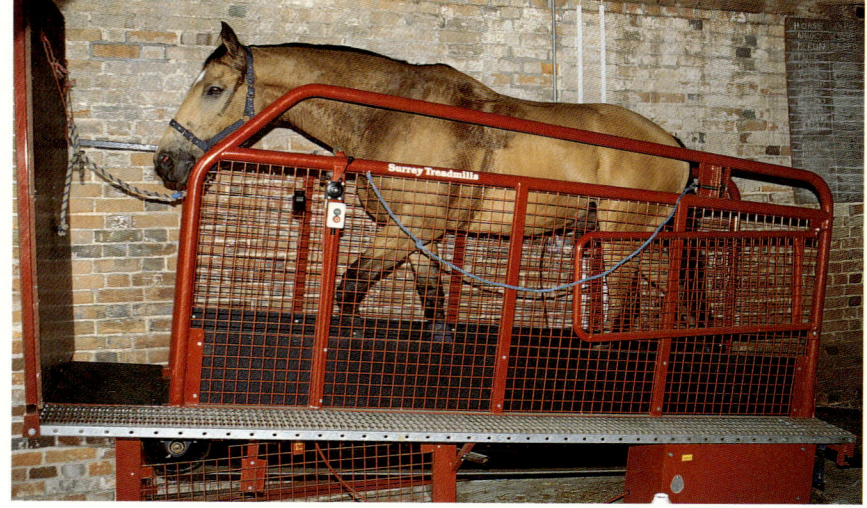

Pferde auf dem Laufband zu trainieren, ohne sie dabei genau zu beobachten, kann ernsthafte Verletzungen zur Folge haben. Wir, die Autorinnen, sind der Meinung, dass die Pferde immer an einen Monitor angeschlossen sein sollten (anders als auf dem Bild).

Die (maßvolle) Arbeit in der Führmaschine kann sich sowohl körperlich als auch geistig positiv auf Pferde auswirken. Die meisten Anlagen haben heute separate Abteilungen für jedes Pferd. Die Pferde gewöhnen sich sehr schnell an Führanlagen und scheinen Spaß daran zu haben.

Gewicht auf ihrem Rücken und ohne sie zu führen. Wenn der Pferdekopf in seiner Bewegung eingeschränkt wird, verändert dies immer den Gang. Es ist aber verblüffend, wie viele Menschen ein Pferd nicht so führen können, dass der Kopf sich frei bewegen kann, sogar dann nicht, wenn der Physiotherapeut die Notwendigkeit erläutert hat. Diese Probleme gibt es in einer Führanlage nicht.

Führmaschinentypen: Die beste Führmaschine ist wahrscheinlich die, in der die Pferde frei in abgetrennten Abteilungen mit genügend Platz nach allen Seiten laufen, um kurzes Abstoppen und erneutes Antreten zu ermöglichen. In diesen Anlagen können mehrere Pferde gleichzeitig von einer einzigen Person bewegt und überwacht werden, was viel Zeit und Arbeit spart. Die Pferde hören auf Stimmkommandos und lernen schnell anzutraben, Schritt zu gehen, stehen zu bleiben oder die Hand zu wechseln. Die Pferde scheinen diese Art der Bewegung ausgesprochen zu genießen, wenn sie nicht zu lange dauert – 30 Minuten sind genug.

Falls ein Pferd Mätzchen macht oder gegen die Trennwände schlägt, sollte man die Anlage stoppen.

Selbsthilfe

Die Physiotherapie ist zwar ein eigenes Fachgebiet, aber bestimmte Teile daraus kann der Pferdebesitzer auch selbst anwenden lernen. Es empfiehlt sich aber, sich erst von einem Physiotherapeuten einweisen zu lassen. Pferde freuen sich mit Sicherheit über Maßnahmen wie eine tägliche Ganzkörpermassage, Dehnen (Stretching) vor und nach dem Reiten, Massagegeräte, Ausritte ans Wasser sowie Hand- und Bodenarbeit (siehe S. 114).

Zur Erweiterung des Hintergrundwissens gibt es auch zahlreiche Bücher und Broschüren über die Physiotherapie.

MAGNETFELDTHERAPIE

Magnete sind ein effektives, althergebrachtes Heilmittel. Bisher konnten ihre offensichtlichen Erfolge in vielen Bereichen nicht wissenschaftlich untermauert werden, wie sie wirken. Wenn wir aber nicht verstehen, wie etwas wirkt, bedeutet das nicht, dass es nicht wirken kann, und es gibt Fälle, die zeigen, dass die Magnetfeldtherapie wirklich helfen kann.

ANWENDUNG

Der Einsatz von Magneten kann in allen Situationen von Vorteil sein, die möglicherweise durch eine Anregung der Blutzirkulation verbessert oder gelindert werden könnten. Bei einer Fraktur könnte ein Magnet zum Beispiel dazu beitragen, den Blutfluss zu der betroffenen Stelle zu erhöhen, um den gebrochenen Knochen zu heilen. Magnete allein können Krankheiten nicht unbedingt heilen: Im Allgemeinen zeigen sich die größten Heilerfolge, wenn sie mit anderen Behandlungsmethoden kombiniert werden.

PHILOSOPHIE

Hier möchten wir drei Theorien über die Wirkungsweise der Magnetfeldtherapie vorstellen:

Theorie I besagt, dass Magnetismus die Wirksamkeit des Blutes erhöht. Er erhöht nicht die Blutzirkulation oder den Blutdruck, aber man glaubt, dass er die Fähigkeit der roten Blutkörperchen steigert, Hämoglobin (ein Eiweißpigment) zu transportieren. Es könnte sein, dass das vom Hämoglobin transportierte Eisen

Magno-Pulse-Gamaschen. Gamaschen wie diese können zur Behandlung von Problemen im Fessel- oder Hufbereich eingesetzt werden, sie lindern Steife und Schmerzen.

durch den Magnetismus beeinflusst wird, so dass sich die Fähigkeit des Blutes, Sauerstoff und Nährstoffe zu den verschiedenen Gewebearten zu transportieren, verbessert. Dies gilt auch für den Abtransport von Giftstoffen, was sowohl Heilung fördert als auch Schmerzen lindert.

Theorie II besagt, dass das natürliche Magnetfeld aller Lebewesen auf diesem Planeten von dem von Menschen geschaffenen Elektromagnetismus gestört wird, durch den die Atmosphäre aufgeladen wird. Dies betrifft alle Lebewesen. Das Tragen von Magneten oder eine elektromagnetische Behandlung tragen dazu bei, unser natürliches Magnetfeld wieder auszubalancieren.

Theorie III besagt, dass unser Körper aus zahllosen Atomen besteht, wobei jedes Atom einen mikroskopisch kleinen Magneten darstellt. Gegensätze ziehen sich an: positive und negative Ladungen werden durch unvorstellbar komplexe Mechanismen in unserem Körper voneinander angezogen, was bedeutet, dass sie das Gewebe zusammenhalten - und weil Elektrizität Energie ist, sind sie auch verantwortlich für den Ablauf aller biologischen Prozesse. Die Annahme, dass das Anbringen eines geladenen Magneten an einem ebenfalls geladenen Gewebe Veränderungen in der Gewebestruktur und/oder ihrer Funktionsweise hervorrufen könnte, birgt also eine gewisse Logik. Wenn dem tatsächlich so ist, muss er auch die Fähigkeit besitzen, Gewebe zu heilen.

WIRKUNGSWEISE

Es gibt zwei Arten der Magnetfeldtherapie: die statische und die pulsierende Magnetfeldtherapie, bei der angenommen wird, dass die Wirkung des Magnetismus mit Hilfe von Elektrizität erhöht wird. Strom versorgt hier elektrische Spulen, die für die Anwendung bei Menschen in einen Gürtel oder ein Halsband und bei Pferden in Gamaschen oder eine Decke eingebaut sind. Diese Methode soll die Transportgeschwindigkeit von Sauerstoff, Nähr- und Giftstoffen durch die Zellmembranen erhöhen und wirkungsvoller sein als die statische Methode. Menschen, die Magnete tragen, fühlen dabei absolut nichts: nichts, was selbst das sensibelste Pferd oder den empfindsamsten Menschen stören könnte. Und die meisten Menschen, die sich einer Magnetfeldtherapie unterziehen, schwören, dass sie wirkt.

Bestimmung der Therapieart: Für einen Laien ist dies oft schwierig, aber die Firmen, die die Produkte hierfür, wie Decken oder Gamaschen, verkaufen, sollten den Kunden beraten können.

Kein Allheilmittel: Therapeuten setzen die Produkte für die Magnetfeldtherapie oft in Kombination mit anderen Therapien ein. Es ist ihnen wichtig, dass die Produkte nicht als Allheilmittel angesehen werden, weil beim Patienten ein medizinisches Problem zugrunde liegen könnte, das vor der Anwendung von Magneten behandelt werden muss. Deshalb muss bei Pferden mit bestimmten Verletzungsarten zuerst der Tierarzt konsultiert werden. Danach können Magnete dazu beitragen, den Heilungsprozess zu beschleunigen.

Besondere Vorteile: Manchmal können die Produkte der Magnetfeldtherapie auch alleine eingesetzt werden:
- in einer Decke für Pferde, bei denen Muskelverspannungen auftreten,
- für die tägliche Anwendung bei

Pferden mit Problemen im Bewegungsapparat,
- in einer Decke, die die Blutzirkulation steigert und so die Muskeln aufwärmt bzw. nach der Arbeit

Mit Magneten ausgestattete Pferdedecken eignen sich für die Ganzkörperbehandlung.

zum Abtransport von Stoffwechselabfällen beiträgt.

Einsatzgebiete des Magnetismus

Die statische Magnetfeldtherapie wird normalerweise eingesetzt bei:
- Schürfwunden und Prellungen,
- lokalen Schwellungen und Wärme,
- frischen Überbeinen,
- Müdigkeit und Steifheit,
- den meisten Gewebs- und Knochenkrankheiten wie z.B. Satteldruck, Zerrungen und Rissen, Osteoarthritis, Gallen, Schale, Steifheit, Entzündungen der Hufknochen und Hufrollenentzündung.

Die pulsierende Magnetfeldtherapie wird eingesetzt bei:

- frischen Band- und Sehnenverletzungen,
- Osteoarthritis,
- frischen Überbeinen, „Schienbeinen" und Frakturen,
- Steifheit und Müdigkeit bei Überforderung,
- Traumata durch Fallen oder Tritte,
- allgemeine Steifheit verursacht durch Alter oder mangelnde Bewegung. Magnete sollen sich auch entspannend und beruhigend auf hyperaktive Kinder und Pferde auswirken. Dies kann möglicherweise durch ihre schmerzlindernden Eigenschaften bedingt sein.

Wann sollte sie nicht angewendet werden?

Die Magnetfeldtherapie sollte nicht eingesetzt werden bei:

- ▶ tragenden Stuten,
- ▶ Hämatomen,
- ▶ entzündeten Wunden und Abszessen,
- ▶ schweren akuten Verletzungen,
- ▶ Menschen oder Pferden, die Kortison einnehmen,
- ▶ an Stellen, an denen Metall eingesetzt ist, wie z.B. bei Frakturen oder künstl. Hüftgelenken,
- ▶ entzündeten Stellen.
  Manche Medikamente wie z.B. Waschemulsionen oder jodhaltige Rezepturen können bei der Anwendung von Magneten zu Blasenbildung führen.

VORBEUGENDE ANWENDUNG

Während des Transports: Angeblich helfen magnetische Decken Pferden, Belastungen auf Muskeln, die durch einen Transport und die ständige Notwendigkeit sich abzustützen und immer wieder auszubalancieren, verursacht werden, besser zu verkraften. Dies gilt insbesondere während langer Fahrten, weil die Decke dazu beiträgt, Giftstoffe abzutransportieren, die durch diese ständige Beanspruchung der Muskeln entstehen. Da von vielen Pferden verlangt wird zu arbeiten, bevor sie sich von der Fahrt erholt haben, könnte dies eine gute vorbeugende Maßnahme sein. Man sollte immer daran denken, dass man Pferden die

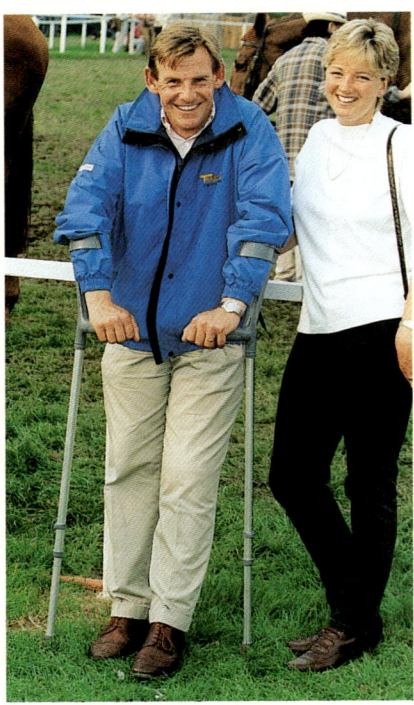

„Was für mein Pferd gut ist, kann für mich nicht schlecht sein!" Tim Stockdale war nach einer Knieverletzung durch den Einsatz eines pulsierenden Magneten, den er auch bei seinen Pferden verwendet, viel schneller wieder gesund als erwartet.

Möglichkeit geben sollte, sich pro gefahrener Stunde eine Stunde zu erholen, bevor man Leistung erwartet,

Für den Reiter

Eine der Autorinnen dieses Buchs litt unter immer wiederkehrenden ziehenden Schmerzen im Knöchel, die sich beim Reiten verschlimmerten. Ihr Arzt empfahl ihr eine Magnetfeldtherapie und riet ihr, sich in der Apotheke „kleine Pflaster mit Magneten in der Mitte" zu besorgen. Nachdem sie diese Pflaster ein paar Wochen verwendet hatte, waren die Schmerzen beträchtlich gelindert, ohne dass sie weniger oder anders geritten wäre.

und dass Pferde sich wesentlich schneller erholen, wenn sie herumgeführt werden, als wenn sie nur stehen.

Bei älteren Pferden oder bei Sportpferden: Statische Magnete scheinen älteren oder schwer arbeitenden Pferden zu helfen, die häufig steif gehen. Sie scheinen sich freier zu bewegen, wenn sie z.B. nachts aufgestallt waren, und sie absolvieren die Aufwärmphase vor der Arbeit dadurch leichter.

SELBSTHILFE

Der Einsatz der Magnetfeldtherapie, insbesondere der pulsierenden Methode, ist heute in der Physiotherapie sehr gebräuchlich. Die Therapie wird von geschultem Personal durchgeführt. Es sei allerdings vor Firmen gewarnt, die vorwiegend daran interessiert sind, Geräte zu verkaufen, und von welchen bekannt ist, dass sie diese mit wenig Beratung liefern, dabei aber behaupten, dass mit Magnetismus „fast alles" behandelt werden könne. Wir empfehlen, den Rat von Experten einzuholen, die Erfahrung mit diesen Geräten haben. Dann kann man sicher sein, das richtige Produkt für den richtigen Fall zu verwenden. Korrekt angewendet ist diese Therapie vollkommen ungefährlich. Zwar können mit dieser Therapie Schmerzen gelindert werden, dennoch sollte man bei Schmerzfreiheit nicht davon ausgehen, dass eine Verletzung tatsächlich ausgeheilt ist, sondern sollte diesbezüglich in jedem Fall den Rat eines Tierarztes einholen.

MAGNETFELDTHERAPIE IN DER PRAXIS

Chris Caden-Parker Bsc, Msc, M.F.Phys., AIPTI

Die Sporttherapeutin für Pferde Chris Caden-Parker betreibt in Zusammenarbeit mit der früheren Europameisterin der Vielseitigkeit Lucy Thompson in Kent ein Therapie- und Rehabilitationszentrum mit dem Namen „Equine Sport Therapy". Sie hat ein Ehrendiplom als Bakkalaureus der Zoologie und Botanik, ist Magister in Equine Science und absolvierte eine Ausbildung als Sporttherapeutin in der Humanmedizin, bevor sie sich in Amerika zur Sport- und Physiotherapeutin und Masseurin für Pferde weiterbildete. Im Sommer 2000 machte Chris einen Abschluss in Traditioneller Chinesischer Medizin und Akupunktur. Ihr erklärtes Ziel ist es, Pferden und Ponys, insbesondere den „Spitzensportlern" unter ihnen, zu helfen, die von Tierärzten an sie verwiesen wurden. Darüber hinaus hat Chris eine Teilzeitstelle als Dozentin an einem College und ist seit 1997 die offizielle Sporttherapeutin für die Pferde des irischen Vielseitigkeitsteams.

Chris setzt bei ihren Behandlungen unter anderem auch die Magnetfeldtherapie ein und äußert sich wie folgt darüber: „Meines Erachtens ist es vorteilhaft, die Magnetfeldtherapie in Kombination mit anderen Therapien einzusetzen. Es ist wichtig, dass den Leuten klar wird, dass diese Therapieform kein Allheilmittel ist. Es könnte nämlich ein medizinisches Problem zugrunde liegen, das behandelt werden muss, bevor Magnete oder andere alternative Therapien zum Einsatz kommen. Wenn ich es für angemessen halte, verwende ich sie als Teil einer Behandlung, je nach den individuellen Bedürfnissen. Ich würde die Magnetfeldtherapie alleine nur bei Pferden einsetzen, deren Muskeln sich beim Transport verspannen, oder als tägliche Anwendung bei Pferden, die ein Problem im Bewegungsapparat haben. Magnetdecken eignen sich sehr gut für die Anwendung vor und nach der Arbeit, um die Blutzirkulation anzuregen.

Der größte Teil der medizinischen Arbeit mit der Magnetfeldtherapie fand bisher in den ehemaligen Ostblockländern statt. Medikamente sind dort, wenn überhaupt erhältlich, sehr teuer, und Magnete sind eine kostengünstige Alternative. Es gibt einschlägige wissenschaftliche Beweise dafür, dass die Magnetfeldtherapie wirkt.

Meiner Erfahrung nach ist die Anwendung von Magneten in allen Situationen vorteilhaft, die durch eine Anregung der Blutzirkulation verbessert oder gelindert werden können. Ich glaube, dass Magnete mit Erfolg bei Pferden eingesetzt werden können, die häufig steif gehen. Eine Verbindung mit anderen Therapiearten ist sinnvoll."

Ist die Magnetfeldtherapie absolut ungefährlich? Chris antwortet: „Pferde mit Problemen im Gebäude, die Schmerzen und Steifheit verursachen, müssen zuerst von einem Tierarzt behandelt werden. Danach können Magnete sicherlich dazu beitragen, den Heilungsprozess zu beschleunigen. Die Gefahr, die von den frei erhältlichen Produkten ausgeht, liegt darin, dass sie gekauft und angewendet werden, ohne dass ein Tierarzt vorher das genaue Problem diagnostiziert hat. Wenn ein Pferd zum Beispiel lahmt, kann die Ursache der Lahmheit sehr ernst, sogar lebensbedrohlich sein. Deshalb muss die Ursache genau diagnostiziert werden, bevor die Entscheidung für eine spezielle Therapieform fällt. Das sind meine einzigen Bedenken. Magnete können bei korrekter Anwendung sehr gute Erfolge erzielen. Wenn aber nicht auf korrekte Anwendung geachtet wird, hat die Behandlung keinen Erfolg und kann im schlimmsten Fall sogar echten Schaden anrichten. In manchen Fällen wirken Magnete ausgezeichnet, in anderen Fällen erzielen sie keinerlei Wirkung. Man sollte immer zuerst einen Tierarzt rufen, der eine genaue Diagnose stellt. Außerdem würde kein qualifizierter Therapeut in der Alternativmedizin ein Pferd ohne Erlaubnis oder Überweisung eines Tierarztes behandeln."

Bei welchen Krankheiten kann die Magnetfeldtherapie helfen? Chris: „Bei jeder Krankheit, die durch Anregung der Blutzirkulation günstig beeinflusst werden kann. Der Einsatz eines Magneten wäre z.B. bei einer Fraktur von Vorteil, um den Blutfluss zu der betroffenen Stelle zu erhöhen und so die Heilung zu fördern. Ich würde jedoch nicht behaupten, dass Magnete allein Krankheiten heilen können; in Kombination mit anderen Therapieformen können sie jedoch großartige Erfolge erzielen."

FALLSTUDIE

1 **Pferd:** *holländischer Hengst Cassander, Turnierpferd auf S-Niveau, Besitzer David Pincus, Diplom-Reitlehrer (BHS)*

Problem: Langanhaltende Lahmheit im linken Vorderfuß; Tierarzt kann Ursache nicht diagnostizieren. Sein Besitzer erklärt, dass konventionelle Behandlungsformen wie orthopädischer Hufbeschlag und Medika-mente eine geringfügige Besserung brachten, aber keine befriedigende Lösung darstellten.

Behandlung: David las in seiner Tageszeitung eine Anzeige über ein elektromagnetisches Gerät der Firma Medicur zur Schmerzlinderung, das speziell für Menschen mit chronischen Krankheiten wie Rheuma und Osteoporose entwickelt worden war. David befand, dass es sich lohnte, das Gerät auszuprobieren, und kaufte es. Er setzte es drei Mal pro Tag ein, und innerhalb von zwei Wochen war die Lahmheit verschwunden.

Ergebnis: Cassander absolvierte daraufhin eine ausgesprochen erfolgreiche Turniersaison und errang mehrere Male Siege oder Platzierungen in S-Dressuren. Nach diesem erfolgreichen Experiment hat David nach eigenen Aussagen keine Bedenken, die Magnetfeldtherapie einzusetzen, wenn dies seiner Meinung nach sinnvoll sein könnte: „Mein internationales Grand Prix-Pferd Son of Charm zog sich bei einem Sturz eine Rückenverletzung zu und ich dachte, er würde seinen Schweif nie mehr bewegen können. Nach vier Wochen regelmäßiger Magnetfeldtherapie bemerkte ich eine klare Verbesserung, und in der Zwischenzeit sind sowohl sein Rücken als auch sein Schweif wieder völlig in Ordnung.

Außerdem habe ich herausgefunden, dass die Magnettherapie bei Hufprellungen hilft – einer Verletzung, die erfahrungsgemäß lange braucht, um zu heilen. Das Pferd, das ich mit der Magnetfeldtherapie behandelte, konnte aber nach drei Tagen schon wieder gearbeitet werden. So schnell hatte sich bei mir noch nie ein Pferd von dieser Art Verletzung erholt."

Cassander und David Pincus (Foto: Joanna Prestwich)

FALLSTUDIE

2 **Pferd:** *Snoopy, ein achtzehnjähriges ehemaliges Vielseitigkeitspferd, Besitzer Marvyn Anderson*

Problem: Marvyn erklärt: „Ich habe Snoopy als Dreijährigen gekauft. Er war ein gutes Allround-Pferd, ging aber zwei Mal lahm, und trotz Röntgens wurde die Ursache nicht gefunden.

Im Sommer vor zwei Jahren, als Snoopy noch gesund war, stellte ich ihn für drei Wochen auf eine Koppel, während ich umzog. Als ich danach wieder mit ihm zu arbeiten anfing, ging er nicht ganz klar, und er sah auch auf der Koppel nicht wirklich gesund aus."

Behandlung: „Ich ließ ihn vom Tierarzt untersuchen, ein Grund für die Lahmheit konnte aber nicht gefunden werden, obwohl wiederum Röntgenaufnahmen gemacht und Nervenblocker gespritzt wurden. Ich stellte ihn wieder für einen Monat weg und hoffte, dass dies helfen würde. Danach lieh mir jemand versuchsweise zwei magnetische Gamaschen der Firma Bioflow, die ich auch verwendete – ich hatte schließlich nichts zu verlieren."

Ergebnis: „Nach einem Monat war Snoopy völlig gesund. Auch das Bein, das manchmal aufgrund einer alten Sehnenscheidenverletzung anschwoll, war kalt und klar. Snoopy wurde wieder voll gearbeitet. Er ist auch heute noch gesund, und ich denke, dass dies der Magnetfeldbehandlung zuzuschreiben ist. Dadurch habe ich heute wieder ein aktives, gesundes Pferd.

Marvy Anderson und Snoopy (mit freundlicher Genehmigung von Greenshires Publishing)

CHIROPRAKTIK

Die Chiropraktik ist eine Therapie, mit der Gelenkbeschwerden und Gelenkverschiebungen (insbesondere die zwischen Wirbeln) und die sich daraus ergebenden Auswirkungen auf das Nervensystem und den allgemeinen Gesundheitszustand behandelt werden. Es handelt sich hierbei um eine manuelle Therapie, die bei Mensch und Tier Anwendung findet. Diese basiert auf dem Konzept, dass die Wirbelsäule die „Schaltzentrale" des gesamten Körpers darstellt.

Verschiebungen in der Wirbelsäule, was auch immer sie hervorgerufen haben mag, Verletzungen oder schlechte Haltung, verursachen Druck auf die zwischen den Wirbeln verlaufenden Nerven. Dieser Druck kann zu Rückenproblemen, Bewegungseinschränkungen, Schmerzen und dadurch zu stressbedingten Krankheiten führen.

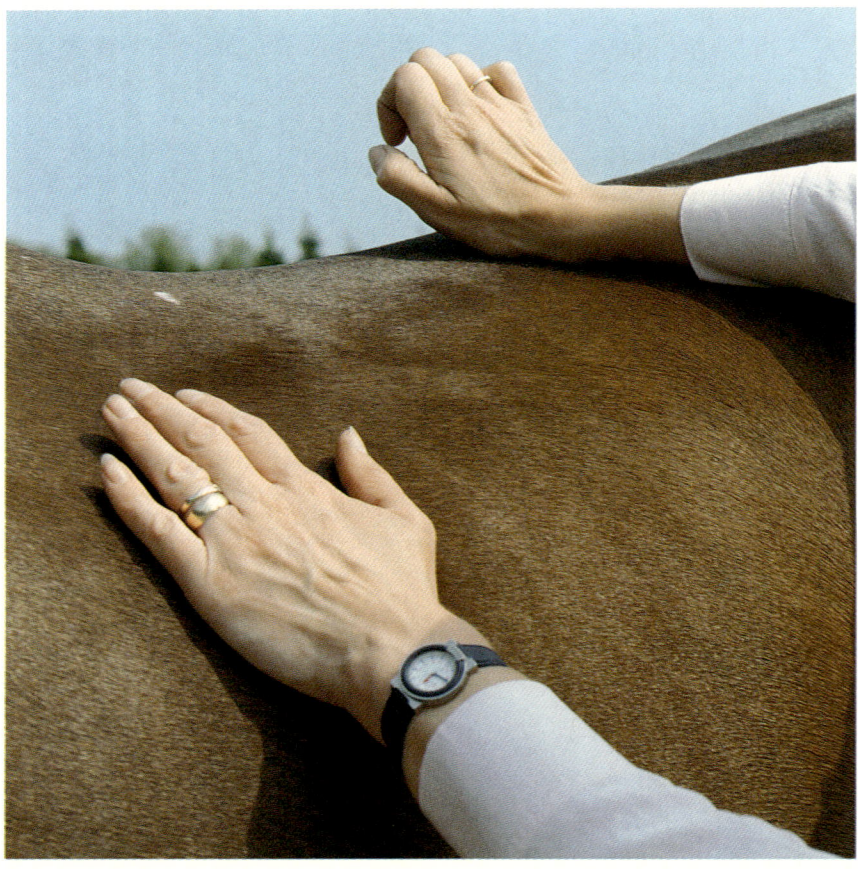

Oben und rechts: Chiropraktiker setzen zur Behandlung von Verschiebungen im knöchernen Bewegungsapparat, die möglicherweise durch Muskelkrämpfe hervorgerufen wurden und Schmerzen verursachen, kurze, harte Schläge ein.

Manipulation

Manipulation ist ein Begriff, der jede Therapie umschreibt, bei der Körperteile vom Therapeuten bewegt werden, dazu gehören z.B. die Osteopathie, die Chiropraktik, Shiatsu und die Massage oder Therapien, bei denen Geräte eingesetzt werden, die mit Elektrizität die Muskeln stimulieren, wie z.B. in der Physiotherapie. Manchmal werden auch Therapien wie Akupunktur und Akupressur dazu gezählt, weil hier zwar keine Manipulation im eigentlichen Sinne stattfindet, aber der Energiefluss manipuliert wird.

PHILOSOPHIE

Ziel der Chiropraktik ist es, Verschiebungen durch Manipulation an der Wirbelsäule zu beheben. Bei Menschen stellt dies kein großes Problem dar, weil man in der Medizin weiß, dass unsere Wirbelsäulen, und auch die von kleineren Tieren, Verschiebungen aufweisen können. Bei Pferden ist dies weniger klar, und in der Tiermedizin besteht die fast einhellige Meinung, dass sich die Wirbelsäule eines Pferdes nicht verschieben kann. Muskelverspannungen und -krämpfe können jedoch über das angrenzende Bindegewebe Schmerzen an der Wirbelsäule und so an angrenzenden Nerven verursachen. Obwohl also die Wirbel und Bandscheiben bei Pferden möglicherweise nicht verschoben sind, können sie trotzdem unter starken Rückenschmerzen leiden.

Chiropraktik und Osteopathie: Diese beiden werden oft verwechselt. Der Unterschied ist, dass Chiropraktiker die natürliche Funktionsfähigkeit der Nerven für wichtiger halten als die Blutzirkulation, die im Zentrum des osteopathischen Denkens steht. Der Blutfluss ist nämlich für die Gesundheit allen Gewebes verantwortlich, aber ohne korrekte Nervenfunktion wird die Zirkulation nachteilig beeinflusst.

Methode nach McTimoney: Bei Pferden wird am häufigsten die Methode eingesetzt, die von John McTimoney um 1950 enwickelt wurde. Er übertrug die Techniken der Humanmedizin auf die Tiermedizin. Das Wort Chiropraktik stammt aus dem griechischen und bedeutet „mit der Hand gemacht".

WIRKUNGSWEISE

Diagnose: Wie so oft ist es wichtig, als erstes die Ursache für die Beschwerden eines Pferdes herauszufinden. Der Therapeut wird sich daher zuerst über die Vergangenheit des Pferdes und verfügbare tierärztliche Befunde informieren und die Wirbelsäule, das Becken, und andere Körperteile untersuchen. In manchen Ländern muss per Gesetz eine tierärztliche Untersuchung vorausgehen, aber auch wo das nicht der Fall ist, und der Therapeut diagnostiziert, ist es ratsam, einen Tierarzt zu befragen.

Äußere Einflüsse: Ein fähiger Thera-

peut wird auch Hufe, Eisen, Ausrüstung, und Bewegungsablauf des Pferdes begutachten, und es sich unter dem Sattel oder an der Longe ansehen. Oft stellt sich heraus, dass schlechtes Reiten oder unkorrekt sitzende Ausrüstung eine direkte oder indirekte Ursache für Verletzungen, Unfälle oder Bewegungseinschränkungen sind: Um dem Schmerz zu entkommen, bewegt das Pferd sich anders. Dies ist als Fehl- oder Schonhaltung bekannt und belastet den Körper auf falsche, unnatürliche Weise. Dadurch können Verletzungen entstehen, weil der Körper gezwungen wird, in einer Art und Weise zu arbeiten, für die er nicht gedacht ist.

Ein unpassender Sattel oder ein schlecht sitzender Reiter, eine grobe Reiterhand und falsch verwendete oder verschnallte Hilfszügel führen zur Entstehung von Schmerzen, Beschwerden und Fehlhaltungen beim Pferd.

Technik: In der Chiropraktik wird sanft manipuliert. Ziel ist es, Verschiebungen durch Einrenken und Ausbalancieren des Bewegungsapparats des Pferdes zu korrigieren. Der Therapeut schlägt mehrmals kurz und scharf, aber nicht zu hart, von vorne nach hinten auf die Wirbel im Rücken. Dies ist nicht als Einrenken gedacht, sondern dient dazu, die Muskeln und anderes Gewebe zu bewegen und Muskelverspannungen zu lösen. Dies wiederum gibt eingeklemmte Nerven frei, die ihrerseits bestimmte Strukturen in einem unnatürlichen, schmerzhaften Zustand gefangen halten.

Einsatzgebiete der Chiropraktik

Mit der Chiropraktik können alle in diesem Kapitel beschriebenen Beschwerden behandelt werden. Schmerzen ändern immer den Bewegungsablauf bei Pferden, und beeinträchtigen oft die Einstellung zur Arbeit. Je nach Ursache kann hier Abhilfe geschaffen werden:

- in punkto Einstellung zur Arbeit: Reizbarkeit, Lustlosigkeit und Interesselosigkeit,
- in punkto Bewegungsablauf: Nachziehen der Hinterbeine, manchmal auch der Vorderbeine,
- in punkto Training, vor allem beim Springen: Verweigern oder auf den Sprung zu stürmen, Verdrehen oder Ausschlagen über dem Sprung, Weglaufen nach der Landung, Wehren gegen das Biegen bei der Dressurarbeit, Schwierigkeiten auf gebogenen Linien, Schwierigkeiten mit dem Gleichgewicht,
- in punkto Gesundheit: Asymmetrien im Körper, Lahmheiten, vor allem nach Ausrutschen oder Stürzen, wenn keine sichtbaren Gründe vorhanden sind, jede Art der Taktunreinheit (z.B. Lahmheit),
- in punkto Verhalten: Widersetzlichkeit, Buckeln, Steigen, Kleben, Durchgehen,
- in punkto Fitness: starke einseitige Steifheit, Rückenschmerzen, Schwierigkeiten, Steigungen zu bewältigen, Fehlen von Schwung bei der Arbeit.

Ein ganzheitliches System: Obwohl hauptsächlich an der Wirbelsäule behandelt wird, wird der ganze Körper des Pferdes untersucht, weil Probleme in den Gliedmaßen oder Hufen zu Rückenschmerzen (und umgekehrt) führen können. Die Chiropraktik ist ein ganzheitliches System, das die Wurzel eines Problems beseitigt, und oft reichen 2–3 Behandlungen und anschließende Übungen für eine Heilung aus.

Manche Besitzer lassen ihr Pferd jedes Jahr oder vor Beginn eines Fitnessprogramms durchchecken, um Verletzungen oder Überbelastungen zu vermeiden.

SELBSTHILFE

Die Chiropraktik ist eine wirksame und anerkannte Therapie für Mensch und Tier. Chiropraktiker für Menschen finden sich im Branchenbuch oder man lässt sich von einem Arzt überweisen.

Man sollte nicht versuchen, diese Behandlungsmethode bei seinem Pferd selbst anzuwenden, da man damit viel Schaden anrichten kann.

Die Chiropraktik ist bei Pferdebesitzern sehr beliebt. Sie ist sanft und wirkungsvoll und gehört bei vielen Turnierpferden mit zum Fitnessprogramm.

OSTEOPATHIE

Die Osteopathie stellt eine sehr effektive Behandlungsmethode sowohl für Menschen als auch für Tiere dar; sogar Tiere, die man als hoffnungslose Fälle eingestuft hatte, wurden durch die Osteopathie vollständig geheilt. Sie ist eine Heilkunst und eine Wissenschaft, deren Ziel es ist, Schmerzzustände zu lindern, die durch Verschiebungen am ganzen Skelett, nicht nur durch Verschiebungen an der Wirbelsäule, hervorgerufen wurden. Der Therapeut behandelt die Muskeln und Gelenke, die für die Verschiebungen verantwortlich sind, mit dem Ziel, diese Verschiebungen zu korrigieren.

Verschiebungen können durch Druck auf, Verletzungen an und Funktionsverluste an den versorgenden Nerven starke Bewegungseinschränkungen und Schmerzen verursachen. Auch innere Organe können durch Verspannungen im Bewegungsapparat belastet werden – mit weitreichenden Folgen.

PHILOSOPHIE

Zwar wurden manuelle Therapien schon vor tausenden von Jahren, vor allem im alten Griechenland, eingesetzt, die moderne Form der Osteopathie wurde jedoch Ende des 19. Jahrhunderts von Dr. Andrew Still entwickelt. Die Philosophie der Osteopathie besagt, dass der Körper bei Mensch und Tier als Einheit funktioniert und dass Struktur und Funktion von scheinbar nicht zusammenhängenden Teilen voneinander abhängen. Wenn das körperliche Gleichgewicht gestört ist (z.B. durch Verschiebungen oder Ausrenken), ist die Funktion des Körpers gestört. Der Osteopath versucht, dieses Gleichgewicht wieder herzustellen. Wenn dies geschehen ist, sollten die Funktionen sich wieder einstellen, außer der Nervenschaden ist von dauerhafter Natur. Oft verschwinden „mysteriöse" Krankheiten, wenn der Körper seine Selbstheilungskräfte wieder freisetzen kann. Auch Verhaltensprobleme sind natürlich häufig das Ergebnis körperlicher Schmerzen oder Beschwerden, und geben sich ebenfalls häufig nach der Behandlung. Die Osteopathie wird heute in der Schul- und Tiermedizin voll anerkannt. So wie bei der Chiropraktik und anderen Therapien, kann der Therapeut auch hier unter direkter Aufsicht eines Tierarztes oder nach Überweisung behandeln, aber die Gesetze in den einzelnen Ländern sind unterschiedlich.

WIRKUNGSWEISE
Verletzungen und die Rolle des Osteopathen

Zuerst ist es wichtig zu wissen, wann es sinnvoll ist, den Osteopathen zu rufen. Das kann z.B. bei Verletzungen der Fall sein, die durch unkoordinierte oder falsche Muskelbewegungen oder durch Huftritte, Stürze oder wiederholte Überbelastung verursacht wurden. Rückenprobleme sind bei Pferden sehr häufig und können verschiedene Ursachen haben, z.B. schlecht sitzende Sättel, schlechtes Reiten, ein schlechter Beschlag; kurzum: alles, was Fehlhaltungen provoziert.

Wenn Verletzungen auftreten, ob plötzlich oder allmählich, können die körperlichen Folgen weitreichend sein. Die betroffenen Muskeln können sich verkrampfen, und

---

Einsatzgebiete der Osteopathie

Die Osteopathie will Krankheiten durch die Behandlung von Muskeln und Gelenken heilen, wobei Verschiebungen am Skelett korrigiert werden sollen. Ein Einsatz ist daher sinnvoll bei:

▶ Rückenproblemen,

▶ Steifheit und Mobilitätsverlust der Gelenke,

▶ Ischiasschmerzen,

▶ Muskelverspannungen, -krämpfen, verspannungsbedingten Gewebsknoten.

im Gewebe bilden sich Verhärtungen: Dies ist der natürliche Schutzmechanismus des Körpers, der weitere Bewegungen, und so weitere Verletzungen, an dieser Stelle verhindern soll. Die Folge kann sein, dass Gelenke blockieren oder sogar ausgerenkt werden, was natürlich zu Funktionsverlusten an dieser Stelle führen kann. Mit der Zeit kann sich das Gewebe immer mehr verhärten, was den Blut- und Lymphfluss erheblich einschränkt und schließlich zu Muskelatrophie (Muskelschwund durch Nährstoff- und Sauerstoffmangel) und krankem Gewebe führt. Die Einschränkungen der Bewegung werden sich mit der Zeit auch auf andere Teile des Bewegungsapparats auswirken.

Aufgabe des Osteopathen ist es, den Schaden zu diagnostizieren und zu versuchen, ihn durch Manipulation zu beheben.

Technik

Der Osteopath bedient sich langsamer, großflächiger Massagetechniken und Gelenkmanipulationen, je nachdem welche Form der Osteopathie er für die Richtige hält. Die langsame und sanfte Behandlung wird durch die Reaktionen des Pferdes selbst beeinflusst. Es „knacken" dabei keine Knochen oder Gelenke: Schmerzen durch Überbelastung des Körpers zu provozieren ist immer kontraproduktiv. Der Osteopath bewegt Gewebe, um es wieder richtig auszurichten. Es bedarf großen Talents und einer fundierten Ausbildung, um das richtige Maß und die richtige Art der Mani-

pulation einsetzen zu können und so das bestmögliche Ergebnis zu erzielen.

Untersuchung und Diagnose

In manchen Ländern dürfen per Gesetz nur Tierärzte Krankheiten und Verletzungen diagnostizieren. Wenn das der Fall ist, bespricht der Osteopath sich mit dem Tierarzt, überlegt sich die Vorgehensweise und behandelt nach Erlaubnis des Tierarztes. Das Pferd wird im Stehen untersucht, und der Therapeut

Der Osteopath beobachtet den Patienten in Bewegung und untersucht ihn vor der Behandlung genau. Hier wird die Muskelausbildung an der Hinterhand und die symmetrische Ausrichtung der Hüftknochen untersucht.

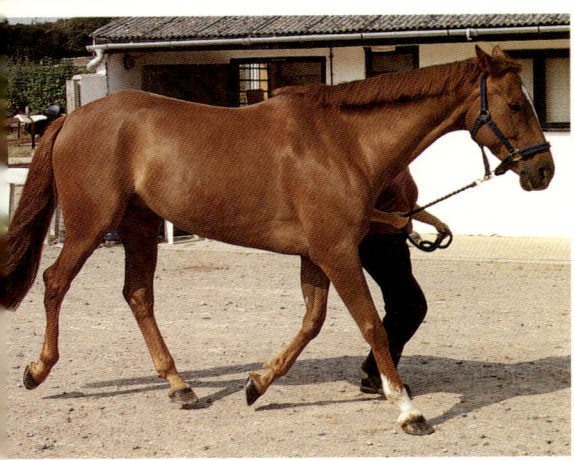

sucht nach schmerzenden Stellen. Er untersucht die Muskeln auf Verhärtungen oder Atrophie. Dann lässt er sich das Pferd in Schritt und Trab auf geraden und gebogenen Linien, in engen Wendungen und beim Rückwärtsrichten vorführen. Er sucht nach Anomalien der Wirbelsäule, in Kopf und Hals und in den Extremitäten, und stellt fest, ob das Becken symmetrisch und im Gleichgewicht ist. Manchmal lässt er sich das Pferd auch unter dem Sattel zeigen, weil Probleme ja auch von nicht passenden Sätteln oder schlechtem Reiten herrühren können. Sehr häufig stammen Probleme an einer Stelle der Wirbelsäule von einer Verletzung o. Ä. an einer ganz anderen Stelle. Pferde haben z.B. viel häufiger Verletzungen an den Fesselgelenken, als im Allgemeinen angenommen wird.

Untersuchungen und Diagnose sind heute durch den Einsatz der Thermographie, die mit Wärmebildern Entzündungsherde auf-

spüren kann, wesentlich einfacher geworden.

Sedierung und Betäubung bei der Behandlung

Tiere, die Schmerzen haben, wehren sich oft gegen diejenigen, die ihnen helfen möchten, und bei der Osteopathie werden die Pferde manchmal sediert oder sogar narkotisiert.

Nach der Eingangsuntersuchung sediert man das Pferd, um es dem Osteopathen zu ermöglichen, zu manipulieren oder Gelenke und tiefer liegende Muskeln zu erfühlen – eine Untersuchung, die ansonsten wegen des oft heftigen Widerstands des Pferdes nicht durchgeführt werden kann. Wenn die Sedierung nicht ausreicht, wird der Patient narkotisiert, damit der Osteopath weitere Manipulationen vornehmen kann. Manche Therapeuten sind der Meinung, dass Probleme dadurch einfacher zu diagnostizieren sind als unter Sedierung, weil Kopf, Hals und Glied-

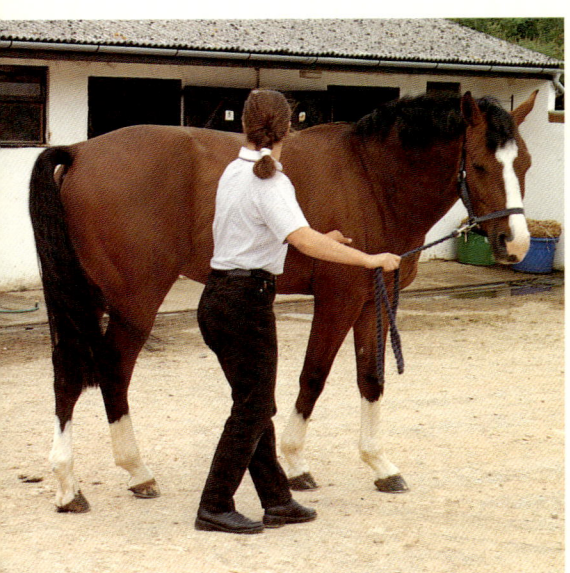

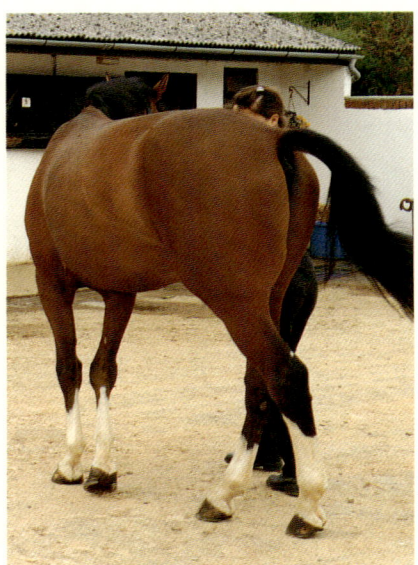

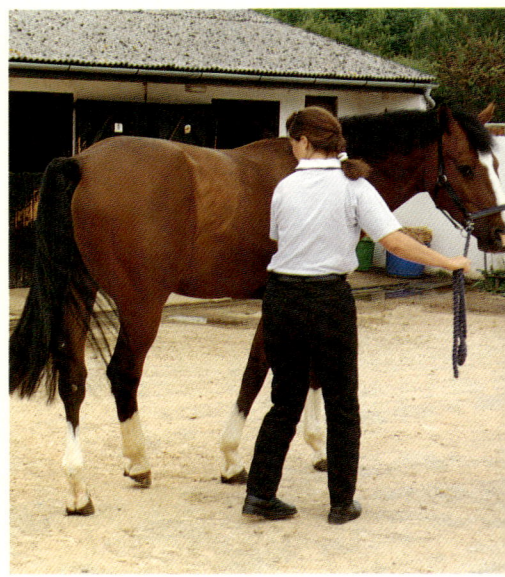

maßen bis an ihre Grenze bewegt werden können. Manchmal kann man während einer Behandlung unter Betäubung mehr erreichen als in mehreren Behandlungen ohne Betäubung.

Bei Tierarzt wie Osteopath sind Geschicklichkeit und Gefühl gefragt. Der Osteopath sollte zusammen mit dem Tierarzt entscheiden, ob eine Manipulation am Pferd bei vollem Bewusstsein, unter einer Sedierung oder unter Vollnarkose sinnvoller ist.

Für den Reiter

Reiter mit körperlichen Problemen verändern ihre Haltung häufig, wenn sie auf dem Pferd sitzen, entweder, weil sie durch Verschiebungen im Skelett einfach nicht anders können oder weil sie aufgrund von Schmerzen eine Schonhaltung einnehmen. Dies macht sie steif, und sie können nicht geschmeidig mit der Bewegung des Pferdes mitgehen. Oft rühren Schmerzen in einem Körperteil von Verletzungen an einer anderen Stelle her. Ein Schleudertrauma aus einem Autounfall verursacht z.B. häufig Schmerzen im unteren Teil des Rückens, und Kopfschmerzen können durch Verschiebungen des Beckens und des unteren Teils der Wirbelsäule herrühren.

SELBSTHILFE

Einen Therapeuten für sich selbst zu finden, sollte nicht schwer sein; in den meisten Ländern kann man jede Behandlungsmethode ausprobieren, wenn man bereit ist, dafür zu bezahlen. Wenn die Krankenkasse die Kosten übernehmen soll, benötigt man in der Regel eine Überweisung durch einen Arzt. Es ist in jedem Fall ratsam, zuerst einen Arzt aufzusuchen, und ihn zu fragen, ob eine osteopathische Behandlung für den vorliegenden Zustand geeignet ist.

BEHANDLUNG BEI PFERDEN

Pferdebesitzer, die ihr Pferd osteopathisch behandeln lassen wollen, schlagen bitte das Kapitel „Nützliche Adressen" auf S.186 dieses Buches für Kontakte zu den relevanten Verbänden auf oder bitten ihren Tierarzt um eine Überweisung.

Links und unten: Der Osteopath wird sich das Pferd in Schritt und Trab, in engen Wendungen und beim Rückwärtsrichten vorführen lassen, evtl. auch unter dem Sattel. Dies sind wichtige Punkte bei einer Untersuchung.

BOWEN-TECHNIK
Muskelentspannungstherapie

Die Bowen-Technik ist eine sehr sanfte, nicht-invasive und praktisch anwendbare Therapieart, mit der verspannte Muskeln bei Mensch und Tier entspannt werden können. Sie wurde von Thomas Ambrose Bowen 1916 in Geelong, Australien, entwickelt. Da er großes Interesse an Sport und Massage hatte, beobachtete er Sportler und Trainer und entwickelte so Stück für Stück seine eigene Methode zur Heilung und Entspannung.

Da die Bowen-Technik sehr wirksam ist, wurde sie von Osteopathen, Chiropraktikern, Physiotherapeuten, Sporttherapeuten und Masseuren übernommen.

Sie wird immer häufiger bei Tieren eingesetzt, und als dieses Buch geschrieben wurde, gab es in Großbritannien Seminare für die Anwendung bei Pferden, die von Tierärzten überwacht und genehmigt wurden.

WIRKUNGSWEISE

Pferde scheinen auf diese Therapie besonders gut anzusprechen. Sie sind oft Stress und Belastungen ausgesetzt, und durch die Wiedererlangung des Gleichgewichts in den Systemen des Körpers können viele Beschwerden gelindert werden. Zuerst wird der Therapeut Muskeln, Skelett und mentalen Zustand des Pferdes untersuchen und sich über etwa vorhandene tierärztliche Diagnosen informieren. Diese Technik soll die Selbstheilungskräfte aktivieren, Muskelverspannungen lösen, das Gleichgewicht im Bewegungsapparat wiederherstellen und den Blut- und Lymphfluss anregen, um die Heilung des Gewebes zu fördern.

Technik

Es wird sowohl beim Menschen als auch bei Pferden versucht, durch Handauflegen an speziellen Stellen, z.B. an Muskeln, anderem Bindegewebe, und an einen Eigenreflex auslösenden neuro-muskulären Punkten, die Muskeln und das Bindegewebe zu „stören" und die Kör-

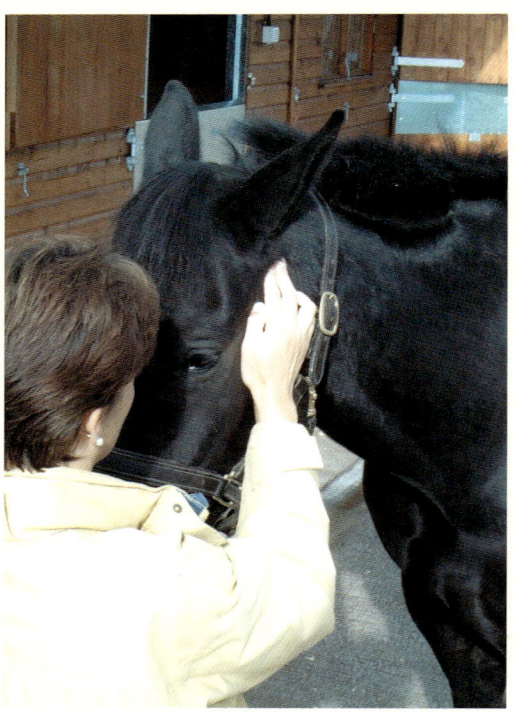

Einsatzgebiete der Bowen-Technik

Probleme bei Pferden, die, abhängig von der Ursache, gelindert werden können, sind z.B.:

- Leistungsabfall
- Widersetzlichkeit bei der Arbeit
- Reizbarkeit
- Ungleicher Muskelaufbau oder Muskelschwund
- Ungleiche Abnutzung der Eisen und Nachziehen der Hinterbeine
- Festigkeit auf einer Hand
- Periodisch auftretende bzw. ungeklärte Lahmheit
- Taktunreinheiten
- Rückenprobleme
- Angelaufene Beine

Das Gelenk zwischen Unterkiefer und Schädel ist wichtig für das Nachgeben im Genick. Verlust der Flexibilität plus verletztes umgebendes Gewebe können es dem Pferd schwer machen, willig mitzuarbeiten.

Für den Reiter

Beim Menschen wirkt die Bowen-Technik bei Beschwerden wie Rücken-, Nacken- und Kniebeschwerden, Sportverletzungen, Schultersteife, Tennisellbogen und bei Erkrankungen der Atemwege. Diese Therapie regt die Lymphdrainage an, die das Immunsystem stärkt und so der Gesundheit förderlich ist. Beschwerden wie chronische Müdigkeit, von Allergien betroffene Atemwege, Kopfschmerzen, Verspannungen, Verdauungsprobleme, Nierenprobleme, Ischias, Arthritis, Schleudertraumata, Verletzungen durch Stürze, Koliken bei Kleinkindern usw. können mit dieser Technik behandelt werden. Eine Behandlung dauert ca. 45 Minuten und kann in der Regel mit leichter Bekleidung durchgeführt werden. Zwei oder drei Behandlungen pro Woche sind meist genug, um sogar chronische Schmerzzustände dauerhaft zu lindern. In manchen Fällen bedarf es allerdings weiterer Behandlungen. Die Verbesserung der Beweglichkeit und der Körperhaltung und dadurch auch eine Verbesserung des Sitzes und der Einwirkung beim Reiten (was sich wiederum auf die Leistung des Pferdes auswirkt) sind häufig sehr gut zu erkennen.

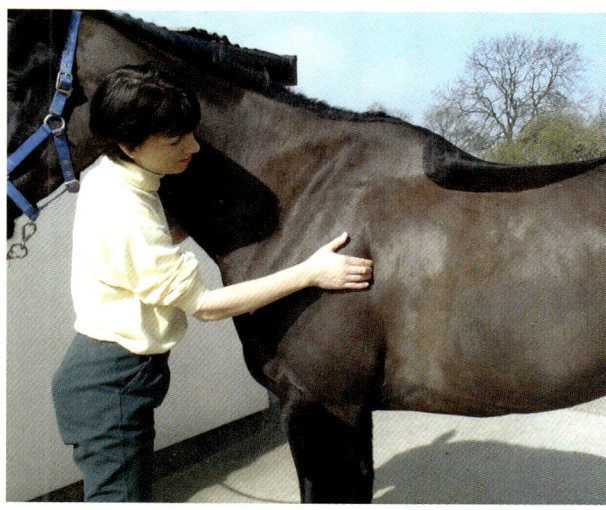

Bei der Bowen-Technik wird das Gewebe mit rollenden Bewegungen behandelt, was auf Pferde entspannend wirkt. Ziel ist es, das Gleichgewicht der Gewebsstrukturen wiederherzustellen.

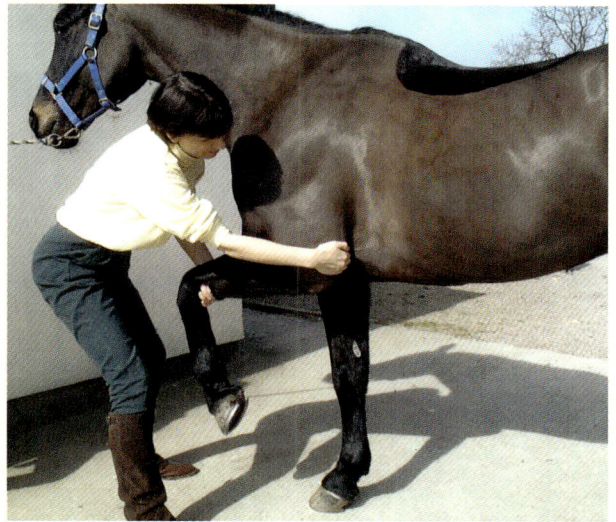

Weil diese Technik so sanft ist, glauben manche Menschen nicht an ihre Wirkung. In der Praxis hat sie sich jedoch als äußerst effektiv erwiesen, und je mehr sie sich verbreitet, desto mehr Menschen schätzen ihre Wirkung.

perenergie fließen zu lassen. Dies soll das Gleichgewicht im Körper wiederherstellen, Muskelverkrampfungen und Verspannungen im Gewebe lösen, und korrekte, schmerzfreie Bewegung ermöglichen. Diese Therapie ist sehr sanft, es wird nicht massiert oder knöchern eingerenkt; es bedarf dazu keinerlei Kraftanwendung.

Behandlungshäufigkeit: Empfohlen werden zwei Behandlungen pro Woche. Man sollte sich an die Anweisungen des Therapeuten für die Zeit nach den Behandlungen halten, um maximalen Erfolg zu gewährleisten.

SELBSTHILFE

Für die Anwendung der Bowen-Technik bedarf es einiger Anleitung. Adressen von Verbänden finden sich im Kapitel „Nützliche Adressen" auf S.186. Wenn ein professioneller Therapeut ein Pferd behandelt, zeigt er dem Reiter eventuell einige Techniken, die dieser später selbst anwenden kann. Als dieses Buch geschrieben wurde, gab es noch keine Literatur über diese Therapie.

MASSAGE

Man könnte Massage als beabsichtigte Manipulation von Muskeln, Sehnen und Gelenken zur Verbesserung der Beweglichkeit, der Elastizität und der Zirkulation im Gewebe beschreiben, wodurch die Muskeln zu optimaler Arbeit und Funktion angeregt werden.

In den letzten Jahrzehnten hat der Bedarf an Masseuren für Pferde im Turniersport deutlich zugenommen. Früher betrachtete man (sogar Menschen, die selbst schon mit Erfolg massiert worden waren) die Massage als nutzlos und leicht lächerlich. Heute wird sie als wertvolle Therapie anerkannt, die Turnierpferde geschmeidig, locker und entspannt erhält und die zur Heilung von Muskelverletzungen und durch die Arbeit verursachte Steifheit beiträgt.

Diese leichten Handkantenschläge werden von einigen Masseuren bei Pferden und Menschen in Richtung des Herzens eingesetzt, was die Blutzirkulation anregt und Muskelfasern lockert und befreit.

VERLETZUNGEN UND IHRE KONSEQUENZEN

Zuerst ist es wichtig zu wissen, zur Behandlung welcher Art von Beschwerden der Masseur gerufen werden soll. Muskelschäden sind wohl der häufigste Grund sowie jede Art der Verspannung, die in irgendeiner Weise Körperfunktionen einschränkt.

Muskelverletzungen können bei Pferden verursacht werden durch:

▶ Blutergüsse, wenn das Gewebe bei einem Sturz, Huftritt oder Spornstich einen Stoß erhält; Druckstellen im Bereich des Rückens oder Sattelgurts durch schlecht verpasste Sättel oder schlechtes Reiten; Anschlagen der Pferdebeine an Umzäunungen oder Ähnlichem

▶ Schnitte und Risse in Form von Transport- oder Weideverletzungen, durch Stürze im Gelände usw.

▶ Muskelfaserrisse, in der Regel verursacht durch Koordinationsmangel von Muskelgegenspielern, so dass eine Muskelgruppe oder nur ein Muskel überlastet wird und die Fasern dadurch reißen. Dies kann auch passieren, wenn das Pferd sich außerordentlich stark anstrengt.

Auch Entzündungen können durch Massage positiv beeinflusst werden. Immer wenn Gewebe verletzt wird, wird aus dem Inneren der Gewebszellen durch die Zerstörung der Zellwände Flüssigkeit frei, und es sammelt sich Blut aus zerstörten Blutgefäßen an der verletzten Stelle an. Die Flüssigkeit blockiert die normale Zirkulation und verhindert so die

Heilung. Durch sie können auch weitere Muskelfasern getrennt werden, was Schmerzen und Schwäche verursacht. Dieser natürliche Prozess ist mit Schmerzen, Wärmebildung, Schwellung und Funktionsverlusten verbunden.

Bevor die Heilung einsetzen kann, muss die aufgestaute Flüssigkeit entfernt werden, z.B. durch den Einsatz von entzündungshemmenden Mitteln oder sanfter Massage von Hand oder mit Geräten. Einfache Massagegeräte können problemlos auch von Laien verwendet werden, aber es gibt auch komplexere in der Physiotherapie. Bevor man sich jedoch irgendein Gerät anschafft, sollte man mit dem Tierarzt oder einem Masseur für Pferde bzw. Physiotherapeuten sprechen (siehe Selbsthilfe).

WIRKUNGSWEISE
Manuelle Massage

Ausgebildete Masseure, die unter der Überwachung von oder zusammen mit einem Tierarzt arbeiten, können viel gegen Narben tun, die sich in heilendem Gewebe bilden. Dies sind Strukturen, die heilende Stellen so verbinden, dass das Gewebe bei Wiederaufnahme der Arbeit erneut reißen kann, was eine neuerliche Verletzung bedeutet. Bei Pferden treten auch Muskelverspannungen während der Arbeit oder nach Verletzungen auf. Dies geschieht, weil Muskeln und Gewebe sich zum Schutz um eine verletzte Stelle herum zusammenziehen. Dabei entstehen aber häufig schmerzhafte Verspannungen an Knochen und Gelenken. Wenn also die Verletzung ausgeheilt ist, muss die verspannte Stelle gelockert und durch Dehnübungen wieder beweglich gemacht werden, um die normalen Funktionen wiederherzustellen. Dies aktiviert auch die Selbstheilungskräfte des Körpers.

Man weiß, dass es auf der Haut unzählige Akupunktur- bzw. Akupressurpunkte gibt und dass festes Streicheln, vorsichtiges Drücken, Kneten, Ziehen und Schieben der Haut nicht nur gut tut (fragen sie jemanden, der schon bei einer professionellen Massage war), sondern dass dabei auch diese Punkte stimuliert werden. Dies trägt dazu bei, die Körperenergie am Fließen zu erhalten und fördert die Ausschüttung von Hormonen, z.B. von Glückshormonen, die einen Wohlfühleffekt auslösen und Schmerzen lindern. Es stimuliert die Nervenenden und regt den Blutfluss und den Lymphfluss an, welcher vollkommen von der Bewegung des Körpers abhängig ist und der dazu beiträgt, dass das Immunsystem des Körpers gut funktionieren kann.

Die wichtigsten Techniken

Eine Massage kann für den Masseur harte Arbeit sein, aber er kann sich einen großen Teil der Anstrengung sparen, indem er so viel wie möglich sein Körpergewicht einsetzt, statt nur mit Armen, Schultern und Rückenmuskeln zu arbeiten. Hier die drei Haupttechniken:

Petrissage (Kneten)

Die Hände werden flach auf die zu

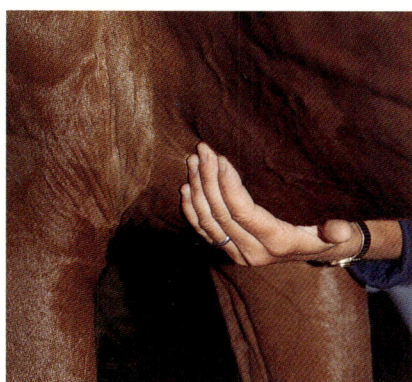

Petrissage

behandelnde Stelle gelegt, Druck wird ausgeübt, und das Gewebe wird sanft umfasst und nach oben gezogen, indem die Fingerspitzen in Richtung Handflächen gezogen werden. Dies wird an einer Stelle mehrmals wiederholt, bevor die Effleurage zur Anwendung kommt.

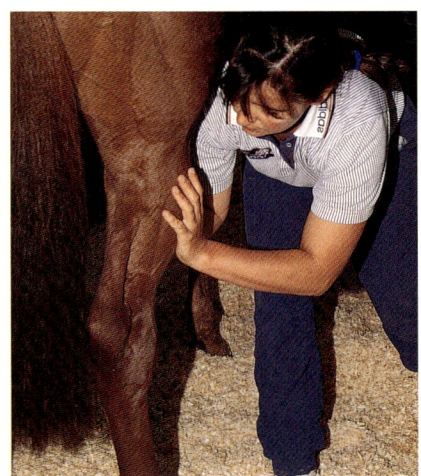

Effleurage

Effleurage (Streichmassage)

Die Hände werden um das zu massierende Muskelgewebe gelegt, und der Masseur übt Druck nach unten und innen aus, wobei er sich auf die Hände lehnt und sie in Richtung der Muskelfasern und des Venen-rückflusses gleiten lässt (die Vor-hand wird in der Regel nach hinten massiert, die Hinterhand nach vor-ne, immer in Richtung Herz; die Massage erfolgt an allen vier Beinen immer von unten nach oben). Die Hände bleiben am Ende eines Stri-ches bei der Rückführung zum Aus-gangspunkt des nächsten Striches in Kontakt mit der Haut, was für das Pferd einen psychologischen Wert bezüglich des Kontakthaltens hat. Knochige Stellen werden nur leicht massiert, muskulöse mit mehr Kraft. Eine Stelle wird bis zu zehn Minuten lang massiert, bevor der Masseur sich der nächsten Stelle zu-wendet.

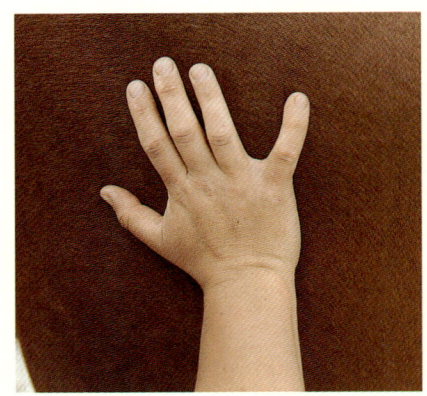
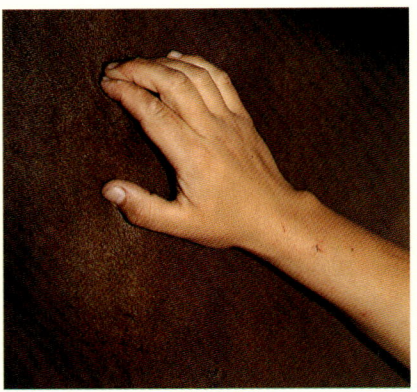

Reibung mit der unteren Handkante (links) und (rechts) mit dem Zeigefinger und unterstützendem Druck des Mittelfingers

Reibungstechnik

Diese Technik wird bei Schmerzen an einer bestimmten Stelle ange-wendet, z.B. bei „Knoten", Narben-gewebe, chronischen, verhärteten Schwellungen, Sehnen- und Band-verletzungen etc. Der Vorgang hört sich zwar unangenehm an, aber er

wirkt sehr gut, wenn er richtig aus-geführt wird. Zwar schmerzen die zu behandelnden Stellen, aber der sanfte Druck der Reibungsmassage verschlimmert sie nicht weiter (dies sollte bei keiner Massage der Fall sein), sondern löst einen leichten, angenehmen Schmerz aus, der schwer zu beschreiben ist.

Man kann die Handflächen zu Hilfe nehmen, falls die Stelle groß genug ist, meist kommen aber die Fingerspitzen zum Einsatz, vor al-lem der Zeigefinger, der durch Auf-legen des Mittelfingers unterstützt wird. Manche Therapeuten machen es übrigens genau umgekehrt. Der Masseur lässt seine Finger mit Druck auf der Haut kreisen oder hin und her gleiten, so dass die Gewebs-schichten unter der Haut mit der Haut zusammen bewegt werden. Die Haut wird nicht nur über die Gewebsschichten bewegt.

Sehr erfahrene Masseure „füh-len" und entwickeln intuitiv ihre eigenen Techniken in enger Zusam-menarbeit mit ihren Patienten, ob Mensch oder Tier, und tragen sehr

---

Einsatzgebiete der Massage

Die Massage kann bei vielen Beschwerden eingesetzt werden: Sie

▶ verbessert den Muskeltonus und die Beweglichkeit,

▶ fördert den Blut- und Lymphfluss bei Pferden, die stehen müssen,

▶ verhindert Muskelschwund,

▶ macht Pferde nach Stehpausen schneller wieder fit,

▶ trägt zur Heilung verletzten Gewebes bei und verhindert die Narbenbildung in heilendem Gewebe,

▶ lindert Steifheit nach Transporten

▶ lockert Pferde vor anstrengender Arbeit oder vor dem Turnier, da sie die Blutzirkulation in den Muskeln vor dem Abreiten anregt,

▶ trägt nach der Arbeit zum Abtransport von Giftstoffen bei, die von den Muskeln bei ihrer Arbeit erzeugt werden,

▶ lindert Steifheit, während das Pferd abkühlt und sich erholt,

▶ hält Pferde an „normalen" Arbeitstagen fit, löst Muskelverspannungen und Knoten, die die Beweglichkeit einschränken und zu Widersetzlichkeiten führen,

▶ fördert die Ausschüttung von „Wohlfühlhormonen".

zu deren Wohlbefinden und Entspannung bei, was im Allgemeinen eine positivere Einstellung zu allen Dingen schafft.

SELBSTHILFE

Warnung: Viele sind der Meinung, dass sie ihrem Pferd mit einer sanften Massage nicht schaden können. das ist aber falsch: Man kann damit sogar Verletzungen verschlimmern, von deren Existenz man vorher gar nichts wusste. Es gibt einige gute Bücher über ungefährliche Techniken für Pferdebesitzer, und wir raten Ihnen, sich hier zu informieren und/oder sich von einem professionellen Masseur einige Techniken zeigen zu lassen, der Sie sicher auch vor der Anwendung von Griffen warnen wird, die Sie aus Büchern erlernt haben, von deren Gebrauch er Laien aber abrät.

Kräftigende Übungen: Anfangs stellt das Massieren eine große Belastung für Hände und Arme dar, und es wäre angebracht, einige Übungen zur Kräftigung zu machen, obwohl natürlich auch das Massieren selbst kräftigt. Man kann z.B. einen Softball immer wieder zusammendrücken, um Hände und Finger zu stärken. Zur Kräftigung von Schultern, Armen und Rücken stellen Sie sich ca. einen Meter von einer Wand entfernt auf und legen Ihre Hände auf Schulter- bzw. Kinnhöhe flach an die Wand, wobei die Füße leicht gegrätscht und der Rücken gerade sein sollen. Beugen Sie sich nach vorne in Richtung Wand, ohne die Füße zu bewegen, und drücken Sie

Spezieller Druck auf und Bewegung von Muskeln und Gewebe werden zur Prävention von Narbenbildung, Lösung von Muskelverkrampfungen und zur Verbesserung des Muskeltonus eingesetzt. Ziel ist es, durch eine Anregung der Blutzirkulation die Heilung zu fördern. Hier kommt dazu die Effleurage zur Anwendung.

sich dann wieder von der Wand ab, bis die Arme durchgestreckt sind. Wiederholen Sie die Übung nur so oft, wie es für Sie angenehm ist. Es ist nicht ratsam, sie so oft zu machen, bis die Arme schmerzen.

Vorsicht bei Do-it-yourself-Geräten!
Es gibt Massagegeräte, die Pferdebesitzer angeblich problemlos selbst einsetzen können. Vor einem Kauf sollte man sich aber bei einem Tierarzt oder Masseur erkundigen, ob das Gerät wirklich das Richtige ist. Manche werden nämlich (fast) ohne Anleitung oder nur mit einer kurzen Beschreibung verkauft, oder das Gerät ist für Sie ungeeignet. Es gibt zwar auch ehrliche Lieferanten, man sollte sich aber vor einem Kauf dennoch von einem unabhängigen Profi beraten lassen.

Für den Reiter

Regelmäßiges Massieren kann sowohl Reitern als auch Pferden sehr gut tun, wäre aber auch für Pferdepfleger angebracht, weil sie körperlich sehr hart arbeiten. Reiter und Pfleger können sich die unterschiedlichsten Verletzungen zuziehen: beim Herunterfallen oder beim Tragen schwerer Lasten, besonders dann, wenn man mit dem Rücken statt mit den Oberschenkeln das Gewicht trägt; wenn einen ein Pferd herumzerrt oder stößt; beim Tragen schwerer Wassereimer; beim Bücken zum Ausmisten oder Hufeauskratzen; usw.

MASSAGE IN DER PRAXIS

Chris Caden-Parker Bsc, Msc, M.F.Phys., AIPTI

Chris Caden-Parker setzt in ihrem Rehabilitationszentrum für Pferde im Süden von England außer der Magnetfeldtherapie und anderen alternativen Therapien auch die Sportmassage ein, um ihren Patienten zu helfen, sich zu erholen, und um bei gesunden Pferden ein Leistungsmaximum zu erzielen. Chris definiert die Massage als „eine zweckmäßige Manipulation von Muskeln, Sehnen und Gelenken zur Verbesserung der Beweglichkeit, Elastizität und Zirkulation im Gewebe. Im Grunde genommen verwende ich sie, damit Muskeln optimal arbeiten können."

Sie setzt bei ihrer Arbeit sowohl die Effleurage- (oberflächlich) als auch die Reibungstechnik (mit Tiefenwirkung) ein, Letztere aber nur, um Narbenbildungen im Gewebe vorzubeugen.

Chris massiert hauptsächlich Pferde mit Muskelverkrampfungen und erklärt, warum die Massage bei diesen Beschwerden so gut wirkt: „Muskelverkrampfungen können viele Ursachen haben, am häufigsten treten sie nach Verletzungen auf: Die Muskeln und das Gewebe um die verletzte Stelle verkrampfen sich zum Schutz. Wenn also die Verletzung abgeheilt ist, muss man die verspannten Stellen behandeln und die Beweglichkeit durch Dehnübungen am Muskel wiederherstellen.

Auch bei einer großen Vielseitigkeitsprüfung ist das Massieren angebracht. Wenn die Pferde aus der Geländestrecke zurückkommen, massiere ich sie, um durch die Verbesserung der Blutzirkulation den Abtransport von Milchsäure aus den Muskeln anzuregen, so dass sie am nächsten Tag weniger steif sind."

Nicht jeder hat das Glück, zu Chris oder einem anderen Masseur für Pferde gehen zu können, um die Pferde in einem Top-Zustand zu erhalten, aber es gibt einige ungefährliche und einfache Massagetechniken, die Pferden helfen, die etwas steif sind, und die jeder selbst anwenden kann. Chris erklärt:

„Pferde haben ein gutes Körpergefühl, und Amateure können durch Massage keinen großen Schaden anrichten, wenn sie auf die Reaktionen ihrer Pferde achten. Wenn man ein Pferd massiert, sollte man ständig darauf achten, ob es zufrieden wirkt oder nicht. Es ist sehr leicht zu sehen, ob die Massage einem Pferd gut tut, weil es sich, wenn es richtig massiert wird, dabei entspannen und die Berührung genießen sollte. Wenn das Pferd sich verspannt und sich der Berührung entziehen will, massiert man nicht richtig und schadet dem Tier möglicherweise sogar.

Wenn man Masseur für Pferde werden möchte, muss man in der Ausbildung zuerst Menschen massieren. Ein Mensch kann sagen, wenn ihm bestimmte Griffe weh tun, ein Tier kann das nicht. Wenn das Pferd unruhig wird und sich der Berührung zu entziehen versucht, sollte Ihnen das eins von zwei Dingen sagen: Entweder Sie massieren zu fest, oder an der Stelle gibt es einen ernsteren Grund für die Schmerzen."

Wie findet man als Pferdebesitzer einen kompetenten Masseur für sein Pferd? Chris rät: „Wie bei jedem anderen Therapeuten der Alternativmedizin sollte man auch hier darauf achten, dass er vor allem eine Haftpflichtversicherung hat, weil man, um eine Versicherung abschließen zu können, eine Qualifikation vorweisen muss, die die Versicherung akzeptiert. Außerdem kann man sich erkundigen, ob der Therapeut Mitglied in einem Berufsverband ist.

Jeder kann sich „Therapeut" nennen, aber man kann nicht einfach eine Versicherung abschließen, indem man bei der Versicherungsgesellschaft sagt: „Ich bin Therapeut", weil die Versicherung nach einer Ausbildung oder erworbenen Qualifikationen für die zu versichernde Therapieform fragen wird."

Die Ausübung von Massagetechniken verlangt Aufmerksamkeit und Sensibilität. Chris Caden-Parker erklärt, dass das Pferd „sich entspannen und die Berührung genießen muss". Der Therapeut reagiert auf jede Unruhe oder jeden Versuch, sich der Berührung zu entziehen, und passt die Behandlung entsprechend an.

STRETCHING

Pferdebesitzer können nach anfänglicher Anleitung durch Experten und mit einiger Übung mittlerweile als Teil der täglichen Arbeit selbst Dehnübungen mit ihren Pferden machen. Sportler wissen längst, wie positiv sich das Dehnen auswirkt, und nun wendet man diese Technik auch bei Pferden an, die genauso davon profitieren.

VORTEILE

▶ **Für Pferde im Training** können Dehnübungen sehr hilfreich beim Aufwärmen sein, weil sie die Muskeln durch sanftes Ziehen entspannen, alle ungewollten Kontraktionen „ausbügeln", die Muskelfasern lösen und eine gute Zirkulation für die Versorgung mit Sauerstoff und Nährstoffen und den Abtransport von Giftstoffen ermöglichen. Wenn man das Ge-

Reaktion auf harte Arbeit auftreten können. Die Muskeln verkrampfen sich bei winzigen Verletzungen, um weitere Bewegungen, die weitere Verletzungen auslösen könnten, zu verhindern. Dem kann durch vorsichtiges Stretching entgegen gewirkt werden. Wenn bei einem Pferd auch nur eine Stelle verkrampft ist, soll-

---

Einsatzgebiete von Stretching

Wie wir in diesem Abschnitt bereits gesehen haben, kann Stretching in vielen Situationen eingesetzt werden. Hier eine Zusammenfassung, wann es sinnvoll ist, Dehnübungen zu machen:

▶ Beim Aufwärmen eines Pferdes vor der Arbeit

▶ Nach der Arbeit, um das Pferd locker zu halten und um Steifheit und Verkrampfungen vorzubeugen;

▶ Sie tragen zur korrekten Ausrichtung der Muskeln und einer gleichmäßigen Muskelentwicklung bei.

▶ Sie fördern die Mitarbeit des Pferdes, helfen ihm zu entspannen und dem Besitzer zu vertrauen.

▶ Sie verbessern die Beweglichkeit, die Agilität und die Willigkeit.

▶ Sie erhalten das körperliche Wohlbefinden trotz Boxenruhe.

▶ Zum Lockern des Gewebes vor und nach der Belastung, z.B. vor und nach dem Transport oder dem Beschlagen

---

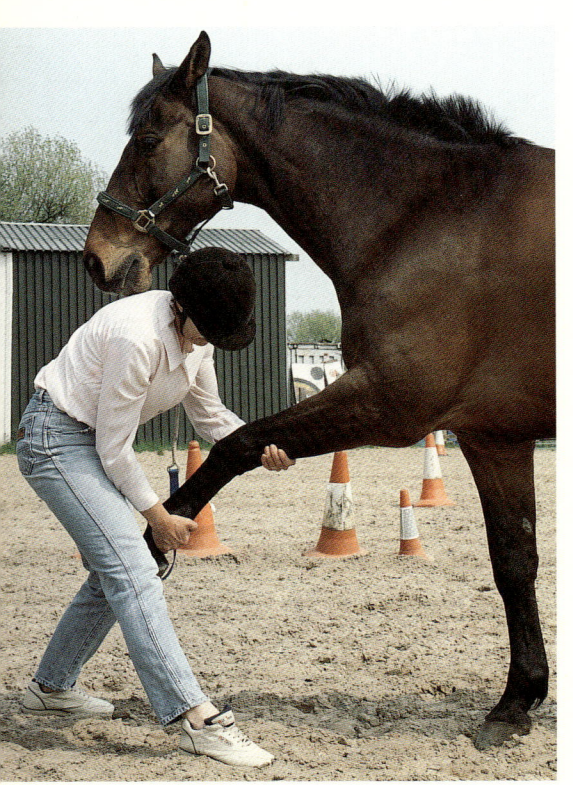

webe auf die Arbeit vorbereitet, ist das Verletzungsrisiko geringer. Das Dehnen wirkt sich auch positiv auf den Bewegungsablauf aus, fördert z.B. längere Tritte.

Wenn man nach der Arbeit Dehnübungen mit dem Pferd macht, hält dies das Gewebe locker, fördert die Blutzirkulation und verringert das Risiko, dass die Muskeln sich zum Schutz zusammenziehen. Dies beugt Steifheit und Verkrampfungen vor, die als

te man die Dehnübungen dennoch am ganzen Körper durchführen, um die Symmetrie zu gewährleisten und Schonhaltungen zu verhindern.

▶ **Medizinisches Stretching:** Regelmäßige, korrekt ausgeführte Dehnübungen fördern eine korrekte Ausrichtung der Muskeln und eine gleichmäßige Entwicklung in den Muskelgegenspielergruppen. Eine leichte „Schiefe" in Pferden kann oft durch vorsichtige, geeig-

Links: Eine gut ausgeführte, sichere Dehnübung für Vorderbein und Schulter. Das Pferd ist entspannt und kooperativ und der Therapeut steht sicher und unterstützt das Bein unter dem Sprunggelenk und der Fessel.

nete Dehnübungen korrigiert werden.

Bei Pferden, die nicht trainiert werden können, kann man das körperliche Wohlbefinden und die Beweglichkeit durch regelmäßiges Stretching (zwei- bis dreimal pro Woche) erhalten, weil man durch das Dehnen „Verkürzungen" im Gewebe durch mangelnde Bewegung vorbeugt und die Blutzirkulation anregt.

Pferde, die stehen müssen, sollten jeden Tag gedehnt werden, um die Beweglichkeit zu erhalten (solange das nicht die Heilung stört); außerdem genießen die Pferde auch einfach die Aufmerksamkeit während dieser langweiligen Zeit.

► **Zur Vorbeugung:** Es wäre auch gut, Pferde vor und nach dem Beschlagen zu massieren und zu dehnen (zur Lockerung der Muskeln und zur Entspannung nach der Belastung) sowie auch vor und nach dem Transport, der Gewebe und Muskeln stark belasten kann.

► **Für die Psyche:** Regelmäßiges Stretching fördert die Kooperation und die aktive Mitarbeit bei Pferden. Es regt Pferde an, sich zu entspannen und sich in den Dehnübungen „fallen zu lassen" und so ihrem Besitzer zu vertrauen. Dies ist vor allem gut bei Pferden, die Berührungen an Kopf und Beinen scheuen.

Dehnübungen fördern die Flexibilität von Pferden in allen Lebensbereichen, auch unter dem Sattel, und erhöhen Agilität und Leistungsbereitschaft.

Sicherheitshinweise

Man kann Stretching richtig oder falsch ausführen, und oft sieht man die falsche Ausführung bei Leuten, die es besser wissen sollten. Die Sicherheit von Pferd und Mensch steht an erster Stelle.

Man sollte das Pferd nie zu solchen Übungen zwingen und darf auf keinen Fall zulassen, dass sich ein Kampf oder auch nur Widersetzlichkeiten entwickeln. Das Pferd sollte geduldig ermuntert werden, und man sollte sich mit kleinen Fortschritten zufrieden geben, weil dem Pferd die Dehnübungen anfangs fremd sind. Wenn man zum ersten Mal Dehnübungen macht, sollte es genügen, wenn das Pferd die Beine hochhebt und man sie leicht in alle Richtungen bewegen kann. Dann sollte man das Pferd loben, während man das Bein herunterlässt. Lassen Sie das Bein nie einfach fallen oder das Pferd entscheiden, wann es das Bein herunternimmt: sanfte Konsequenz Ihrerseits fördert die Kooperation des Pferdes.

Es ist sehr wichtig, dass das Pferd sich immer wohl fühlt und dass es Ihnen vertraut, sonst wird es sich nicht entspannen, und alle Anstrengung ist vergebens.

Sie selbst sollten immer feste Schuhe tragen, aber die Schuhe sollten keine Stahlkappen haben, da diese durch das Gewicht des Pferdes auf Ihre Füße gedrückt werden könnten und so eine schmerzhafte Verletzung noch verschlimmern würden. Harte Lederkappen oder synthetische Arbeitsstiefel sind geeigneter. Schaffen Sie sich immer einen sicheren Stand, so dass Sie bei plötzlichen Bewegungen des Pferdes loslassen können, ohne hinzufallen; stellen Sie sich nicht genau vor oder hinter das Pferd. Man sollte während der Übungen einen Reithelm tragen.

Halten Sie Ihren Rücken gerade und nehmen Sie das Gewicht mit Beinen und Knien auf. Stützen Sie, falls nötig, das Gewicht zum Schutz des Rückens über den Ellbogen auf dem Oberschenkel ab.

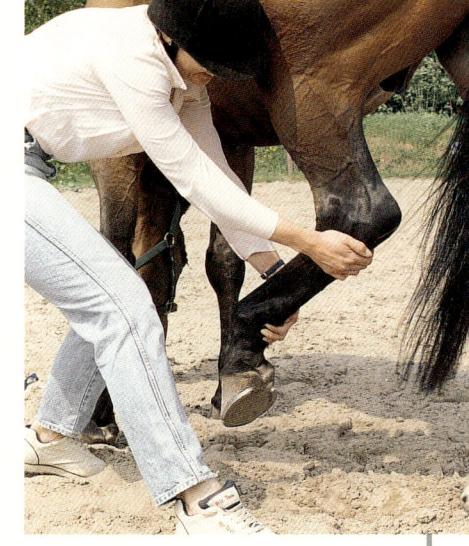

Der Körper ist zum Pferd hin „offen" (das innere Bein ist weiter hinten als das Äußere). Die Grätsche stabilisiert die Standfestigkeit. Die innere Hüfte sollte etwas näher am Pferd sein. Das Bein des Pferdes wird an Sprunggelenk und Fesselgelenk festgehalten, um ihm ein Gefühl der Sicherheit zu geben.

Links: Pferde mögen es anfangs oft nicht, wenn man versucht, ihr Vorderbein nach hinten zu dehnen: Gegen diese Bewegung wehren sie sich häufig mehr, als wenn man das Bein nach vorne herauszieht. Üben Sie mit der inneren Hand sanften Druck auf das Karpalgelenk aus und warten Sie, bis das Pferd sich von selbst anbietet. Wenn ohne Widerstand nicht mehr Dehnung möglich ist, als hier gezeigt wird, loben Sie das Pferd und versuchen Sie es beim nächsten Mal wieder.

Unten: Wenn man den Schweif zieht, sollten die Kruppe und die Schweifrübe eine Linie bilden: Nicht den Schweif anheben und dann daran ziehen. Greifen Sie nicht nur die Schweifhaare, sondern halten sie die Schweifrübe fest, lehnen Sie sich zurück, statt nur mit den Armen zu ziehen. Im Idealfall sollte das Pferd sich nach vorne, gegen die Spannung, lehnen und sich so selbst entlang der Wirbelsäule dehnen. Lassen Sie deshalb langsam los, lassen Sie das Pferd nicht einfach „fallen".

ANLEITUNG

Entwicklung einer Routine: Wenn man die Dehnübungen immer in der gleichen Reihenfolge macht, wird das für das Pferd irgendwann zur Routine (wie die Reihenfolge beim Auskratzen der Hufe). Normalerweise fängt man mit dem Dehnen von Hals und Rücken an, weil dies bestimmte Muskelgruppen lockert, das Pferd sich dabei wohl fühlt und locker wird und dies sein Gleichgewichtsgefühl für die nächsten Übungen verbessert. Dann dehnt man üblicherweise die Vorhand auf beiden Seiten und zum Abschluss die Hinterhand.

Aufwärmen: Die Muskeln eines in der Box gehaltenen Pferdes müssen zuerst ca. 10 Minuten lang durch Schritt und Trab an der Hand auf beiden Händen aufgewärmt werden, um das Gewebe durch die Bewegung vorzubereiten und die Blut- und Lymphzirkulation anzuregen. Es ist immer gut, das Pferd vor dem Dehnen etwas zu massieren (siehe Massage, S.54). Das Dehnen von kalten, steifen Muskel kann Schmerzen und Unwohlsein

auslösen und sogar zu Rissen im Gewebe führen.

Techniken zur Dehnung von Gliedmaßen

Stehen Sie weit genug weg vom Pferd, so dass es sich bewegen kann und Sie nicht riskieren, getreten zu werden, aber nahe genug, um das Bein stützen und effektiv dehnen zu können.

Dehnen Sie das Bein so weit wie möglich, und lernen Sie zu erfühlen, ob das Pferd sich festhält und dagegen zieht (was die meisten irgendwann tun). Geben Sie ein wenig nach, wenn das Pferd dagegen zieht. Zie-

hen Sie nicht gegen das Pferd an, weil es dadurch unsicher wird und dann noch mehr zieht; außerdem kann Gegendruck die Muskeln noch mehr verspannen. Ermutigen Sie das Pferd mit der Stimme, und wenn es sich entspannt und Sie das Bein weiter dehnen können, dehnen Sie etwas weiter, als das Pferd es anbietet, um eine echte Dehnung zu erzielen. Sie können diesen Grad ein paar Sekunden halten, wenn das Pferd willig und daran gewöhnt ist. Führen Sie dann das Bein in seine normale Position zurück und stellen Sie es hin. Loben Sie das Pferd.

Es ist weder notwendig noch vorteilhaft, die Dehnung, wie manchmal empfohlen wird, über viele Sekunden aufrecht zu erhalten, weil man nicht mehr erreicht, als wenn man zwei oder drei Sekunden dehnt. Unerfahrene Pferde reagieren sogar panisch, wenn sie glauben, sie „bekommen ihr Bein nicht wieder".

Wenn ein Pferd eine Übung verweigert, bestehen Sie nicht darauf, sondern versuchen Sie es später noch einmal.

WANN SOLLTE STRETCHING NICHT DURCHGEFÜHRT WERDEN?

Manche Verletzungen können durch Dehnen verschlimmert werden. Man sollte sich deshalb mit dem behandelnden Tierarzt absprechen, welche Übungen sinnvoll sind.

▶ **Bei Pferden mit einem stark gezerrten oder gebrochenen Bein** sind Dehnübungen an den anderen Beinen nicht angebracht, weil sie das Körpergewicht für das verletzte Bein ausgleichend mittragen müssen. Ein Pferd kann sogar das Gleichgewicht verlieren, wenn ein Laie dann Dehnübungen durchführen will. In einem solchen Fall sind Techniken wie Massage, Bowen-Technik, Shiatsu bzw. Jin Shin Jyutsu angebracht. Man sollte sich in jedem Fall mit einem Tierarzt bzw. einem Therapeuten besprechen.

▶ Auch **bei Pferden mit Osteoarthritis,** einer Gelenkentzündung mit Knochenbeteiligung, muss wegen ihrer Bewegungseinschränkungen mit Bedacht behandelt werden. Man sollte sich in solchen Fällen immer von Experten beraten lassen.

Weiterbildung

Es wäre gut, einen Physiotherapeuten oder einen Sporttherapeuten kommen zu lassen, der einem Massagetechniken und Dehnübungen zeigt. Es gibt auch sehr gute Bücher und Videos über die Pflege von Sportpferden, die detailliert auf Dehnübungen für Pferd und Reiter eingehen.

Für den Reiter

Die größten Probleme bei Reitern sind meiner Erfahrung nach steife Hüften und Schultern.

Steife Hüften können durch folgende Übungen gelockert werden: Man steht aufrecht, mit dem Gesicht zum Rücken eines schweren Stuhls, und hält sich oben an der Lehne fest. Dann schwingt man die Beine abwechselnd an den Seiten hoch, anfangs nicht mehr als je dreimal. Mit der Zeit sollte man in der Lage sein, die Beine bis auf Hüfthöhe hochzuschwingen. Die Beine können auch vor- und zurückgeschwungen werden, so weit es geht, auch zu dem Zweck, die Hüftgelenke locker und geschmeidig zu machen. Andere sinnvolle Übungen sehen Sie unten.

Man sollte diese Übungen nie übertreiben! Dehnen Sie nur, soweit es schmerzfrei geht, und dann noch etwas weiter. Wenn es überhaupt nicht zieht, findet auch keine echte Dehnung statt, wenn man aber übertreibt und es schmerzt, kann man sich selbst verletzen.

Gegen nach vorn gezogene Schultern hilft es, sich aufrecht hinzustellen, langsam beide Arme nach oben zu strecken und sie dann nach unten und hinten zu führen, als ob man mit beiden Armen gleichzeitig rückenschwimmt. Eine gute Haltung ist sehr wichtig für einen guten Sitz. Die Schultern sollten immer leicht nach unten/hinten angespannt sein.

Es gibt viele verschiedene Videos über unterschiedliche Arten des Workout. Fast jedes dieser Videos enthält auch Dehnübungen für Menschen, und deshalb sieht man sich am besten die Kleinanzeigen in Pferdezeitschriften durch.

KRANIOSAKRAL-THERAPIE

Diese sehr sanfte und praktisch anwendbare Therapie beruht auf der Heilung von Beeinträchtigungen der Struktur und der Funktion des kranio-sakralen Bereichs – vom Schädel bis zum Kreuzbein- und des angrenzenden Gewebes.

PHILOSOPHIE

Die Therapie, die von dem Osteopathen Dr. John Upledger entwickelt wurde, hat, wie andere, zum Ziel, durch sanfte Berührungen dem Körper zu helfen, verschobenes Gewebe oder Knochen wieder richtig auszurichten. Sanfter Druck auf die betroffene Stelle hilft dem Körper, das elastische Gewebe wieder in seine natürliche Position zurückzuziehen, wodurch Schmerzen und Verspannungen gelindert werden.

Wie andere sanfte physikalische Therapien beruht sie weitgehend auf Intuition. Der Therapeut muss sich ganz auf den Patienten einstimmen, die kleinsten Bewegungen registrieren und sich wirklich engagiert um Heilung bemühen.

WIRKUNGSWEISE

Der Therapeut scheint nicht mehr zu tun, als bestimmte Körperteile zu berühren oder sanft zu halten; diese zucken oder bewegen sich aber manchmal in seinen Händen, obwohl sie nicht wirklich manipuliert oder stark gedrückt wurden. Ein Therapeut erklärte: „Ich zeige den Muskeln einfach, wo sie hingehören, und gebe ihnen einige Sekunden, sich richtig auszurichten.“

Menschen, die sich einer solchen Behandlung unterzogen haben oder zusahen, wie ein Tier behandelt wurde, beschreiben, dass nichts zu passieren scheint, vor allem bei Tieren – obwohl die Tiere dem Therapeuten ihre Gefühle oft mitteilen, indem sie schläfrig und entspannt werden oder aber ihrem Unmut Luft machen, wenn die falsche Stelle behandelt wird.

Behandlungshäufigkeit

Diese ist von Patient zu Patient unterschiedlich, aber manchmal sind nur eine Behandlung und eine Nachbehandlung nötig. Die Erfolge sind von Dauer, und eine regelmäßige Behandlung ist in der Regel nicht nötig.

SELBSTHILFE

Die Suche nach einem Therapeuten: Im Moment gibt es nicht viele Therapeuten, die Pferde behandeln können oder wollen.

Für den Reiter

Beim Menschen können genauso viele verschiedene Symptome mit dieser Therapie behandelt werden: Schmerzen, Verdauungsprobleme, Kopfschmerzen, Verlust der Beweglichkeit, usw. Die Patienten behaupten, sehr geringe, nicht willentliche Bewegungen des Körpers zu spüren. Manche verspüren gar sofort eine Linderung von Verspannungen und Schmerzen und eine größere Bewegungsfreiheit.

Einsatzgebiete dieser Therapie

Jeder Zustand, der Beschwerden, Schmerzen, Bewegungseinschränkungen und Unwohlsein verursacht, kann behandelt werden. Bei Pferden sind dies meist:

➤ schlechte Leistungen
➤ Widersetzlichkeit
➤ Lahmheit und/oder Rückenschmerzen
➤ Schlechtes „Benehmen" in Form von Buckeln, Steigen oder Kleben
➤ Verweigern, Durchgehen und/oder an Sprüngen vorbeilaufen
➤ Schwierigkeiten beim Bergauf- und Bergabgehen
➤ Allgemeiner Mangel an Flexibilität und Willigkeit oder schiere Unfähigkeit, geforderte Leistung zu erbringen

Man kann jedoch einen Arzt befragen, im örtlichen Branchenbuch, in Anzeigen oder über Mund-zu-Mund-Propaganda suchen oder sich an Verbände wenden (siehe „Nützliche Adressen" S. 186). Pferde können behandelt werden, dazu benötigt man, je nach Gesetzeslage, eine Überweisung durch einen Tierarzt.

Selbstständige Anwendung: Einige der einfacheren Techniken kann man lernen, so dass man sie selbst anwenden kann. Kurse finden sich oft im Anzeigenteil von Pferdezeitschriften. Nach der Behandlung wird das Pferd sich wohler fühlen, der Besitzer zufriedener sein, und die Reiter-Pferd-Beziehung wird sich verbessern. Diese Therapie ist so sanft, dass es angeblich unmöglich ist, dem Pferd selbst bei falscher Anwendung zu schaden. Es liegt in der Natur des Körpers, dass er richtig ausgerichtet sein „will", und das Gewebe lässt sich nicht in die falsche Richtung dirigieren.

KRISTALL- UND EDELSTEINTHERAPIE

Wie kann ein edler oder halbedler Kristall überhaupt einen Heilungsprozess im Körper oder Geist von Mensch oder Tier auslösen?

Die Antwort der Therapeuten auf diese berechtigte Frage lautet: durch Energiewellen. Jede Kristallart kann viele körperliche und seelische Krankheiten heilen, und manche Menschen, die sich mit Kristallen behandeln lassen, behaupten, dass Schmerzzustände gelindert werden, wenn sie einen geeigneten Kristall mit sich führen oder Schmuck mit der richtigen Edelsteinsorte tragen. Dies muss nicht unbedingt der Geburtsstein sein!

WIRKUNGSWEISE

Edelsteine und Kristalle können in eine Tasche an einer Pferdedecke eingenäht (an einer Stelle, an der sie das Pferd beim Liegen nicht stören), in einen Hundekorb oder unter das eigene Kissen gelegt werden. Sie sollten wöchentlich „gereinigt" werden, indem man sie über Nacht in kaltes Wasser legt.

EINSATZGEBIETE

Rosenquarz soll beruhigen und der Heilung des Herzens förderlich sein; Amethyste sollen die Gehirnleistung fördern und das Lernen und kreative Tätigkeiten erleichtern. Ein rosaroter Rhodonit kann bei unberechenbaren Gefühlen Abhilfe schaffen.

Rosenquarz

Manchen Edelsteinen werden aber auch schädliche Wirkungen zugeschrieben. Es empfiehlt sich also, ein Fachbuch zu diesem Thema zu lesen oder sich von einem Experten beraten zu lassen.

ANWENDUNG BEIM PFERD

Bei Pferden können die Steine an Halftern, Decken oder Bandagen befestigt werden, aber achten Sie immer darauf, dass die Steine so platziert sind, dass sie dem Pferd keine

Elektro-Kristall-Therapie

Sie soll durch den Einsatz von Computern und hochfrequenten elektro-magnetischen Wellen die elektrischen Ladungen fördern und erhöhen, die von Edelsteinen abgegeben werden.

Wirkungsweise: Nachdem der Therapeut den Patienten untersucht hat, setzt er die Kristalle und den Computer ein, um herauszufinden, wo im Körper die Energie blockiert ist. Danach werden Kristalle oder andere Heilmittel zur Lösung des Problems verwendet.

Einsatzgebiete: Diese Therapie zielt, wie andere, darauf ab, den natürlichen Energiefluss im Körper wiederherzustellen und so die Selbstheilungskräfte anzuregen.

Schmerzen oder Druckstellen zufügen können.

Amethystquarz

KUPFERTHERAPIE

Wenn man Kupfer direkt auf der Haut trägt, soll das eine schmerz-lindernde und stärkende Wirkung auf von Rheuma oder Osteo-arthritis befallene Körperteile haben.

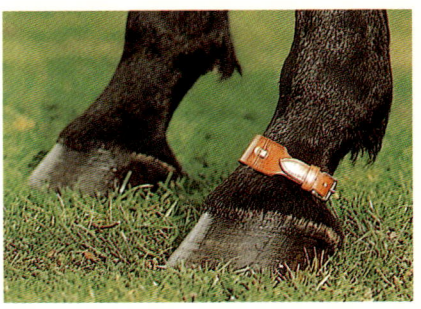

Ein Fesselriemen darf die Haut nicht aufreiben, deshalb ist es sinnvoll, ihn täglich an einem ande-ren Bein zu befestigen.

Als in den 1960er Jahren Kupferrie-men für Pferdefesseln und Hunde-halsbänder in Mode kamen, lachten viele Menschen darüber und frag-ten, wofür das wohl gut sein solle. Aber der Vater einer der Autorinnen trug damals über Jahre ein Kupfer-armband gegen seine Osteoarthri-tis, und obwohl man ihn für einen Spinner hielt, schwor er, dass seine Hände zu schmerzen begannen, wenn er das Band abnahm.

Vielleicht hat man zu Unrecht gespottet, weil Kupfer in uralten Zivilisationen für therapeutische Zwecke, z.B. bei Osteoarthritis, ein-gesetzt wurde. Es wird sogar in mit-telalterlichen Schriften von Medizi-nern und Schmieden erwähnt (bis ins 19. Jahrhundert arbeiteten Schmiede auch als Heiler).

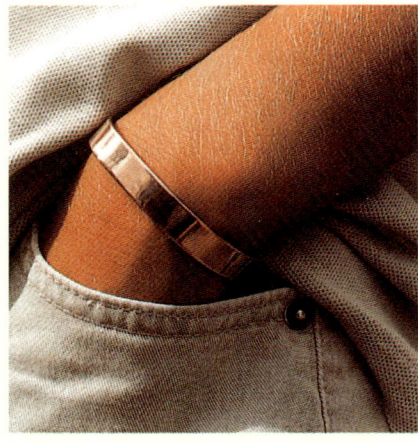

Wenn man ein starres Kupferband trägt, besteht das Risiko, in der Ausrüstung des Pferdes hängen zu bleiben.

KUPFER UND PFERDE

Wenn man Menschen behandelt, kann es immer sein, dass sie eine Verbesserung bemerken, weil sie es so wollen. Dies trifft bei Tieren natürlich nicht zu, und die Verbes-serungen, die bei manchen Tieren durch das Tragen von Kupfer zu ver-zeichnen sind, können kein Produkt lebhafter Fantasie sein.

Firmen, die Kupferprodukte ver-treiben, können natürlich mit vielen Erfolgsgeschichten aufwarten – den-noch wirkt diese Therapie nicht bei jedem Menschen oder jedem Tier.

Es wird gesagt, dass das Kupfer sehr sauber gehalten werden muss, um zu wirken. Andere meinen, man müsse es nach einigen Jahren austauschen, wieder andere be-haupten, dass die Haut keinen der Wirkstoffe mehr absorbieren kann, wenn das Kupfer direkten Kontakt zu einem Tierfell hat.

WIRKUNGSWEISE

Leider ist nicht hundertprozentig klar, wie das Kupfer wirkt. Aber Menschen, die an Rheuma oder Osteoarthritis leiden, wissen, wie schmerzhaft dies ist. Man probiert alles aus, und ein Heilmittel, das nicht wirkt, würde mit Sicherheit nicht so häufig weiterempfohlen, wie es bei Kupfer der Fall ist.

Ein Experiment: Kupfer ist ein Nähr-stoff, der nur in kleinen Mengen benötigt wird. Einige Forschungser-gebnisse in den 1970er Jahren in Australien deuteten darauf hin, dass Kupfer auch über die Haut absor-biert werden kann. Während dieser Forschungen schien es tatsächlich die Symptome einiger Patienten mit rheumatischen bzw. arthritischen Beschwerden zu lindern. Zur glei-chen Zeit trugen andere Patienten Kupferimitationen. Sie waren die Einzigen, die keinerlei Wirkung ver-spürten.

Kupferhaltige Medikamente: Kupfer findet sich auch in Entzündungs-hemmern, die bei Krankheiten wie Rheuma verschrieben werden, und es scheint deren Wirkung zu stei-gern.

SELBSTHILFE

Wenn das Kupfer so am Pferd be-festigt ist, dass dieses sich nicht ver-letzen kann, kann es sicherlich nicht schaden, diese Therapie aus-zuprobieren, in die so viele Men-schen so großes Vertrauen setzen.

KRÄUTERHEILKUNDE

Die Kräuterheilkunde arbeitet mit zwei Ansätzen: Entweder wird der Körper mit Stoffen versorgt, die sein Immunsystem stimulieren, um der Krankheit, an der er leidet, entgegenzuwirken, oder man verabreicht Substanzen aus Pflanzen, die die Energiekanäle des Körpers frei machen, die Energie wieder frei fließen lassen und so den Körper entgiften.

Das Prinzip des Säuberns der Energiekanäle ist Teil fast jeder alternativen Therapie und wird auf verschiedene Arten erreicht, z.B. durch Medikamentengabe oder durch physikalische Stimulation wie z.B. durch Akupunktur, Akupressur, Chiropraktik, Shiatsu, Massage usw. Herkömmliche Medikamente aus der Schulmedizin unterstützen häufig nur die vom Körper unternommenen Anstrengungen durch weitere Wirkstoffe, statt die Selbstheilungskräfte zu aktivieren.

PHILOSOPHIE

Kräuter stellen die älteste Form der Medizin auf der Welt dar. Lange bevor es geschichtliche Aufzeichnungen gab, begannen Menschen und Tiere mit größter Wahrscheinlichkeit, verschiedene Kräuter als Medikamente zu verwenden, und viele Tiere haben immer noch die Instinkte, die ihnen helfen, geeignete Medikamente für sich zu „finden". In den späten 1990er Jahren fanden Forscher z.B. heraus, dass wilde amerikanische Mustangs sich ihrer Parasiten entledigten (überwacht über ihre Exkremente), indem sie bestimmte Pflanzen aussuchten und fraßen. Alte Texte auf Tontafeln, die man gefunden hat, enthalten Details über die medizinische Behandlung bei Krankheiten von Mensch und Tier. Bei vielen Völkern stellen Kräuter seit tausenden von Jahren die wichtigste Form der Me-

Nesseln werden in der Regel als Diuretikum, für die Stimulation des Blutkreislaufs und als Bluttonikum eingesetzt. Sie enthalten viel Vitamin C, Eisen, Chlorophyll, Natrium und Proteine und können als Medikament oder, geschnitten und getrocknet, auch als Ganzes verfüttert werden.

Einsatzgebiete der Kräuterheilkunde

Kräuter können bei der Behandlung fast aller Probleme körperlicher Natur und bei Verhaltensproblemen, helfen, die bei Pferden auftreten. Hier eine Auswahl:

- Schlechter Allgemeinzustand
- Blutarmut
- Schäden an den Eingeweiden durch Parasiten
- Stärkung des Gewebes, z.B. bei Bandverletzungen oder Muskelatrophie
- Knochenschäden durch Osteoarthritis und Rheuma
- Zur Beruhigung nervöser, schwieriger Pferde
- Stress
- Verdauungsprobleme
- Schlaflosigkeit

Beinwell

Mädesüß

Teufelskralle ist ein natürlicher Entzündungshemmer und wirkt sowohl bei Weichteil- als auch bei Knochenschäden.

dizin und der Gesunderhaltung dar. Die Kräuterheilkunde (auf Kräuter spezialisierte Pflanzenheilkunde) und die Phytotherapie (Pflanzenheilkunde) werden seit langem respektiert. Nur dadurch, dass wir uns immer mehr auf synthetische Medi-

kamente verlassen, sind sie im Ansehen gesunken.

WIRKUNGSWEISE DER KRÄUTER

Kräuter wirken, indem sie das Immunsystem stimulieren und seine Energiekanäle frei machen. In der Regel ist gegen alle Probleme, die bei Pferden auftreten, auch ein Kraut gewachsen. Beinwell kann z.B. bei Osteoarthritis oder Verletzungen im Gewebe eingesetzt werden, für die Heilung von durch Wurmbefall verursachten Darmschäden und zur Unterstützung der Nährstoffaufnahme. Weinessig wird oft für die Behandlung von Rheuma und Osteoarthritis empfohlen, und Kräuter wie Sellerie, Blasentang, Nessel und Klette lindern Steifheit bei alten Pferden und tragen zur Gesunderhaltung bei.

Man kann auch Pferden Kräuter verabreichen, die über längere Zeit mit Phenylbutazon behandelt werden, um Schäden an Leber und anderen inneren Organen zu vermeiden; Bockshornklee etwa kann zum

Nebenwirkungen

In der Schulmedizin werden ebenfalls aus Pflanzen gewonnene Stoffe verwendet. Hier werden aber die einzelnen Wirkstoffe isoliert und konzentriert, und die ausgleichenden Wirkstoffe aus der Pflanze werden einfach weggelassen. Deshalb leiden Patienten manchmal unter unangenehmen Nebenwirkungen. Nebenwirkungen bei Kräutern können auftreten, wenn sie von Laien verschrieben werden, weil die Kräuter z.B. zur falschen Jahres- oder sogar Tageszeit geerntet wurden, die falschen Mengen verwendet oder sie auf falsche Weise zubereitet wurden. Die Kräuterheilkunde sollte nicht als einfaches Heilmittel für Zuhause angesehen werden. Früher gab es Heiler mit detailliertem Wissen über Pflanzen und Kräuter, die ihre Gemeinde versorgten. Heute gibt es weit weniger dieser „Heiler", und deshalb sollte man einen Kräuterfachmann und/oder den Tierarzt befragen. Manche Firmen, die Kräuterprodukte vertreiben, beschäftigen Kräuterspezialisten.

Schutz des Darms vor der Wirkung von Phenylbutazon eingesetzt werden, das z.B. Durchfall auslösen kann.

Kamille, Baldrian und Passionsblume werden gern verabreicht, um nervöse, unruhige Pferde zu beruhigen.

RECHTSLAGE

Das Futtermittelrecht macht es den Herstellern schwer, Kräuter mit einer Heilwirkung zu bewerben. Kräuter gelten als Futtermittel oder als Ergänzungsfuttermittel. Eine „Heilwirkung" darf ihnen im engeren Sinne nicht unterstellt werden, denn dann wären es „Medikamente", die folglich eine arzneimittelrechtliche Zulassung haben müssten.

Das gilt auch dann, wenn die jeweiligen Kräuter tatsächlich eine bekanntermaßen gute und effektive Hilfe gegen bestimmte Krankheiten darstellen. Auch dann darf diese nicht erwähnt werden. Die Herstel-

Oben: Kletten werden häufig zur Behandlung von Blut- und Hautkrankheiten eingesetzt, die durch Giftstoffe entstanden sind, um die Leber- und Nierenfunktion zu verbessern und um die Verdauung anzuregen. Aus der Wurzel der Klette kann ein Brei für einen Umschlag hergestellt werden, um die Heilung von Wunden und Abszessen zu beschleunigen.

Unten: Kamille wächst überall wild und hat eine beruhigende Wirkung.

Für den Reiter

Viele Menschen verwenden Kräutermedikamente. Diese werden in größeren Apotheken rezeptfrei verkauft. Da Kräuter jedoch relativ langsam wirken und genau nach Vorschrift eingenommen werden müssen, ist es in der Regel besser, einen Kräuterheilkundler oder zumindestens eine Firma mit Fachpersonal zu konsultieren. Es gibt natürlich Kräutermedikamente, die auf lange Sicht gesehen bei Nervosität und Unruhe helfen können – die häufigsten psychischen Probleme bei Reitern. Es gibt aber auch Kräuter, die die Heilung von Verletzungen wie Zerrungen, Hämatome und Frakturen fördern.

Löwenzahn ist ein bekanntes Diuretikum (harntreibendes Mittel). Die Wurzel kann auch als Kaffee- oder Zwiebelersatz dienen.

ler müssen stattdessen oft umschreibende Formulierungen finden, um diese Eigenschaften anzudeuten, ohne mit dem Gesetz in Konflikt zu geraten. So werden beispielsweise aus „Hustenkräutern" dann „Kräuter zur Unterstützung der Funktion der Atemwege". Das ändert aber nichts an der Wirksamkeit!

Referenzquellen: Wer wissen möchten, welche Pflanze gegen welche Beschwerden verwendet werden kann, sollte eines der vielen Bücher über Kräuterheilkunde lesen, um herauszufinden, auf was man bei den Etiketten der Produkte achten muss. Oft steht dort einfach nur sehr unverbindlich geschrieben, dass diese oder jene Pflanze schon immer bei diesen oder jenen Beschwerden eingesetzt wurde. Dies ist eine zutreffende Aussage, ohne tatsächlich zu behaupten, dass das Produkt ein Medikament für bestimmte Beschwerden ist.

Teebaumöl

Teebaumöl kann als Kräuterheilmittel angesehen werden, da es aus den Blättern des Teebaums, Melaleuca alternifolia, gewonnen wird. Es ist aber auch eines der essentiellen Öle in der Aromatherapie. Welcher Kategorie wir es auch zuordnen, das Teebaumöl ist, genau wie Aloe Vera und Propolis, zu einer eigenen Kategorie avanciert, weil es so viele Anwendungsmöglichkeiten birgt.

Einsatzgebiete: Mit einem anderen Öl verdünnt, lindert es entzündete Wunden und Hautreizungen, wirkt antiseptisch und ist wirksam gegen Bakterien und Pilze. Es scheint auch gegen Insekten und Hautparasiten zu schützen und bei der Massage einen zugleich anregenden und beruhigenden Effekt zu haben.

Wirkungsweise: Es gibt für Pferde viele Teebaumölprodukte zu kaufen, z.B. Mähnen-, Schweif- und Fellglanzsprays, Insektenschutz, Shampoo, Reinigungstücher, Cremes und Lotionen gegen Hautreizungen und sogar ein Mittel gegen das Krippensetzen. Wie jedes essentielle Öl ist es in unverdünnter Form sehr stark und darf so niemals auf die Haut aufgetragen werden. Jedoch kann es in dieser Form zur Inhalation bei Atemwegsinfekten und Allergien angewendet werden. Man gibt einfach einige Tropfen des Teebaumöls oben auf ein Heunetz oder in einen Eimer und schüttet sehr heißes Wasser darüber, wobei das Pferd die Dämpfe einatmen soll.

Anwendung beim Menschen: Seit vielen Jahren wird Teebaumöl als Mittel für die Schönheit und Gesundheit der Haut angepriesen. Teebaumöl gibt es in Form von Cremes und Lotionen, antiseptischen Rezepturen, für die kosmetische Hautpflege, und es ist sanft, aber dennoch effektiv bei Hautkrankheiten und wird zur Krankheitsprävention eingesetzt. Es wird auch zum Inhalieren bei Infektionen der Atemwege, in Umschlägen und Kompressen verwendet. Teebaumöl wird als Mittel für die Massage verkauft, das man sich allerdings auch individuell bei einem Aromatherapeuten herstellen lassen kann. Es hilft bei Blutergüssen und Hautreizungen und kann sogar Entzündungen an gezerrten Sehnen oder Bändern oder geschädigtem Muskelgewebe lindern.

Wo ist es erhältlich? Sehen Sie sich in Reitsportfachgeschäften um oder lassen Sie sich die Produkte in der Apotheke individuell zusammenstellen.

FALLSTUDIE

Pferd: 23-jährige Vollblutstute namens Duchess, früheres Renn- und Springpferd, Zuchtstute

Problem: Beim Kauf im Herbst: schlechter Allgemeinzustand, Anämie, Zahnhaken, Darm durch Parasitenbefall geschädigt, chronischer Bänderschaden an den hinteren Fesselgelenken und erste Symptome von Osteoarthritis, aber nicht lahm; arbeitete gerne mit. Starke Muskelatrophie unter und hinter dem Widerrist durch nicht passenden Sattel; links sehr steif; sehr unruhig, manchmal launisch, aber nicht grundsätzlich nervös. Während der Rosse war Duchess sehr schwierig im Umgang, manchmal sogar gefährlich.

Behandlung: Der Tierarzt, der die Stute seit fünf Jahren kannte, meinte, dass sie „diesen Winter vielleicht überstehen könnte". Er raspelte ihre Zähne, entwurmte sie und verabreichte ein Zusatzfuttermittel gegen die Anämie. Durch eine ausgewogene Fütterung nahm sie im Frühwinter langsam zu. Ein Osteopath korrigierte die Steife auf der linken Seite und im Rücken, was auch die Aktion der Hinterhand verbesserte.
Der Besitzer gab ihr zusätzlich Kräuter von einem guten Hersteller, aber die Stute fraß sie nicht. Deshalb ließ der Besitzer sich eine Überweisung zu einem Kräuterheilkundler geben, der der Stute bei den Verhaltensproblemen, dem geschädigten Darm, der Gewebsschwäche und der Osteoarthritis helfen sollte.
Man versuchte es mit einer Kräutertinktur aus Beinwell (gegen die Osteoarthritis, für das Bindegewebe, gegen die Schäden am Darm und für eine bessere Aufnahme von Nährstoffen) und Kamille (zur Beruhigung); davon sollten der Stute dreimal täglich zehn Tropfen über das Futter gegeben werden. Duchess nahm das Futter an. Sie wehrte sich gegen den Obstessig (gegen Rheuma und Osteoarthritis), fraß aber ein weiteres Zusatzfutter für „alte Pferde", das Selleriesamen, Blasentang, Nesseln und Klette enthielt. Große Fortschritte wurden erzielt, als ein Radioniktherapeut Duchess auf Überweisung durch einen homöopatisch orientierten Tierarzt untersuchte. Einige Mähnenhaare (siehe Radionik, S.90) wurden verschickt, und man fand heraus, dass Duchess' Hormone nicht im Gleichgewicht waren, was die Probleme während der Rosse erklärte. Nach nur einer Behandlung war sie während der Rosse lieb und entspannt, ein Verhalten, dass man von ihr bisher nicht kannte!
Ihr Problem trat nie wieder auf, und der Besitzer baute auf diesem Erfolg auf, indem er der Stute ein Kräuterfutter der Firma Hilton Herbs (siehe „Nützliche Adressen", S.186), Regulate, fütterte.
Duchess wurde dann geimpft und homöopatisch entwurmt, erhielt weiterhin das Kräuterfutter und wurde noch zweieinhalb weitere Jahre ins Gelände geritten, wobei sie wesentlich zufriedener und entspannter war und weder die Osteoarthritis noch die Probleme mit den Bändern schlimmer wurden, bis sie 26 Jahre alt war. Dann erst wurde sie schwach auf der Hinterhand. Der Tierarzt verschrieb zusätzlich zu den Kräutern Phenylbutazon. Bockshornklee wurde unter ihr Futter gemischt, um ihren Darm vor den Nebenwirkungen dieses Mittels zu schützen, das beispielsweise Durchfall auslösen kann. Außerdem kann man Pferden, die Phenylbutazon über einen längeren Zeitraum verabreicht bekommen, auch zum Schutz vor Schäden an der Leber Kräuter füttern.

Ergebnis: Der Besitzer und der Tierarzt der Stute waren der Meinung, dass die alternativen Therapien sehr erfolgreich waren und sie dadurch 26 Jahre alt wurde, was beim Kauf sehr unwahrscheinlich schien.

ALOE VERA

Aloe Vera wird aus einer fleischigen Unterart der Familie der Lilien gewonnen, die in heißen Klimazonen wächst. Es wird in diesem Buch als separates Kapitel aufgeführt, weil es so viele Anwendungsmöglichkeiten bietet, und weil es als Heilmittel mit einer großen Bandbreite für die Anwendung bei Mensch und Tier immer beliebter wird.

Aloe Vera

Aloe Vera ist ein weiteres uraltes Heilmittel, das von Griechen, Persern, Römern, Chinesen, Ägyptern und einigen anderen Völkern verwendet wurde und das heute eine Renaissance erlebt. Obwohl vieles, was Aloe Vera zugeschrieben wird, eher Anekdoten sind, kommt so manches doch aus der medizinischen Praxis. Es wurden einige klinische Studien durchgeführt, die vieles, was über Aloe behauptet wird, bestätigen.

DIE ALOEPFLANZE

Die allgemein als Aloe Vera bekannte Pflanze entstammt der Familie der Aloeceae mit mehr als 450 Arten. Sie stammt aus Afrika und von der arabischen Halbinsel, gedeiht aber überall, wo die Temperatur nicht unter den Gefrierpunkt sinkt, auch in Gewächshäusern. Manche Pflanzen sind beinahe stammlos, andere baumartige Riesen; die Blätter sind fleischig, stachelig, dick und graugrün, haben eine starke Außenhaut über einer gelblichen Schicht, die ein bitteres Alkaloid enthält; darunter findet sich eine Kammer mit grünem Gel.

Herstellung

Die Aloine werden der gelben Schicht unter der Außenhaut entzogen, das Gel wird getrocknet und als Pulver in Tablettenform zur Nahrungsergänzung beigegeben. Aus dem Gel werden aber auch Lotionen, Salben, Getränke, Hautcremes etc. hergestellt. In der letzten Zeit stellt man häufiger fest, dass bei aus ganzen Blättern hergestellten Rezepturen die Heilkräfte der Aloepflanze am besten wirken.

Einsatz als Heilmittel

Aloine sind ein starkes Abführmittel und wurden früher gerne von Hufschmieden in Form von Aloebäll-chen verwendet. Als bittere, braune Flüssigkeit wurden sie früher gerne eingesetzt, um Kindern das Daumenlutschen und Nägelbeißen abzugewöhnen (obwohl die Finger dadurch braun wurden). Auch in Stallungen wurde es eingesetzt, um Pferde daran zu hindern, an Holz, Decken oder Ähnlichem zu kauen.

Warnung

Bei der inneren Anwendung von Aloe treten manchmal unerwünschte Nebenwirkungen auf. Deshalb ist es immer ratsam, sich an die Anweisung eines Arztes, Tierarztes, Ernährungsberaters oder Kräuterheilkundlers zu halten, statt zu versuchen, die richtige Dosierung selbst durch Versuch und Irrtum herauszufinden.

Diese Beispiele sind jedoch nur der Anfang einer langen Liste von innerlichen und äußerlichen Anwendungsmöglichkeiten von Aloe bei Mensch und Tier. Sie wird auch in der Gesundheitsvorsorge eingesetzt. Viele Mittel sind bei Kräuterheilkundlern, Produkte wie Hautcremes und Nahrungszusätze in Reformhäusern und Drogerien erhältlich. Produkte für Pferde kann man in der Regel über Kataloge oder Pferdezeitschriften bestellen.

Auch hier gibt es bisher wenig klinische Studien, aber da das Interesse an der Alternativmedizin ständig steigt, wird auch an Aloe mehr Forschung betrieben werden.

Einsatzgebiete von Aloe Vera

Die folgende Liste, die aus vielen Quellen zusammengestellt wurde, zählt Gebiete auf, bei denen sowohl beim Menschen als auch bei Tieren durch geeignete Aloe-Präparate Linderung oder Heilung erzielt worden sein soll:

► Immunsystem
► Blutkrankheiten
► „Arbeitsverweigerung"
► Wunden
► Verstauchungen
► Osteoarthritis
► Blutergüsse
► Verdauungsprobleme
► Verbrennungen aller Art (auch als Schutz gegen Verbrennungen durch Strahlungseinwirkung, z.B. Sonnenbrand)
► Hautkrankheiten
► Reizkolon
► Manche Krebsarten
► Meningoenzephalitis
► Allergien
► Zahnfleischerkrankungen
► Manche Aidspatienten berichten nach der Anwendung über Linderung ihrer Beschwerden.

Aloe Vera soll des Weiteren auch helfen bei:
► Entzündungen im Vaginalbereich
► Diabetes
► Entzündungen der Atemwege
► Tuberkulose

WIRKUNGSWEISE

Therapeutische Eigenschaften: Experten sind der Meinung, dass Aloe Vera hauptsächlich durch die enthaltenen langkettigen Zucker – die Glykosaminoglykane (GAGs) – wirkt, die auch im Bindegewebe enthalten und unter anderem für die Schmierung der Gelenke und die Gewebestärke wichtig sind.

Die GAGs haben auch noch andere Aufgaben. Sie verhindern zum Beispiel, dass giftige Abfallstoffe aus dem Dünndarm zurück ins Blut gelangen. Eine Verbindung, das Acemannan, schützt die Zellen gegen das Eindringen von schädlichen Keimen, stimuliert das Immunsystem, indem es die Makrophagen (Fresszellen) zum Vernichten von Keimen anregt, und produziert Stoffe zur Krankheitsabwehr wie Interferon und Interleukin. Wegen dieser Eigenschaften könnte Aloe Vera sehr wohl bei der Behandlung von Krankheiten helfen, die ursprünglich durch ein schwaches Immunsystem entstanden sind. Auch könnte es bei Krankheiten eingesetzt werden, die gegen die westliche Schulmedizin resistent sind.

Aloe Vera enthält auch verschiedene essentielle Nährstoffe, z.B. die Vitamine B1, 2, 3 und 6, C und E, Kalzium, Eisen, Magnesium und Zink, sieben der acht essentiellen Aminosäuren und einige essentielle Fettsäuren, wertvolle Enzyme etc. Es soll auch Wehen anregen und schmerzlindernd, stark abführend, entgiftend, entzündungshemmend, antiviral und antibakteriell sowie reinigend wirken. Außerdem soll es eine ähnliche Wirkung wie Steroide haben, aber ohne deren Nebenwirkungen.

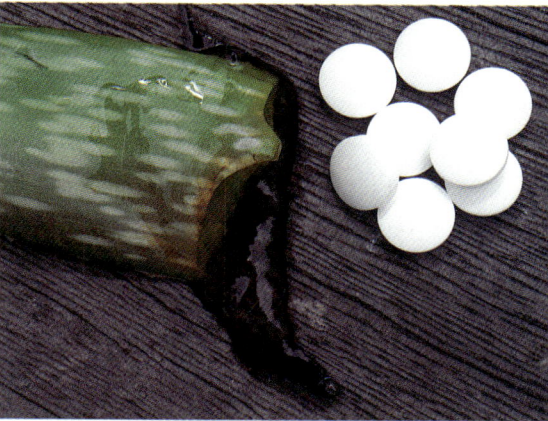

Aloe Vera Gel und Tabletten

SELBSTHILFE

Wo kann man Aloe-Vera-Produkte kaufen? Viele Produkte für Mensch und Tier sind im Einzelhandel erhältlich, zum Beispiel in Tierhandlungen, Drogerien und Reformhäusern.

Sehr spezielle – auf bestimmte Probleme zugeschnittene – Produkte sind bei ganzheitlich arbeitenden Tierärzten und Kräuterheilkundlern erhältlich.

Vorsicht bei Behandlung ohne Aufsicht: Obwohl regulär im Handel erhältliche Produkte selbstständig angewendet werden können, wenn man die Anweisungen auf den Packungen befolgt, sollte man sich bewusst sein, dass eine Anwendung ohne Aufsicht immer Risiken bergen kann. Es ist das Beste, immer erfahrene und qualifizierte Menschen wie z.B. Ärzte, Tierärzte, Ernährungsberater oder Kräuterheilkundler zu befragen.

ERNÄHRUNGSTHERAPIE

Das Thema Ernährungstherapie sorgt in der Pferdewelt bei Besitzern, Tierärzten, Ernährungsphysiologen, Wissenschaftlern und allen, die an Haltung, Pflege, Wohlbefinden und Gesundheit von Pferden im allgemeinen interessiert sind, für Diskussionsstoff.

Es ist klar, dass Pferde (und Menschen) (fr-)essen müssen, um leben zu können. Wenn wir nichts essen, nehmen wir ab, unser Körper wird nicht mit den Nährstoffen und der Energie versorgt, die er braucht, unsere Körpertemperatur sinkt, und wir sterben. Deshalb kann man sagen, dass auch gewöhnliche Nahrung eine physiologische Wirkung auf den Körper hat. In der Medizin wird aber alles, was bewiesenermaßen eine physiologische Wirkung hat, als Medikament definiert.

PHILOSOPHIE

„Der Mensch ist, was er isst" ist eine alte Weisheit, die in den 1960er Jahren wiederentdeckt wurde. Vernünftige Ernährung wird heute viel häufiger praktiziert als noch vor einigen Jahrzehnten, und man denkt mehr darüber nach, was man selbst isst und was man seinen Tieren füttert. Man weiß, dass manche Nahrungsmittelzusätze Allergien und Krankheiten auslösen können, und deshalb steigt die Nachfrage nach „sauberer" Nahrung, die frei ist von künstlichen Düngemitteln, Pestizid- und Herbizidrückständen, von Genmanipulation, synthetischen Vitaminen und Mineralien und Schadstoffen aus dem Boden.

GANZHEITLICHE FÜTTERUNG

Auch wenn wir unsere Pferden nicht immer rein organisch ernähren können, gibt es doch einiges, was man tun kann, um Probleme zu minimieren, die durch nicht vollkommen ideales Futter verursacht werden.

Weidebewirtschaftung

Auf dem eigenem Land sollte man darauf achten, dass darauf viele verschiedene, wenig eiweißreiche Grassorten wachsen, um dem Pferd so viele verschiedene Nährstoffe wie möglich anzubieten. Man sollte auf Kunstdünger, Pestizide und Unkrautvernichtungsmittel so weit wie möglich verzichten und stattdessen organische Mittel verwenden – aber auch nur falls notwendig. Pferde können z.B. auch zusammen oder abwechselnd mit Rindern oder Schafen weiden. Auch sollte man die Weiden durch Maßnahmen wie Drainage, Eggen oder Walzen etc. verbessern und wieder Hecken und Gräben anlegen.

Wenn unterschiedliche Tierarten auf einer Fläche weiden, fressen sie die Parasiten der jeweils anderen Tierart auf und töten sie so ab. Außerdem bevorzugen sie unterschiedliche Grassorten und tragen so zum Erhalt eines ausgeglichenen Pflanzenangebots bei.

Verzicht auf Düngemittel: Da bei uns auf vielen Weiden im Flachland Gras wächst, das für Pferde, vor allem für Ponys und Kaltblüter, zu saftig ist oder zu wenig Ballaststoffe enthält, sollten die Weiden auf natürlichere Weise bewirtschaftet werden, da der Einsatz von Düngemitteln diesen Zustand nur verschlimmert, auch wenn nur organischer Dünger verwendet wird. Das Gras wird dadurch nämlich reich an löslichen Stickstoffverbindungen (Nitrat und Nitrit), die Stoffwechsel- oder Verdauungskrankheiten beim Pferd hervorrufen können, und es enthält dann zu wenig Mineralien, aber zu viel Kalium. Dadurch entsteht eine Weide, die keinen ausgeglichenen Nährstoffgehalt aufweist und demzufolge auch ein unausgeglichenes Futterangebot darstellt. Dies kann natürlich Probleme aufwerfen. Lassen Sie sich immer von Experten beraten.

Vorteile der Beweidung mit unterschiedlichen Tierarten: Viele Flächen werden ausschließlich von Pferden beweidet, weil der Mensch fälschlicherweise annimmt, dass andere Tiere den Pferden das Gras wegnehmen würden. Aber Rinder, Schafe und Pferde bevorzugen unterschiedliche Gräser und Pflanzen. Sie ergänzen sich also als Weidepartner hervorragend. Wenn eine Weide nur von einer Tierart genutzt wird, werden deren bevorzugte Pflanzen immer weniger wachsen, weil sie nie die Möglichkeit bekommen, Samen auszustreuen. Weniger gut verdauliche, weniger nützliche Pflanzen breiten sich aus und verringern so den Wert der Weide. Dadurch gibt es weniger Gras- und Pflanzensorten, und weniger essentielle Nährstoffe.

Moderne Weidebewirtschaftung – ein Teufelskreis: Auf diesen Weiden wachsen häufig zu viele Pflanzensorten, die für Pferde nicht geeignet sind, z.B. zu viel Klee, Hahnenfuß und andere Giftpflanzen. Dies stellt eine der negativsten Veränderungen unserer Zeit bezüglich der Gesundheit des Pferdes dar, weil durch moderne Agrartechniken und schlechte oder nicht vorhandene Weidebewirtschaftung in Pferdebetrieben die geschätzte Anzahl an Pflanzen und Gräsern auf Weiden im Allgemeinen – im Vergleich zu vor dem zweiten Weltkrieg – auf weniger als ein Viertel geschrumpft ist. Da auch das Heu und die Silage für Pferde heute in der Regel von solchen Weiden stammt, sind die Qualität, die Vielseitigkeit und das Nährstoffgleichgewicht dieser Futtersorten auch eingeschränkt.

Heute wird beim Grasanbau mehr auf die Quantität und weniger

Weidebewirtschaftung ist nicht so anstrengend, wie viele denken. Sie stellt eine einfache Möglichkeit dar, Pferde mit ausgewogenem Futter zu versorgen.

auf die Qualität in punkto Nährstoffgehalt und Ausgewogenheit geachtet. Viele Weiden sind nur noch eine grüne Wüste, eine deformierte Monokultur, erzeugt durch den Einsatz künstlicher Düngemittel, die schnell wachsende Grassorten auf Kosten der vielen wertvollen langsam wachsenden Sorten und Kräuter hervorbringen. Das Ergebnis sind Grasflächen mit geringer Sorten- und Nährstoffvielfalt, auf denen die „guten" Sorten sich oft nicht gegen Unkraut durchsetzen können. Deswegen müssen dann chemische Unkrautvernichtungsmittel eingesetzt werden, und so wird man in einen Teufelskreis gezogen –

außer man ändert seine Vorgehensweise.

Vorteil von Wildblumen: Viele von uns denken wehmütig daran, wie Wiesen früher aussahen und wie sie wieder aussehen könnten, wenn der Mensch es nur wollte. Es geht nicht nur darum, dass es schön aussehen würde. Auf diesen Wiesen würden viele verschiedene Gras-, Kräuter- und Pflanzensorten mit vielen unterschiedlichen Nährstoffen wachsen, welche durch tief wurzelnde Pflanzen auch aus tiefen Bodenschichten stammen würden. Ursprüngliche, natürliche Weiden haben schon sehr häufig dazu beigetragen, Pferde und

andere Tiere zu heilen, nicht nur wegen der Auswirkungen des Weidens auf Körper und Geist, sondern auch wegen ihres hohen Gehalts an unterschiedlichen Nährstoffen: Kohlehydrate aus Zucker und Zellulose, Fette und Öle, Vitamine, Mineralien und Spurenelemente.

Bevor man Tiere auf eine solche Weide ließe, würde man Heu daraus machen, in dem sich dann all die verschiedenen wertvollen Nährstoffe aus dem Gras fänden.

Daraus ergibt sich der Wert eines solchen ersten Schnittes von einer natürlichen Weide. Das Heu in den Heuraufen der Pferde roch früher auch viel besser als heute ...

Zurück zur natürlichen Weidebewirtschaftung: Bestimmte landwirtschaftliche Methoden, die früher zur Anwendung kamen, z.B. das exakt geplante Mähen, das Düngen mit Dung, das Walzen, Eggen, Ackern, Ansäen, die wechselnde Fruchtfolge etc., waren eine Kunst und eine Wissenschaft, wie auch das Wissen darum, welche Pflanzensorten sich am besten für welche Tiere eigneten. Glücklicherweise ist dieses Wissen nicht verloren gegangen, weil einige Landwirte weiter auf diese Weise gearbeitet haben. Heute wird diese Art der Landwirtschaft allmählich wieder häufiger praktiziert. Einige Landwirtschaftsverbände geben gerne Auskunft über alte, natürlichere Methoden der Weidebewirtschaftung. Es muss aber auch erwähnt werden, dass so mancher heute sogar immer noch umweltfeindlichere Methoden zum Einsatz bringt, manchmal aus Gleichgültigkeit, manchmal aber auch wegen (finanzieller) Belastungen durch die Regierung.

Pferdebesitzer mit ihren kleineren Betrieben haben hingegen eine gute Ausgangssituation, um einen der vorteilhaftesten Aspekte der Vergangenheit, nämlich die natürliche Weidebewirtschaftung, wieder zum Leben zu erwecken.

Weiden sind wahrscheinlich die wertvollste Nahrungsquelle, die wir heute für unsere Pferde haben, und es wäre sehr dumm, diese zu verschwenden – und auch sehr teuer, weil gekauftes Futter viel mehr kostet als gut gepflegte Weiden.

Richtigstellung: Es ist nicht so schwierig, wie Sie denken, Ihre Weiden auf ganzheitliche Weise zu „überholen". Man muss die Weiden nicht umackern und neu ansäen und sie dadurch für mehr als ein Jahr unbenutzbar machen. Es gibt die Möglichkeit, gute Gras- und Kräutersorten überzusäen (oder einen Kräuterstreifen an der trockensten Stelle der Weide anzulegen) und mit eigenem, gut verrottetem Pferdemist (wobei man daran denken muss, dass er nicht organisch ist, wenn man herkömmliche Entwurmungsmittel einsetzt) oder mit Rinderdung von Biohöfen zu düngen. Geflügel- und Schweinedung eignen sich nicht, weil das Gras für Pferde dadurch zu nährstoffreich wird. Schafsdung von im Winter

Neutraceuticals

Dies sind Produkte, die nicht wirklich als Medikamente, sondern eher als Nahrungsmittel definiert werden. Es sind z.B. Futterzusätze, die genügend Nährstoffe und Nährstoffkombinationen enthalten, um eine physiologische Veränderung im Körper zu bewirken. Die bekanntesten Neutraceuticals sind diejenigen, die für die Gesundheit der Gelenke von Sportpferden hergestellt werden.

Umstrittene Wirkungen: Manche Neutraceuticals sind im internationalen Turniersport aufgrund ihrer starken Wirkung verboten, die so mancher als unfair erachtet, während andere die Meinung vertreten, dass sie nur einfache Nährstoffe enthalten. Andere Verantwortliche erklärten, dass Futterzusätze, durch die ein Pferd „mehr als das normale Maß" an Nährstoffen aufnimmt, als Doping oder Medikament eingestuft werden.
Es besteht kein Zweifel daran, dass manche Produkte eine vorteilhafte Wirkung haben. Diese Produkte sind heute Teil des Futters vieler Sportpferde. Häufig änderte sich am Leben oder am Futter von Pferden nichts außer dem Futterzusatz, und dennoch war die positive Wirkung deutlich zu erkennen. Wissenschaftliche Untersuchungen der einzelnen Produkte sind jedoch selten und lassen nicht immer eindeutige Schlüsse zu.

Up to date bleiben: Es lohnt sich, auf dem neuesten Stand bezüglich dieser Produkte zu sein. Wenn man an Turnieren teilnimmt, wird man von den Verbänden darüber informiert, welche Produkte als Doping gelten. Ob Turnierreiter oder nicht, die Erfahrung (die Art Erfahrung, die orthodoxe Wissenschaftler als unzuverlässig oder anekdotisch abtun!) zeigt die gute Wirkung dieser Futterzusätze als Heilmittel. Das Gleiche kann allerdings auch über andere Futterzusätze, z.B. über Kräuter, gesagt werden. Dies ist eine Grauzone, aber es lohnt sich, sich darüber zu informieren.

im Stall gehaltenen Schafen kann verwendet werden, je nachdem, was während dieser Zeit an sie verfüttert wurde.

Raufutter

Heu, Heulage, Silage und Stroh sind wertvolle Raufuttermittel für Pferde, aber wenn sie nicht von natürlich bewirtschafteten Wiesen stammen, kann der Nährstoffgehalt gemessen an den Standards ganzheitlicher Fütterung ungenügend und unausgeglichen sein. Es können sich auch chemische Rückstände von z.B. Pestiziden darin finden, außer das Futter stammt aus biologischem Anbau.

Heu und Heulage: Heute gibt es speziell angesätes Heu und Wiesenheu von biologischen Höfen, aber immer mehr Landwirte produzieren Heulage, weil das Ernten dadurch weniger risikoreich ist. Auch Pferdebesitzer füttern gerne

Heulage oder Silage, weil sie wenig Staub enthält, außer man lässt sie zu trocken werden oder verderben. Bei unsachgemäßer Lagerung, wenn Luft in die Ballen kommt oder tote Tiere mitverpackt wurden, können nämlich Botulismus-Bakterien entstehen, die eine tödliche Gefahr darstellen.

Zusatzfutter

Die Frage, ob Vitamin- und Mineralzusätze als Medikamente eingestuft werden sollten, ist noch nicht geklärt. Es ist nicht sicher, dass sie auch in Zukunft erhältlich sein werden. Dies gilt insbesondere auch für Zusatzfutter aus Kräutern, weil Kräuter seit tausenden von Jahren als Medizin bei Mensch und Tier eingesetzt werden. Sie haben mit größter Sicherheit die Fähigkeit, Veränderungen im Körper zu bewirken. Es ist jedoch auch ganz offensichtlich, dass sie Nahrungsmittel sind. Viele haben tiefe Wurzeln, die Mineralien und Nährstoffe in die Pflanze bringen, die Gräser nicht erreichen können. Unter natürlichen Bedingungen fressen Pferde Kräuter wann immer möglich, und Kräuter waren und sind ein Teil der natürlichen Nahrung von Wildpferden.

Was Sie auch kaufen, achten Sie darauf, eine Laboranalyse des Futters mitgeliefert zu bekommen. Falls das nicht möglich ist, lassen Sie selbst, z.B. über den Tierarzt, eine Analyse anfertigen, so dass Sie und Ihre Berater wissen, womit Sie es zu tun haben und den Rest des Pferdefutters darauf abstimmen können.

In manchen Ländern gibt es viele fertige Heumischungen, die Klee, Luzerne oder andere Grassorten mit hohem Nährstoffgehalt enthalten. Sie haben einen höheren Proteingehalt, weil die Pflanzen, aus denen sie gewonnen wurden, mehr Eiweiß enthalten. Sie werden häufig trocken und staubig und schmecken manchen Pferden nicht.

Anwelksilage: Dies ist Gras, das geschnitten und in Plastiksäcke verpackt wird, bevor es ganz getrocknet ist. Es eignet sich für Pferdebesitzer, die ein staubfreies Produkt mit immer gleichem Nährstoffgehalt wollen, das sie nicht wie Heu einweichen müssen. Die meisten Pferde mögen diese Produkte.

Hafer- und Gerstenstroh eignen sich für gute Futterverwerter, weil diese Sorten einen niedrigen Nährstoffgehalt haben. Wenn die anderen Raufutterarten relativ nährstoffreich sind, können sie zur Verringerung des Nährstoffgehalts mit diesen Stroharten vermischt werden. Die Wahrscheinlichkeit, dass Stroh mit chemischen Sprays behandelt wur-

de, ist allerdings sogar höher als bei Heu und Silage, weil bei der Produktion von Getreide als Nahrungsmittel alles getan wird, um Krankheiten und Schädlinge fernzuhalten.

Gehäckseltes Raufutter: Hiervon gibt es heute verschiedene Sorten für Pferde. Sie ähneln altmodischem Häcksel, sind allerdings in der Regel nährstoffreicher (natürlich gibt es Produkte mit unterschiedlichem Nährstoffgehalt). Produkte, die mit Melasse versetzt sind, sollte man meiden, weil diese beim Pferd sowohl Probleme mit der Verdauung als auch mit dem Stoffwechsel auslösen kann. Außerdem erzeugt Melasse beim Pferd zu viel Energie (Zucker = Energielieferant). Alfalfagras ist meist ein Bestandteil dieser Produkte, so wie auch Stroh und verschiedene Grassorten.

Pressfutter (Pellets etc.)

Zum Glück kommt man heute von Kraftfutter in großen Mengen ab, das nicht der natürlichen Nahrung des Pferdes entspricht. Gefragt ist Nährstoff- und Ballaststoffreiches. Zuckerrüben etwa liefern wertvolle Energie- und Ballaststoffe. Auch manche Bohnensorten sind u.a. in Fertigmischungen in Pelletform erhältlich.

Kräuterfutter

Eine im Handel erhältliche breit gefächerte Kräutermischung eines namhaften Herstellers mit ganzheitlichen Quellen und Herstellungsstandards ist vermutlich eine der effektivsten Arten, Nährstoffe, die dem Pferd ansonsten fehlen würden, zuzufüttern.

Angabe der Inhaltsstoffe

In manchen Ländern ist es Pflicht, die Inhaltsstoffe auf den Verpackungen auszuweisen, und in manchen Ländern muss sogar die genaue Formel angegeben werden – was die Hersteller natürlich nicht gerne sehen! Dies stellt jedoch für den Kunden (Sie) und den Verbraucher (Ihr Pferd) eine wichtige Information dar. Zumindest sollte eine Nährstoffanalyse vorliegen, damit man weiß, ob das Futter den richtigen Nährstoffgehalt hat.

Wenn Sie mit einem Hersteller Schwierigkeiten oder Fragen zu bestimmten Produkten haben, lassen Sie sich von einem unabhängigen Fachmann oder von Ihrem Tierarzt beraten.

Warnung

Futtermittel, die speziell für eine Tierart ausgewiesen sind, dürfen nicht ohne Beratung an andere Tiere verfüttert werden, weil manche Inhaltsstoffe, die für eine Tierart sehr gut sind, für eine andere sehr schädlich sein können.

Es ist immer ratsam, sich von Experten beraten zu lassen, bevor man das Futter seines Pferdes umstellt: Glauben Sie niemals, dass ein Produkt ungefährlich ist, weil „Bio" darauf steht. Einige der stärksten Gifte auf der Welt werden aus einfachen Pflanzen gewonnen.

Schießen Sie in Ihrem Wunsch, ganzheitlich und biologisch zu füttern, auch nicht über das Ziel hinaus. Geeignete Produkte sind in manchen Ländern dünn gesät, und Ihr Pferd muss trotzdem gefüttert werden.

PROPOLIS

Propolis ist ein Produkt der Bienen und wird seit tausenden von Jahren zur Gesunderhaltung und zur Behandlung von Krankheiten bei Mensch und Tier eingesetzt. Es besteht hauptsächlich aus einem Harz, das die Arbeiterbienen in den Blüten bestimmter Pflanzen und Bäume sammeln, zum großen Teil von Pappeln, und das mit Bienenwachs, essentiellen Ölen und Pollen versetzt ist. Die Bienen vermischen diese Stoffe mit ihrem Speichel, um die Wabenteile zusammenzukleben, Risse zu kitten und ihre Stöcke und Bienenkörbe auszukleiden und gegen äußere Einflusse abzudichten. Auch die Innenseite des Stockes wird mit Propolis ausgekleidet und so die sterilste Umgebung geschaffen, die wir Menschen aus der Natur kennen.

DIE GESCHICHTE DER PROPOLIS

Das Wort Propolis stammt aus dem Griechischen und bedeutet „vor" (zeitlich oder örtlich, pro) und „Stadt" (polis): frei übersetzt als „Verteidiger der Stadt" (des Bienenstocks). Die Griechen verwendeten Propolis zur Behandlung von Wunden und bei vermeintlich unheilbaren Krankheiten. Hippokrates, der als Begründer der modernen Medizin gilt, verschrieb sie bei inneren und äußeren Geschwüren und Wunden, und die alten Ägypter verwendeten sie als wirksames Heilmittel bei vielen Krankheiten und Verletzungen. Auch die Römer setzten propolis ein, weil sie „Stiche und alles, was sich ins Fleisch gebohrt hat, herauszieht, Schwellungen lindert, Verhärtungen aufweicht, Schmerzen an Sehnen lindert und Wunden heilt, die schon aufgegeben wur-

den". Im Mittelalter und danach wurde Propolis häufig als bewährtes Heilmittel, als Entzündungshemmer, sowohl innerlich als auch äußerlich, und als frühe Form der Schluckimpfung eingesetzt, weil es

der Krankheitsprävention dient. Sie wurde bis Ende des neunzehnten Jahrhunderts in Europa als wertvolles Heilmittel anerkannt, verlor dann aber an Bedeutung. Erst in den letzten Jahrzehnten wird daran geforscht, und sie wird wieder als Heilmittel für therapeutische Zwecke verwendet. Heute gibt es hinreichend wissenschaftliche Beweise für ihre Wirksamkeit.

Ein bewährtes Heilmittel: Propolis wirkt als kombiniertes Antibiotikum, gegen Pilze und Viren und weist Eigenschaften eines Anästhetikums auf. Heutzutage, da Bakterien gegen viele synthetische Antibiotika resistent sind und wir noch kein synthetisches Mittel gegen Viren besitzen, das nicht auch gesundes Gewebe zerstört, sind diese Eigenschaften besonders wertvoll für uns und unsere Tiere.

Es hat sich herausgestellt, dass

Einsatzgebiete von Propolis

Zusätzlich zu ihren mechanischen Qualitäten enthält Propolis viele andere Stoffe wie z.B. organische Säuren und Aminosäuren, Vitamine und Mineralien sowie natürliche Bioflavonoide, von denen man annimmt, dass sie als Antioxidationsmittel:

▶ das Altern verzögern,

▶ das Gewebe stärken,

▶ das Immunsystem stärken, indem sie die weißen Blutkörperchen zu höchster Produktivität anregen,

▶ verschiedene Giftstoffe aus dem Körper abtransportieren, die beim Stoffwechsel entstehen.

Propolis scheint auch als kombiniertes Antibiotikum, gegen Pilze und Viren zu wirken und betäubende Eigenschaften aufzuweisen.

nicht ein einzelner Inhaltsstoff von Propolis stärker wirkt als die anderen; sie wirken alle harmonisch als starkes Naturprodukt zusammen. Als solches ist Propolis sehr wertvoll für die Prävention und als Medikament, das manche Ärzte für wirksamer halten als viele synthetisch Hergestellte.

Propolis für Tiere: Ältere und neuere Aufzeichnungen haben gezeigt, dass Propolis, aber auch andere Bienenprodukte wie z.B. Honig, bei der Behandlung von Tieren seit tausenden von Jahren traditionell und sehr erfolgreich eingesetzt wurden. In der Tiermedizin scheint Propolis im All-

gemeinen nicht so viel beachtet zu werden wie in der Humanmedizin, aber einer der ganzheitlich arbeitenden Tierärzte, deren Zahl immer größer wird, sollte bereit sein, Pferdebesitzer aufzuklären und Propolis zu verordnen.

PROPOLIS FÜR DEN MENSCHEN

Viele fortschrittlich denkende Ärzte in Praxen und Krankenhäusern (wo antibiotikaresistente Pathogene grassieren und möglicherweise für viele Todesfälle verantwortlich zeichnen) verwenden Propolis bei Verletzungen und potentiell tödlichen Krankheiten. Wir haben gehört, dass

vor kurzem durchgeführte Tests und Studien mit Propolis am National Heart and Lung Institute (Nationales Herz- und Lungenzentrum) in Großbritannien gezeigt haben, dass es gegen eine große Anzahl krankheitserregender Mikroben wirkt, die gegen die meisten konventionellen Antibiotika resistent sind und nun in Krankenhäusern auf der ganzen Welt eine Gefahr darstellen.

SELBSTHILFE

Viele Firmen vertreiben Propolis in Form von Kapseln, Tinkturen, Cremes etc. Sie erhalten sie in Apotheken und Drogerien oder über den Versandhandel.

Propolis, auch erhältlich als Kapseln oder Tabletten

HOMÖOPATHIE

Die Homöopathie verschreibt, anders als die Schulmedizin, nicht einfach ein Medikament für eine Krankheit, sondern es werden dabei auch die Persönlichkeit, die Lebensweise und die Umwelt des Patienten bedacht. Wenn man herausfinden will, welches Heilmittel sich für ein bestimmtes Pferd am besten eignet, ist es wichtig, die Persönlichkeit des Pferdes zu studieren, indem man sein Verhalten, seine Beziehung zu anderen Pferden, seine Reaktion auf bestimmte Situationen, seine Umwelt und seine Lebensumstände beobachtet. Deshalb kann es sein, dass zwei Pferde, die an der gleichen Krankheit leiden, nicht das gleiche Medikament bzw. die gleichen Medikamente erhalten. Aus diesem Grund ist die Homöopathie für Pferdebesitzer sehr schwer zu verstehen.

Homöopathische Heilmittel werden aus tierischen, pflanzlichen oder mineralischen Quellen hergestellt und auf unterschiedliche Weise zubereitet.

PHILOSOPHIE

Die moderne Homöopathie wurde von dem deutschen Arzt Samuel Hahnemann im 18. Jahrhundert formuliert („Ähnliches mit Ähnlichem heilen„). Auch die alten Griechen (Hippokrates) und die Alchemisten des Mittelalters waren mit den Prinzipien der Homöopathie vertraut, die lauten, dass diejenigen Symptome, die durch eine Überdosierung einer Substanz bei einem Gesunden verursacht wurden, die gleichen sind, wie die, die durch eine kleine Dosis derselben Substanz bei einem Kranken geheilt werden können. Homöopathen sehen Symptome als Ausdruck von Disharmonie im Patienten und behandeln den ganzen Patienten. Harmonie, Gleichgewicht und Energiefluss sollen wiederhergestellt werden, um die Selbstheilungskräfte anzuregen.

WIRKUNGSWEISE DER HOMÖOPATHIE
Zubereitung

Homöopathische Heilmittel werden aus tierischen, pflanzlichen und mineralischen Substanzen hergestellt. Dies geschieht durch einen anerkannten pharmazeutischen Prozess, die Potenzierung, welche die therapeutischen Eigenschaften der verwendeten Stoffe freisetzt. Die Stoffe werden immer wieder verdünnt und in einer Lösung aus Wasser und Alkohol kräftig geschüttelt, und je nachdem wie oft dies geschieht (von drei oder vier bis viele tausend Mal), entstehen Heilmittel unterschiedlicher Wirkungskraft.

Arnika wird in Turnierställen häufig bei Blutergüssen und wunden Stellen verwendet.

Diejenigen, die nicht an die Wirkung der Homöopathie glauben, stützen ihre Ansicht auf die Tatsache, dass in fertigen Heilmitteln häufig nicht ein einziges Molekül des eigentlichen Wirkstoffs zu finden ist. Als dieses Buch geschrieben wurde, verlautete jedoch aus den USA, dass Spuren von heilenden Wirkstoffen in homöopathischen Mitteln nachgewiesen wurden.

Heilungsintuition spielt eine große Rolle in vielen Therapien und es gibt viele Therapien, die sowohl für die klassische Human- als auch für die Tiermedizin vollkommen unerklärlich sind. Homöopathische Heilmittel enthalten vielleicht nicht mehr als das, was der amerikanische Arzt Deepak Chopra als „eine Erinnerung des Heilens" beschrieb, aber die Erfolge dieser Mittel beweisen ihre Wirkung.

Verabreichung

Homöopathische Heilmittel müssen sorgsam behandelt und gewissenhaft und genau nach Verschreibung des Therapeuten eingenommen werden. Es gibt Pulver, Tabletten, Globuli (Kügelchen), flüssige Tinkturen und mit Wasser verdünnte Mittel. Pferde fressen in der Regel Pulver am besten, das man ihnen auf einem Stück Apfel oder Karotte verabreicht. Die Mittel einfach auf das Futter zu streuen ist keine gute Lösung, weil die Gefahr besteht, dass sie weggeblasen oder nicht geschluckt werden oder inmitten vieler anderer Dinge einfach verloren gehen. Sie können auch in

Calendula (Ringelblume) wird zur Behandlung offener Wunden und schlecht heilender Geschwüre eingesetzt. Ihre Heilkräfte wirken sehr zuverlässig, auch bei Verletzungen am Auge. In Verbindung mit Johanniskraut kann sie eingesetzt werden zur Behandlung offener Wunden mit Nervenverletzungen.

Biochemische Gewebssalze

Bei dieser Form der Homöopathie verabreicht man Pferden, von denen man glaubt, dass sie unter einem Mineralmangel leiden, Mineralsalze. Dabei werden hauptsächlich zwölf Mineralien oder Gewebssalze eingesetzt. Man glaubt, dass diese besser absorbiert werden können, wenn sie über das Gewebe im Mund aufgenommen werden, als wenn sie als Zusatzfuttermittel durch die sehr säurehaltige Umgebung des Darms transportiert werden müssten, die ihre Wirkung beeinträchtigen könnte.

Homöopathische Globuli schüttelt man am besten in den Flaschenverschluss und dann auf ein Stück Apfel oder Karotte und drückt sie mit dem Flaschenboden leicht an, bevor man sie dem Pferd gibt. Berühren sie die Globuli nicht mit den Fingern, da dies die Wirkung beeinträchtigt.

Mehr kann weniger bedeuten

Es ist wichtig, bei einem Heilmittel die richtige Potenz zu wählen. Manche Therapeuten sind der Meinung, dass höhere Potenzen bei der Behandlung akuter Beschwerden wirkungsvoller sind, wohingegen niedrigere sich für chronische Beschwerden besser eignen. Viele sind der festen Meinung, je niedriger die Potenz bzw. je „schwächer" das Heilmittel sei, desto größer seine Wirkung. Ein weiteres für Pferdebesitzer verwirrendes Prinzip, mit dem man sich erst anfreunden muss.

destilliertem Wasser aufgelöst und mit Hilfe einer kleinen Spritze unter die Zunge des Pferdes gespritzt werden.

Wegen des Risikos einer Depontenzierung dürfen sie von keinem außer dem Patienten berührt und müssen vor stark riechenden Substanzen und hellem Licht geschützt werden.

SELBSTHILFE

Homöopathische Heilmittel kann man in Apotheken kaufen und über Kataloge bestellen, aber es ist immer besser, sich von einem geschulten Therapeuten beraten zu lassen, welche Heilmittel sich für die vorliegenden Beschwerden eignen, und wie und wann man sie einsetzt. In der Praxis kann ein Besuch des Homöopathen (ein Tierarzt oder ein Therapeut, der aufgrund einer Überweisung kommt) bis zu zwei Stunden dauern, da er den Pferdebesitzer eingehend befragt und das Pferd beobachtet, um ein genaues Symptombild zu gewinnen. Dann wird ein Heilmittel ausgewählt, das sich für die Symptome des Patienten eignet. Nur das „ähnlichste" Heilmittel wird anschlagen.

Rhus toxicodendron wird bei Haut-, Muskel-, und Schleimhautverletzungen mit Blasenbildung und Schmerzen eingesetzt. Häufig wird es zur Linderung von Steife nach Überarbeitung verwendet. Es hilft auch bei Muskel- und Gelenkbeschwerden, die im Lauf der Arbeit besser werden.

FALLSTUDIE

Pony: *Sechs Jahre alte Stute namens Minnie, Familienpferd, geritten und gefahren.*

Problem: Minnie war im Offenstall untergebracht, litt aber als einzige unter Krampfkoliken. Bei diesen Koliken krampfen sich die Muskeln der Dickdarmwand zusammen. Die Krämpfe dauerten einige Minuten und kamen nach ca. einer halben Stunde wieder.
Das Futter wurde verändert und das Pony im Winter nachts aufgestallt. Die Koliken traten zwar weniger häufig auf, kamen aber immer wieder. Man nahm an, dass große Mengen Gras die Koliken auslösten. Keines der Ponys hatte jemals Rehe gehabt.

Erste Untersuchung: Der Tierarzt hielt trotz regelmäßigen Entwurmens Aneurysmen (Erweiterungen der Arterien) für möglich oder dass früher entstandene Schäden die Blutzufuhr zum Darm eingeschränkt haben könnten, wodurch Futter sich jetzt nur langsam durch den Darm bewegen und so Koliken verursachen würde. Er schlug spezielle Tests vor, aber der Besitzer wollte es erst mit Homöopathie versuchen.

Homöopathische Untersuchung: Minnie wurde an einen Tierarzt überwiesen, der betonte, dass homöopathische Heilmittel bei Koliken hauptsächlich in Notfällen als erste Hilfe eingesetzt werden. Weil Minnie zu Hause gehalten wurde und dadurch immer jemand da war, wurde vereinbart, im Fall einer Kolik bestimmte Mittel vor und nach dem Tierarztbesuch zu verabreichen.

Behandlung: Zu Beginn einer Kolik sollte Aconitum napellus C6 verabreicht werden, das gegen Panik, Schock und Angst wirkt.
▸ In zehnminütigen Abständen sollte Colocynthis C30 dazu kommen, bis eine Linderung eintrat. Dies sollte die Krämpfe in der glatten Muskulatur der Darmwand lösen.

▸ Außerdem sollte in zweistündigen Abständen viermal hintereinander Nux vomica C6 verabreicht werden, ein Mittel gegen Kolik durch Überfressen. Es wurden auch andere Mittel bereitgehalten, die aber nicht benötigt wurden. Mit den oben genannten Mitteln konnten zwei Kolikschübe innerhalb von sechs Wochen kontrolliert und gelindert werden. Zur Linderung der Panik verabreichte man auch Medikamente aus der Bach-Blütentherapie (Notfalltropfen und Steinrose).

Mit diesen Mitteln konnten die Koliken gut kontrolliert werden, und der Homöopath und der Tierarzt stellten für Minnies Besitzer gemeinsam einen Plan zusammen, der unter anderem probiotisches Futter, nicht mehr als 12 Stunden Weide pro Tag (und dies möglichst nicht an einem Stück), energiearmes Qualitätsfutter, regelmäßiges Zähneraspeln und Entwurmen beinhaltete. Teuricum marum C6 wurde zur permanenten Prävention verschrieben und sollte prophylaktisch alle zwei Wochen verabreicht werden.

Ergebnis: In den nächsten zwölf Monaten traten bei Minnie keine weiteren Koliken auf.

HEILBLÜTEN

Weltweit am bekanntesten ist hier wohl die Bach-Blütentherapie. Es gibt jedoch auch Therapien, die auf anderen Heilblüten basieren, aber nach ähnlichen Prinzipien wirken sollen. Während die Bach-Blütentherapie sich darauf konzentriert, den Gemütszustand des Patienten zu verbessern, und so zur Heilung körperlicher Beschwerden beiträgt, zielen andere Therapien darauf ab, körperliche Beschwerden direkt zu behandeln.

Die Clematis hilft bei Pferd und Reiter gegen Unaufmerksamkeit während der Arbeit.

PHILOSOPHIE

Blütentherapien sind sehr eng mit der Homöopathie verwandt. Dr. Edward Bach, ein englischer Schulmediziner, entwickelte die gleichnamige Therapie. Er hielt es für sehr wichtig, den ganzen Patienten zu behandeln – Körper, Geist und Seele –, wenn die Behandlung Erfolg haben sollte. Man müsse auch die Entwicklung einer Krankheit bis zu ihrem Ausgangspunkt zurückverfolgen und herausfinden, wie und warum sie aufgetreten sei, um zu verhindern, dass die Krankheit ihr endgültiges, sichtbares Stadium erreicht. Wie die Homöopathen, mit denen er zusammengearbeitet hatte, wollte er den ganzen Menschen, nicht Krankheiten oder Symptome behandeln, weil er der Meinung war, dass Krankheiten „die Manifestierung einer geistigen Haltung" seien. Er glaubte, dass man durch die Behandlung dieser Wesenszüge und geistigen Haltungen Krankheiten verhindern oder im frühen Stadium stoppen könne.

WIRKUNGSWEISE

Als Dr. Bach erkannte, dass es nicht ausreichte, einen erkrankten Körper zu behandeln, entwickelte er ein System, bei dem er die Heilkraft von Blüten einsetzte. Seiner Meinung nach enthielten Blüten den Schlüssel zur Behandlung von extremen Charakterzügen und geistigen Haltungen. Zu einer Zeit, als die Kräuterheilkunde zugunsten von synthetischen Medikamenten an Bedeutung verlor und die Homöopathie belächelt wurde, nahm er in Kauf, sich lächerlich zu machen oder sogar zu ruinieren, wenn er seiner Intuition folgte.

Kirschblüten können zur Behandlung von aggressiven Pferden verwendet werden.

Zubereitung: Dr. Bach fand heraus, dass die heilkräftige „Signatur" der Blüten vom Wasser aufgenommen wurde, wenn man sie in eine durchsichtige Schüssel mit Wasser legte und diese starkem Sonnenlicht aussetzte. Die so entstandene „potenzierte" Flüssigkeit wurde dann gefiltert und mit einer geeigneten Menge Alkohol zur Konservierung versetzt.

für die Behandlung von Tieren, die so groß sind wie Pferde, sehr unpraktisch. Einfacher ist es, eine Flasche des ursprünglichen Konzentrats (z.B. bei Notfalltropfen) zu kaufen und zwei- bis dreimal pro Tag für je 5 Liter Wasser ca. 10 Tropfen in den Eimer mit frischem Wasser zu geben.

Man kann auch fünf Tropfen eines einzelnen anderen Mittels zuge-

ben. Pferden kann man die Tropfen auch auf ein Zuckerstück geben, wobei man mindestens viermal täglich vier Notfalltropfen oder zwei jedes anderen Heilmittels verabreicht.

Wie die meisten anderen Therapien ist auch die Blütentherapie nicht dazu gedacht, den Rat eines Tierarztes zu ersetzen, sondern sie soll als zusätzliche Therapie verstanden werden. Ihr Erfolg hat ihr, so

Blütenköpfe werden in eine durchsichtige Schüssel mit Wasser gelegt und starkem Sonnenlicht ausgesetzt. Dabei geht die heilkräftige Signatur der Blüten in das Wasser über, das dann zu gleichen Teilen mit Alkohol gemischt wird.

Auswahl

Heilblüten behandeln immer die sichtbaren Gefühle. Entsprechend den Gefühlschichten, die abgetragen werden, wird die Mischung jeweils so verändert, wie es den neu auftauchenden Emotionen entspricht. Es können also allmählich sogar tiefer liegende Probleme behandelt werden.

HEILBLÜTEN FÜR PFERDE

In der Regel werden die Heilmittel in verdünnter Form in kleinen Fläschchen mit einer Pipette im Deckel vertrieben. Dies ist jedoch

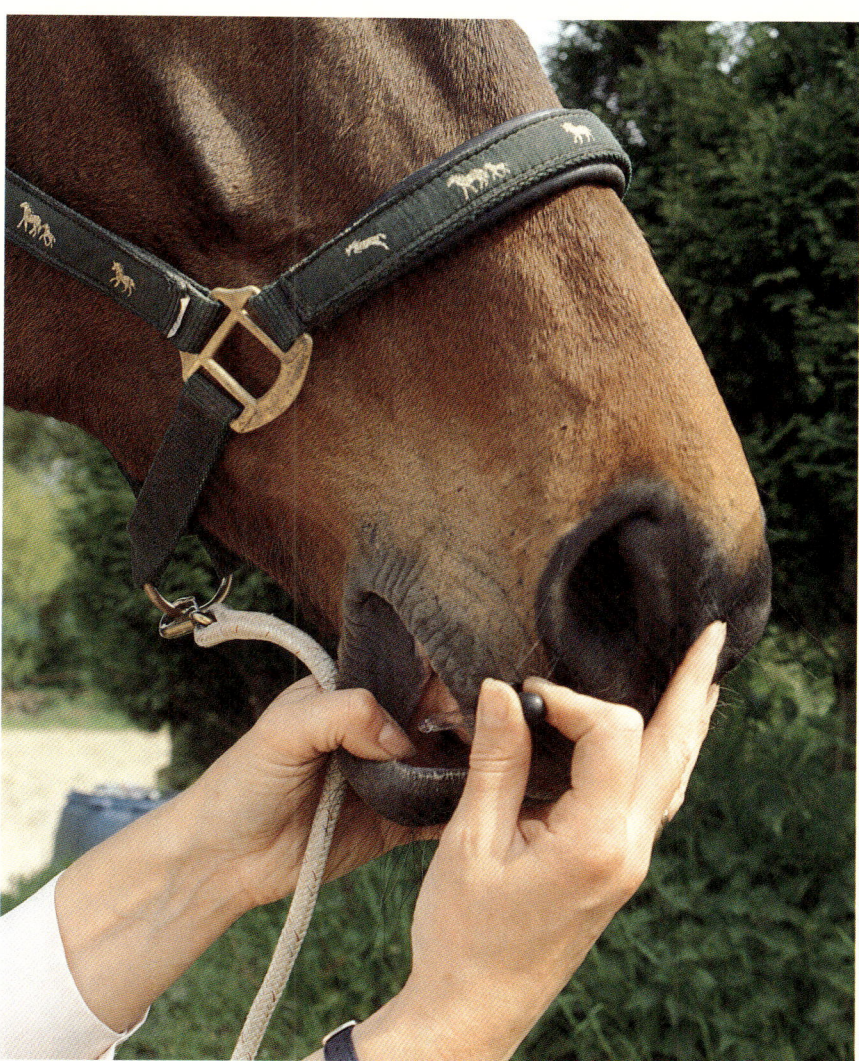

Spritzen Sie die Tropfen vorsichtig aus der Pipette auf die Innenseiten der Pferdelippen. Stattdessen kann man aber auch 10 Tropfen in 5 Liter Trinkwasser geben. Die Stärke des Heilmittels ist weniger wichtig als die Abstände, in denen es eingenommen wird: Auf diese Weise nimmt das Pferd bei jedem Trinken etwas von dem Wirkstoff auf.

scheint es, einen Platz in jeder Stallapotheke gesichert.

Bach-Notfalltropfen: Durch seine
große Bandbreite eignet sich dieses
Mittel besonders für die Behandlung
von Tieren, die bei den verschieden-
sten Problemen sehr gut darauf zu
reagieren scheinen.

SELBSTHILFE

Es ist unmöglich, hier alle Mittel
aufzulisten, aber über die
meisten Blütentherapien,
und auf jeden Fall über die
Bach-Blütentherapie, gibt
es detaillierte Bücher, Broschüren und Tabellen.

Es sollte auch nicht allzu
schwer sein, einen qualifizierten Therapeuten in Ihrer
Nähe zu finden, weil die Firmen, die die Heilmittel in
der Apotheke oder per Ver-
sand verkaufen, in der Regel
Auskunft geben können. So
wie auch bei anderen Therapien finden sich qualifizierte Therapeuten
auch in örtlichen Telefon- oder Branchenbüchern (siehe auch S.186).

Für den Reiter

Edward Bach testete seine Mittel ausgiebig an sich
selbst. Er fühlte sich depressiv und achtete auf die
körperlichen Beschwerden, die darauf folgten. Dann
begab er sich in die Natur auf der Suche nach der
Pflanze, von der er glaubte, dass sie die seelischen
Beschwerden heilen könnte, die die körperlichen
ausgelöst hatten. Er fand schließlich 38 Blüten, die
die 38 negativen Seelenzustände heilen können, die
bei Menschen auftreten. Diese teilte er in sieben
Kategorien ein:

► Angst
► Unsicherheit und Unentschlossenheit
► Einsamkeit
► Ungenügendes Interesse an der Gegenwart
► Zu große Sensibilität gegenüber Ideen und Einflüssen
► Niedergeschlagenheit und Verzweiflung
► Zu große Selbstlosigkeit

Menschen, die sich selbst behandeln möchten, finden es schwierig zuzuge-
ben, wie sie wirklich sind. Deshalb ist es oft besser, einen qualifizierten
Therapeuten zu konsultieren, der die verschiedenen psychologischen
Schichten abschälen und zur Wurzel des Problems vordringen kann. Außerdem ist es für den Patienten häufig einfacher, sich einem völlig Fremden
gegenüber zu öffnen, der dann allmählich zu einem regelmäßigen oder
gelegentlichen Berater werden kann.

Oben links: Notfalltropfen sind gut nach Unfällen,
bei Schock- und Angstzuständen, Nervosität oder
Trauer.

Links: Impatiens wird bei Reizbarkeit und Ungeduld
eingesetzt.

NATURHEILVERFAHREN

Das komplexe Gebiet der Naturheilverfahren umfasst eine Vielzahl natürlicher, ganzheitlicher Methoden zur Behandlung von Menschen und, weniger häufig, von Tieren.

Heilkräftige Kräuter: Werkzeug der Naturheilkunde

PHILOSOPHIE

Hauptziel der Naturheilverfahren ist nicht die Heilung, sondern die Prävention. Entwickelt wurden sie ursprünglich von Hippokrates und anderen griechischen Ärzten und Philosophen.

WIRKUNGSWEISE

Naturheilkundler beschäftigen sich mit der Krankheitsprävention, z.B. mit Ernährung, Psychologie, Training, Lebensweise und Stellung des Menschen in seiner Umwelt.

BEHANDLUNG VON TIEREN

Obwohl es für die Behandlung bei Menschen anerkannte Qualifikationen gibt, wissen wir von keinen bei der Behandlung von Tieren. In manchen Ländern kann der Naturheilkundler Tiere direkt behandeln, in anderen nur nach Überweisung durch einen Tierarzt.

FRISCHZELLENTHERAPIE

Diese Therapie wird in der Regel von Tierärzten durchgeführt, oder, aber das ist eher ungewöhnlich, von einem qualifizierten Naturheilkundler, der nach Überweisung oder unter Aufsicht eines Tierarztes tätig wird (je nach Gesetzeslage).

WIRKUNGSWEISE

Intramuskuläre oder subkutane Injektionen von Zellen von Föten oder jungen Tieren sollen dem Körper helfen, Schäden im Gewebe auf natürlichere und, so wird behauptet, wirkungsvollere Weise zu reparieren, als dies durch synthetisch hergestellte Medikamente möglich wäre. Diese Therapie ist nicht sehr verbreitet, aber die Therapeuten schreiben ihr große Erfolge zu.

EINSATZGEBIETE

Diese Therapie kann zur Stärkung des Immunsystems, zur Verbesserung der Blutzirkulation und zur Verbesserung der Hormonfunktionen eingesetzt werden. Sie kann auch bei Verletzungen helfen, speziell bei solchen, die durch arbeitsbedingte Belastungen entstanden sind, sowie bei der Behandlung von ausgelaugten, geschwächten oder altersschwachen Tieren.

Warnung

Wie bei vielen Medikamenten und Therapien, so gibt es auch hier einige Kontraindikationen (Zustände, die mit dieser Therapie nicht behandelt werden sollten). Dies sind z.B. Allergien der Atemwege, schwere Herzprobleme, einige angeborene Krankheiten, Krebs im fortgeschrittenen Stadium und andere entzündliche oder lebensbedrohliche Beschwerden. Wenn die Frischzellentherapie unkorrekt verabreicht wird, kann sie bei Pferden starke Nebenwirkungen, zum Beispiel Schockzustände, hervorrufen. Man sollte Vor- und Nachteile dieser Therapie mit dem Tierarzt besprechen.

RADIONIK

Bei dieser Form des Heilens werden sowohl die Untersuchung als auch die Behandlung des Patienten aus der Ferne durchgeführt, wobei ein spezielles Gerät (der „schwarze Kasten") eingesetzt wird. Die Therapeuten benötigen ein kleines Stück Haar, Nagel oder Haut oder einen Blutstropfen, der das Energiemuster des Patienten enthält, um den Vorgang zu ermöglichen. Dann pendeln sie zur Untersuchung des Patienten den Gegenstand aus. Danach entscheiden sie darüber, welche radionischen Heilungsenergien für eine erfolgreiche Behandlung benötigt werden.

PHILOSOPHIE

Obwohl diese Therapie noch sehr umstritten ist, scheint sie dennoch sehr wirkungsvoll zu sein. Man nimmt an, dass jedes Organ, jede Krankheit und jedes Körpersystem eine eigene Schwingungsfrequenz hat, durch die es identifiziert werden und die zur Heilung mit Hilfe geeigneter Instrumente auch zum Körper geschickt werden kann. Man glaubt, dass die natürlichen Schwingungen im Körper durch allerlei schädliche Einflüsse, z.B. emotionalen Stress, gestört werden und dass so Krankheiten entstehen können. Die Wahl des richtigen Heilmittels liegt im Ermessen des Therapeuten. Angenommen wird, dass alles durch Felder verschiedener Dichte verbunden ist – keine neue Theorie, aber erst moderne Geräte haben die Messung elektromagnetischer Felder möglich gemacht. Man geht davon aus, dass Disharmonie im Körper oder der Seele des Patienten entsteht, wenn die Energiefelder gestört werden.

Fernheilung

Die Intuition und Sensibilität, die ein Therapeut benötigt, um zu einer Diagnose zu kommen, bezeichnet man als die „radiesthetischen Fähigkeiten", wobei Radiesthesie die Entdeckung aus der Ferne bedeutet. Handeln (hier Heilen) aus der Ferne nennt man Radionik.

WIRKUNGSWEISE

Radioniktherapeuten müssen ihre Patienten nicht sehen, und tun dies in der Regel auch nicht, obwohl manche gerne ein Foto haben. Der Patient oder der Besitzer des Tieres schickt z.B. eine Haarlocke zusammen mit einer Anamnese an den Therapeuten, der dann eine detaillierte radionische Analyse durchführt, um Disharmonien und Störungen der Energiefelder zu finden. Der Therapeut stellt dem Pendel im Geist Fragen, die über die Pendelbewegungen – ausgelöst vom Unterbewusstsein des Therapeuten – beantwortet werden. Der Therapeut kümmert sich mehr um die der Disharmonie zugrunde liegenden Ursachen als um die sichtbaren körperlichen oder geistigen Symptome und behandelt Körper, Geist und Seele ganzheitlich.

Wenn die verschiedenen Energiefrequenzen festgelegt wurden, wählt der Therapeut die geeigneten Schwingungen aus, die über die radionischen Instrumente zum Patienten übertragen werden können. Diese Energiewellen haben alle individuelle Frequenzen oder Schwingungen, die in numerischen Werten, den so genannten „Raten" (auch: Zahlen) ausgedrückt werden. Die geeichten Einstellskalen auf den Geräten werden auf die geeignete Rate eingestellt, die vom Therapeuten festgelegt wird. Der bekannte Therapeut Lavender Dower beschreibt die Wirkungsweise:

„Ich glaube, dass es alles eine Frage der Kommunikation ist. Geistige Energiemuster werden in Zahlen übertragen, die dann mit Hilfe des Geräts auf verschiedene Körperteile des Patienten übertragen werden. Diese Energie gibt dem Gewebe des Patienten den besten Weg zur Heilung von Schäden vor. Wie diese Energie genau auf den Patienten übertragen wird, ist immer noch ein Rätsel. Aber viele bestätigen die Wirksamkeit, und das ist die Hauptsache."

Einsatzgebiete der Radionik

Mit Radionik sollen fast alle körperlichen, geistigen und seelischen Probleme gelöst werden können, weil sie alle durch Disharmonie in den Energiefeldern der Patienten entstehen. Deshalb sind die Radiesthesie und die Radionik eine ideale Ergänzung zur Schulmedizin oder anderen alternativen Therapien, und sie haben keinerlei Nebenwirkungen. Wie bei jeder anderen Therapie gibt es auch hier keine Erfolgsgarantie. Pferde scheinen auf Radiesthesie und Radionik besonders gut zu reagieren. In manchen Fällen findet der Therapeut aber auch heraus, dass eine andere Therapie oder eine Veränderung der Lebensweise vonnöten ist.

Weitere Behandlung: Der Therapeut benötigt regelmäßige Berichte über die Reaktion auf die Behandlung, so dass diese, falls nötig, angepasst werden kann. Manchmal zeigen sich schon nach einer Behandlung dramatische Erfolge, manchmal dauert es länger – aber die Behandlung ist nicht teuer. Oft ist es so, dass der Erfolg umso länger auf sich warten lässt, je länger Beschwerden schon vorhanden waren.

SELBSTHILFE

Do-it-yourself-Radionik gibt es nicht, weil man dazu eine gute Ausbildung benötigt, aber Radiesthesie (Entdeckung von Disharmonie) kann man durchaus selbst anwenden. Wenn Sie das Kapitel über Rutengehen in diesem Buch lesen und sich auch anderweitig informieren, z.B. bei einem Freund, der Bescheid weiß, können Sie diese intuitive Fähigkeit erlernen, und werden in der Lage sein festzustellen, was Ihnen, Ihren Freunden, Verwandten oder Tieren fehlt (dennoch sollte dies nie ein Ersatz für die Schulmedizin sein). Um mit Hilfe der Radionik heilen zu können, benötigt man eine spezielle Ausbildung.

Ein Therapeut, der vermittels der Pendelbewegungen Fragen stellt.

RADIONIK IN DER PRAXIS

Lavender Dower FKCollR, MRR

Obwohl Lavender Dower zu der Zeit, als dieses Buch geschrieben wurde, schon weit über neunzig war, arbeitete sie noch bis zum Jahr 2000, bevor sie ihre 50-jährige Laufbahn als Therapeutin für Radionik beendete. Lavender ist die Tochter von Sir George und Lady Honor Clerk of Penicuik aus Schottland und führte für viele Betrachter ein außergewöhnliches Leben. Nach Beendigung der Schulzeit studierte sie unter Gilbert Ledward und Henry Moore am Royal College of Art Bildhauerei, heiratete dann ein Mitglied des Parlaments, bekam ein Kind, was ihrer bildhauerischen Karriere ein Ende setzte. Während des zweiten Weltkriegs diente sie als Offizier ihrem Lande beim Auxiliary Territorial Service. Nach dem Krieg trennte sie sich von ihrem Mann und verdiente den Lebensunterhalt für sich und ihre Tochter Tilly selbst. Sie gründete mit Hilfe einiger Offiziere, mit denen sie im Krieg gedient hatte, in ihrer Londoner Wohnung die Julip-Spielwarenfabrik, die sie nach dem ersten Spielzeugpferd benannte, das sie herstellte. Ihre Ausbildung als Bildhauerin kam ihr sehr zugute, weil sie ihr bei der Entwicklung einer Methode half, mit der sie Gummipferde herstellte, die sie in Tonmodellen goss.

In den 1950er Jahren kam sie durch ihre Freundin Liz Baerlein, die bereits damit arbeitete, zur Radionik; zusammen gründeten sie während dieser Zeit die Radionics Association. Später, nach Liz' Tod, gründete Lavender das Institute for Complementary Medicine.

Lavender faszinierte an dieser „Energiemedizin" besonders, dass das Ziel war, die Wurzel eines Problems zu behandeln, statt nur Symptome zu unterdrücken. Lavender erinnert sich: „Das Erlernen dieser Technik fiel mir leicht, aber ich war auch immer von „seltsamen Dingen" fasziniert. Als ich die Technik erlernte, sahen die Instrumente ganz anders aus als die, die wir heute benutzen. Heute hat die Radionik mehr spirituellen als physikalischen Charakter. Damals hatten die Instrumente ein kompliziertes Innenleben, während heute hauptsächlich mit bedruckten Karten gearbeitet wird.

Meine erste Erfahrung mit Radionik-Geräten machte ich mit einer kleinen Metallplatte, die mit Gummi überzogen war. Wenn man diese sanft mit dem Finger streichelte, erhielt man ein ja oder ein nein als Antwort, je nachdem, wie leicht der Finger darüber gleiten konnte. Später verwendete man ein Pendel – eine schnellere und genauere Diagnosemethode."

Ein erstaunlicher Gegenstand der Ausrüstung von Liz und Lavender war ein spezieller Radionik-Fotoapparat, den der Ingenieur George (Bill) De La Warr entwickelte, der die Radionik in Großbritannien während des Krieges eingeführt hatte. Die Kamera machte Aufnahmen von kranken oder verletzten inneren Organen über ein kleines Stück Haar, Haut, Horn oder Nagel oder einen Blutstropfen, das das Energiemuster des Patienten enthielt – wo immer der Patient sich auch befand. Die Fotos wiesen je nach Schwere des Zustands des Patienten unterschiedliche Klarheits- und Helligkeitsgrade auf.

Man kann nicht wissenschaftlich erklären, wie dieser Fotoapparat funktionierte, er funktionierte einfach – allerdings nur bei Lavender und Liz und nur, wenn der Laborphysiker Leonard Corte die Fotos auf seinen Platten entwickelte. Lavender beschreibt: „Leonard schien Zauberhände zu haben, die die Emulsion auf den Platten sensibilisierten. Es funktionierte nur bei ihm. Wenn unsere Analyse richtig war, bekamen wir ein sehr gutes Bild, wenn nicht, bekamen wir gar keines."

Die Radionik-Instrumente halfen Liz und Lavender auch, einen neuen Ort für ihre Praxis zu finden, als die Wohnung in London zu klein wurde: „Wir verwendeten ein Pendel, einen Zeigestab und eine Landkarte und fanden den idealen Ort in Gloucestershire – inklusive dem Hausgeist Luke."

Als Ausrüstung und Technik immer besser wurden, konnte Lavender eine Analyse in nur einer Stunde durchführen, für die sie früher zwei Tage benötigt hatte. Dadurch und durch ihr seltenes Talent wuchs Lavenders Patientenschar auf ca. drei- bis fünfhundert an. Lavender erinnert sich: „Eines Tages erhielten wir vierzig Umschläge voll mit Pferdehaaren zur Analyse. Zehn Analysen pro Tag waren schon viel, aber vierzig ..."

Lavenders Heilungserfolge lagen bei Tieren, und besonders bei Pferden, mit 90% sehr hoch. Bei Menschen war die Erfolgsquote mit 80% jedoch deutlich niedriger. Lavender erklärt dies so: „Manche Menschen wollten aus unerfindlichen Gründen nicht gesund werden ... Vielleicht waren sie gerne Invaliden. Tiere sind da anders."

Aber was war mit den Pferden, die nicht auf die Behandlung ansprachen?

Lavender erklärt: „Ich glaube, es lag am Karma. Diese Pferde konnten wegen traumatischer Ereignisse aus einem früheren Leben, die sich auch in der Gegenwart noch auswirkten, nicht geheilt werden. Ein Pferd hatte z.B. schreckliche Angst vor Wasser. Ich rief einen Kollegen an, der es in der Zeit zurückversetzen konnte und es fragte, warum es solche Angst hätte. Das Pferd erklärte ihm, dass es in einem früheren Leben ertrunken sei. In anderen Fällen hatten Pferde Angst davor, in einem Stall eingesperrt zu sein. Der Grund hierfür war, dass sie in einem früheren Leben eingesperrt worden waren und dann bei einem Brand ums Leben kamen. Früher brannte es in Ställen häufig. Manche Pferde fürchteten sich vor Männern (oder auch vor Frauen), weil sie schlecht behandelt worden waren."

Lavender hat Pferde jeder Größe und Art behandelt, von Kinderponys bis hin zu Rennpferden. Leider sind alternative Therapien für die meisten Menschen erst der letzte Ausweg, dem sie sich zuwenden, wenn die Schulmedizin versagt hat. Wir fragten Lavender Dower, ob sie auch mit Kunden zu tun hatte, die der Radionik skeptisch gegenüberstanden.

„Beim ersten Mal war praktisch jeder skeptisch. Aber alle waren überrascht und sehr erfreut, wenn es wirkte. Als ich mich von der Arbeit zurückzog, hatte ich viele Briefe von Menschen erhalten, die sich für meine Hilfe bedankten und die Radionik lobten. Darüber freute ich mich sehr."

Obwohl Lavender offiziell nicht mehr arbeitet, hilft sie immer noch gelegentlich Freunden und Verwandten.

Kann Lavender erklären, wie genau die Radionik wirkt, nachdem sie fast fünfzig Jahre mit dieser faszinierenden Therapie gearbeitet hat?

„Ich glaube, es ist alles eine Frage der Kommunikation. Geistige Energiemuster werden in Zahlen übertragen, und diese werden dann mit Hilfe von z.B. Haarproben über radionische Instrumente auf verschiedene Körperteile der Patienten übertragen. Diese Energie zeigt dem Gewebe den besten Weg auf, Schäden zu reparieren. Wie diese Energie auf den Patienten übertragen wird, ist immer noch ein Rätsel. Aber es funktioniert, und das ist die Hauptsache."

FALLSTUDIE

Pferd: *Rex, ein zwölf Jahre alter brauner Vollblutaraber-wallach, Dressurpferd auf Grand-Prix-Niveau*

Temperament: Jane Aston, seine Besitzerin, beschreibt ihn als unleidlich im Stall („Wenn Rex nicht missmutig ist, weiß ich, dass etwas nicht stimmt."), aber sehr willig und fleißig unter dem Sattel. Ein Pferd mit „Schnick", das gerne mitarbeitet.

Problem: Rex' Probleme fingen an, nachdem er unter einem Dressurreiter, der international ritt, Turniere ging. Laut Jane rief der Reiter nach einigen Monaten an, als er Rex in Grand-Prix-Prüfungen vorgestellt hatte, und erklärte, dass Rex nicht klar ginge und der Arbeit nicht gewachsen sei. Ein Tierarzt, der das Pferd auf einem Turnier beobachtete, bestätigte, dass Rex in den Seitengängen Taktfehler machte. Da Jane vorher nie Probleme mit Rex gehabt hatte, war sie der Ansicht, dass er zu schnell zu stark gefordert worden war und die Taktfehler durch Fehler in der Ausbildung entstanden waren.

„Ich gab Rex dann zu einer jungen Reiterin, die Prix-St.-Georges-Prüfungen ritt, wo Traversalen nicht so steil geritten werden müssen wie im Grand Prix, und das Problem verschwand. Seine neue Reiterin sagte mir, dass Rex gut ging, wenn sie mit den Zügeln etwas nachgab.

Als Rex zu mir zurückkam, entdeckte ich aber, dass er zwar keine körperlichen, aber große psychische Probleme hatte. Ich fuhr mit ihm zu einem Turnier, und als ich zu der Dressurprüfung auf der Mittellinie einritt, passierte etwas sehr Eigenartiges, was ich vorher noch nie erlebt hatte: Rex machte vollkommen zu und zog sich in seine eigene Welt zurück. Er war seit seiner Rückkehr auch zu Hause ungewöhnlich ruhig, wie ein Zombie, ich kann es nur so beschreiben. Früher war er unleidlich im Stall und sehr frisch unter dem Sattel. Traktoren waren ihm ein Gräuel. Aber es war, als hätte ich ein anderes Pferd zurück-

bekommen. Bei Ausritten interessierte er sich nicht im geringsten für seine Umwelt, noch nicht einmal für vorbeifahrende Traktoren. Es ist ein schreckliches Gefühl, wenn man weiß, dass das eigene Pferd so unglücklich ist."

Behandlung: Da Jane eine große Befürworterin alternativer Therapien ist, wandte sie sich an Lavender Dower und bat sie um Hilfe. Jane erklärt: „Ich hatte bereits Jahre zuvor von Frau Dower gehört, als sie in einem benachbarten Jagd- und Turnierstall Pferde

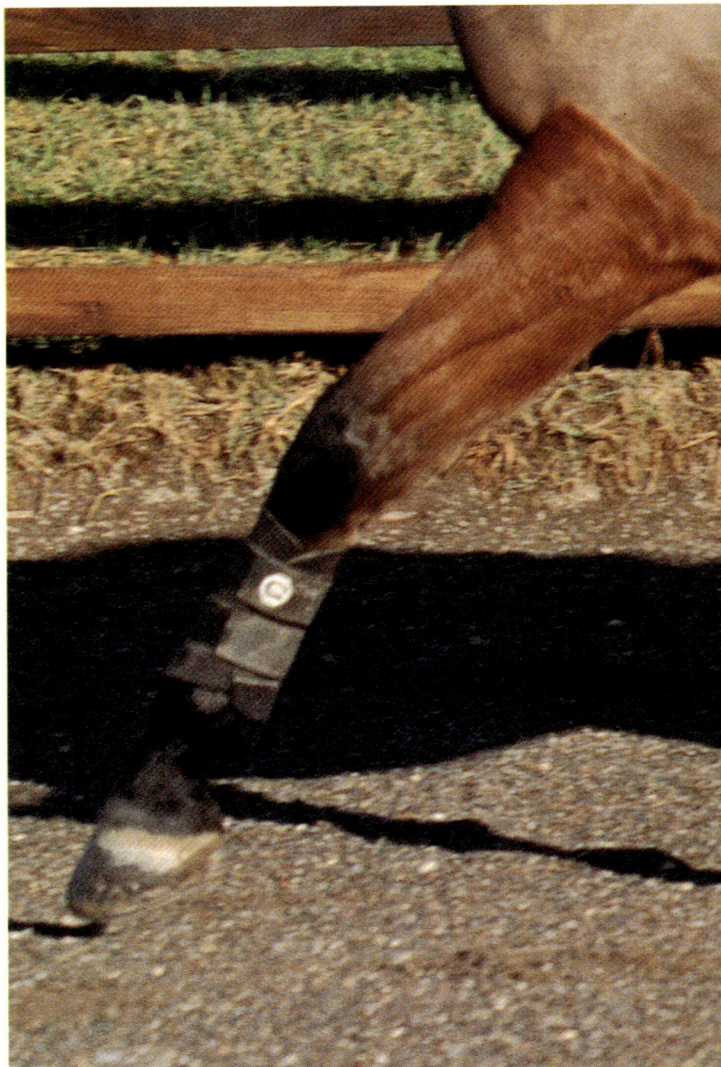

sehr erfolgreich behandelte. Also schrieb ich ihr, beschrieb Rex' Symptome und seine Vergangenheit und legte einige Mähnenhaare bei."

Lavender Dower antwortete: „Ich behandle Rex jetzt. Die Probleme sind wohl größtenteils psychologischer Natur, weil ich Angst und Widerwillen bei ihm festgestellt habe. Die einzigen körperlichen Dinge, die ich behandle, sind sein Gedächtnis, die Wirbelsäule und die Wirbelkörper im Widerrist. Es könnte helfen, Cabalox aufzutragen und Eisenkraut aus der Bach-Blütentherapie zu verabreichen."

Ergebnis: Jane beschreibt: „Mit ihrer Diagnose hatte Lavender Dower den Nagel auf den Kopf getroffen. Ich hielt mich an ihre Anweisungen, informierte sie über Rex' Fortschritte, während sie ihn weiter behandelte, und schon nach sechs Wochen hatte er sich erkennbar verändert. Außerdem wurde er wieder genauso unleidlich wie früher, was ich wunderbar fand!

Ich verwendete Cabalox, ein Massageöl für Pferde und Windhunde gegen Muskelschmerzen und –verspannungen. Es ist sehr teuer, aber auch sehr gut, weil es die Muskeln aufwärmt und so die Blutzirkulation zu der Stelle, an der es aufgetragen wird, und den Heilungsprozess fördert. Bei Rex half es wirklich. Leider wird es nicht mehr hergestellt.

Mrs. Dower riet mir auch, Rex für eine Saison wegzustellen, er sollte sich bei Ausritten und Springgymnastik entspannen und Spaß haben, aber keine Dressur gehen müssen. Er brauche eine Pause, das sei alles, körperlich sei alles in Ordnung mit ihm. Und das half. In der nächsten Saison lief Rex besser als jemals zuvor.

Mrs. Dower wollte alle zwei Wochen hören, wie es Rex ging, und ich bat sie, ihn so lange weiter zu behandeln, wie ich es für nötig hielt. Ich tat alles, wozu sie mir riet, weil mir nichts anderes übrig blieb – ich sah keinen anderen Ausweg mehr. Nichts half, außer der Behandlung von Mrs. Dower.

Später behandelte eine von Mrs. Dowers Assistentinnen eines meiner Pferde, aber sie konnte mir nicht helfen. Ich war mit der Diagnose nicht einverstanden und schrieb an Mrs. Dower. Ihre Behandlung half. Später fand ich heraus, dass die Assistentin diese Therapie aufgegeben hatte, weil sie spürte, dass es nicht das Richtige für sie war.

RUTE UND PENDEL

Mit Hilfe von Rute und Pendel kann man nach Informationen oder Substanzen, zum Beispiel Wasser oder Mineralien, suchen. Es ist eine Diagnose-, keine Heilmethode.

In den letzten Jahrzehnten wurde diese Methode stärker anerkannt. Anfang des 20. Jahrhunderts betrachtete man sie als Blödsinn, was noch früher allerdings anders war. Heute wird diese Technik im Fernsehen und im Radio vorgestellt und scheint häufig Erfolg zu haben. Viel hängt von der Sensibilität und der Absicht des Ausführenden ab. Wie bei allen alternativen Therapien ist auch hier Ehrlichkeit und Ernsthaftigkeit derjenigen, die sich mit dieser Technik beschäftigen, von äußerster Wichtigkeit.

WIRKUNGSWEISE

Diese Methode funktioniert sowohl mit einer Astgabel, die als Wünschelrute bekannt ist (oft eingesetzt, um Wasser, Mineralien, alte Wege etc. zu finden), als auch mit dem Pendel, einem kleinen Gegenstand, der an einer Kette oder einem Faden hängt (auch ein Ring an einer Halskette kann verwendet werden), mit dem man meist nach Informationen sucht. Das Standardpendel besteht laut Lavender Dower, der berühmten Therapeutin, aus einem Kegel aus Harz, der eine sieben Mal regelmäßig gewundene Spirale enthält. Das Pendel scheint schwieriger in der Handhabung zu sein als die

Wünschelrute, weil es großer Sensibilität, völliger Offenheit und völliger Spannungsfreiheit seitens des Ausführenden bedarf. Es scheint, als ob nicht jeder das Talent zum Pendeln besitzt.

Die Wünschelrute

Sie wird in den Händen gehalten, die gerade so viel Spannung aufweisen sollten, dass die Rute horizontal gehalten werden kann, mit der Spitze vom Körper weg. Es können zwei verschiedene Ruten, in der Regel aus Holz oder Metall, eingesetzt werden. Gehalten wird sie am Ende der beiden Äste. Man glaubt, dass die Ruten auf Veränderungen im natürlichen Magnetismus und in der Elektrizität in unserer Umgebung und auch in uns selbst reagieren.

Wie weiß die Rute, wonach sie suchen soll? Man stellt sich die Sache vor, nach der man sucht, und dies scheint auszureichen. Auf jeden Fall ist diese Methode oft sehr erfolgreich, vor allem mit erfahrenen Rutengehern.

Das Pendel

Das Pendel ist schwieriger zu handhaben. Der Pendelnde muss „wirklich", ohne vorgefasste Meinung,

fragen. Das Pendel wird zwischen Daumen und Zeigefinger gehalten und schwingt frei hin und her. Dann beginnt man, dem Pendel Fragen zu stellen, deren Antwort man kennt, und auf die es mit ja oder nein antworten kann, wobei das Pendel nicht beeinflusst (bewegt) werden darf, und achtet auf die Bewegungsrichtung des Pendels. Dann muss man viele Stunden üben und seine Sensibilität schärfen.

Woher kommen die Antworten? Die Antworten sollen aus dem so genannten „kollektiven Unbewussten", „der Gesamtheit unbewussten Wissens der Menschheit" oder ähnlich gelagerten Begriffen kommen. So unwahrscheinlich sich dies für viele Menschen anhören mag, Tatsache ist, dass es viele Menschen auf der ganzen Welt gibt, die diese Techniken mit Erfolg einsetzen.

Ehrliche, gute Absichten sind auch hier, wie bei so vielen alternativen Therapien, die Voraussetzung für Erfolg.

IRISDIAGNOSE

Bei der Irisdiagnose werden geringste Veränderungen in der Iris des Auges von Menschen oder Tieren untersucht, um so Krankheiten im Körper zu entdecken. Diese Diagnosetechnik ist in der Humanmedizin schon seit einiger Zeit bekannt, aber wenige Menschen wissen, dass sie auch für die Diagnose von Krankheiten bei Pferden eingesetzt werden kann.

PHILOSOPHIE

Diese Technik ist in Amerika und Australien weiter verbreitet als momentan noch in Europa. Sie soll schon von den alten Ägyptern eingesetzt worden sein. In unserer Zeit wurde sie 1881 von einem ungarischen Arzt, Ignatz von Peczely, wiederentdeckt. Als Junge hatte Peczely eine Eule gefangen, die sich bei dem Versuch, sich zu befreien, ein Bein brach. Er pflegte den Vogel, bis es ihm besser ging, aber während dieser Zeit fiel ihm eine schwarze Linie auf der Iris des Vogels auf, die sich später zurückbildete und nur eine weiße Stelle hinterließ.

WIRKUNGSWEISE

Peczely wurde Neurologe und fand heraus, dass jedes Organ durch einen speziellen Teil der Iris repräsentiert wird. Dies wurde in Schaubildern festgehalten, und heute werden Diagnosen gestellt, indem Veränderungen der Iris begutachtet werden: Im menschlichen Auge treten sie als Pigmente und Flecken auf; bei Pferden manifestieren sie sich meist in Form von Linien. Die Augen werden in der Regel in einem abgedunkelten Raum untersucht, z.B. in Stall oder Scheune, wobei eine Taschenlampe und Lupen verwendet werden, um Veränderungen festzustellen.

EINSATZGEBIETE

Wenn ein geschulter Diagnostiker das Auge untersucht, wird er zwar in der Lage sein zu sagen, welcher Teil des Körpers erkrankt ist, er wird aber nicht immer das genaue Problem benennen können. Dies ist ein weiterer Grund, warum auch die Irisdiagnose immer in Verbindung mit einer tierärztlichen Behandlung eingesetzt werden sollte.

SELBSTHILFE

Adressen von Irisdiagnostikern finden Sie u.U. über die Tierärztekammer (siehe Seite 186).

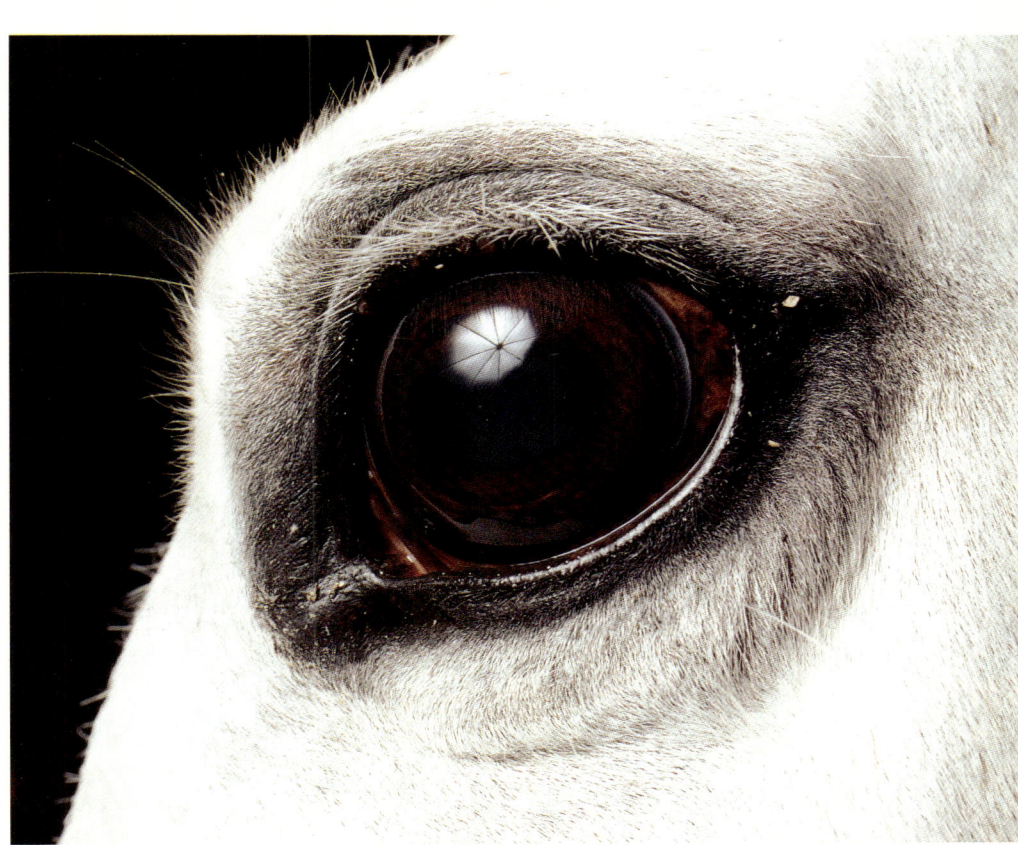

Bei der Irisdiagnose wird nach Veränderungen der Farbe und des Musters der Iris gesucht. Sie wird bei Pferden selten eingesetzt, stellt aber eine wertvolle Ergänzung der tierärztlichen Diagnose dar, weil sich Probleme in der Iris oft zeigen, bevor deutliche Symptome auftreten.

KINESIOLOGIE

Diese Diagnosetechnik wird auch „angewandte Kinesiologie" oder „Muskelkinesiologie" genannt. Sie dient dazu, körperliche Schwachstellen zu messen, die gegebenenfalls Krankheiten oder Probleme auslösen könnten.

PHILOSOPHIE

Diese Technik wurde von dem amerikanischen Chiropraktiker George Goodheart in den 1960er Jahren entwickelt, als er die Verbindung zwischen den chinesischen Akupunktur- bzw. Energiemeridianen und den Muskeln entdeckte. Der Zustand bestimmter Muskeln deutet auf den Zustand des Organsystems hin, das mit ihnen den gleichen Meridian teilt. Eine Untersuchung der Muskeln kann über den Zustand dieser Organe Auskunft geben. Ein schwaches Organ wird also über seinen reduzierten Energiefluss diagnostiziert, der sich als reduzierte Antwort des dazugehörenden Muskels zeigt.

WIRKUNGSWEISE

Die Kinesiologie baut auf der Annahme auf, dass bestimmte Muskeln auf den gleichen Akupunkturmeridianen liegen wie bestimmte Organsysteme. Wenn Muskeln bei Tests nicht mit Gegendruck auf den Druck des Kinesiologen reagieren, wird dies als Zeichen dafür gewertet, dass das dazugehörige Organssystem „schwach„ ist. In der Kinesiologie finden sich auch die Prinzipien der Chiropraktik und der Akupressur, und man achtet darauf, wie Muskeln auf bestimmte Nahrungsmittel und die essentiellen Öle der Aromatherapie reagieren.

Wenn die Kinesiologie bei Pferden angewendet wird, benötigt man einen menschlichen Ersatz, der bestimmte Körperteile des Pferdes berühren und die Schwächen oder Stärken des Pferdes in seinem eigenen Körper sichtbar machen kann. Bei Pferden wird die Kinesiologie hauptsächlich in Verbindung mit der Aromatherapie eingesetzt. Das Prinzip ist bei Tieren dasselbe wie bei Menschen: Man probiert spezielle ätherische Öle oder Ölmischungen aus, und weil wir alle einzigartige, unverwechselbare Persönlichkeiten sind, zeigen unsere Reaktionen auf die dargebotenen Aromen deutlich an, welche Öle wir genau benötigen, um Krankheiten bekämpfen zu können.

Dies ist ein weiteres Beispiel der Behandlung des ganzen Patienten, nicht einer Krankheit an sich.

Während dem Körper ein bekanntes Allergen zugeführt wird, wird die Muskelstärke getestet.

KINESIOLOGIE IN DER PRAXIS

Caroline Ingraham GEOTA

Caroline Ingraham beschäftigt sich mit großem Erfolg sowohl mit der Aromatherapie für Pferde (siehe S.100) als auch mit der Kinesiologie für Mensch und Tier. Über ihre Methodik befragt, antwortete sie: „Ich verwende die Kinesiologie in ihrer einfachsten Form. Hierbei wird ein Muskel, der über ein Energiefeld, z.B. eine Person, in Verbindung mit einem Organsystem steht, verwendet, um herauszufinden, ob Ungleichgewichte vorliegen. Ich teste zum Beispiel zur Überprüfung des Energieflusses in der Leber den großen Brustmuskel, für die Nieren den Lendenmuskel. Wenn der Muskel auf meinen Druck – oder auch Zug – nicht mit Gegendruck oder -zug reagiert, deutet dies auf eine Schwäche in dem zugehörigen Organsystem hin, die eine Krankheit oder Unwohlsein auslösen kann.

Ist ein Mensch oder ein Tier jedoch sehr stark, schwach oder sehr jung, ist eine korrekte Diagnose schwieriger.

Muskeltests werden in Amerika beim Menschen von Chiropraktikern durchgeführt. Dabei werden einfach die Arme und Beine so abgewinkelt, dass der unterstützende Muskel isoliert wird, wenn Druck auf ihn ausgeübt wird. Der getestete Muskel zeigt Schwächen oder Stärken in dem Organsystem an, mit dem der Muskel auf ein und demselben Energiemeridian liegt. Ein schwaches Organ wird über seinen reduzierten Energiefluss entdeckt, der sich durch eine reduzierte Reaktion im getesteten Muskel zeigt. In der Regel werden vierzehn verschiedene Muskeln getestet."

Muskeltests bei Tieren werden über einen menschlichen „Ersatz" durchgeführt, „was", laut Caroline, „schwer begreiflich ist. Man muss einige Erfahrung haben, um das glauben zu können. Das Gefühl ist mit Worten schwer zu beschreiben, aber alle, die meine Workshops besuchen, haben am Anfang Schwierigkeiten, fühlen aber nach einiger Zeit, was passiert."

WEITERE DETAILS

Außer zur Festlegung der richtigen Behandlung bei einer Krankheit kann die Kinesiologie auch dazu verwendet werden, die Ursache einer Krankheit und die genaue Position einer Verletzung zu finden. Ein Mensch berührt das Pferd an dem geeigneten Meridian. Diese Person trägt einen Umschlag mit einem Allergen und eine kleine Menge des geeigneten ätherischen Öls mit sich. Der Kinesiologe berührt den „menschlichen Ersatz", nicht das Pferd, und wenn die Person schwach wird, zeigt dies, dass das Pferd auf das betreffende Allergen reagiert. Wenn die Person stark bleibt, ist das Pferd nicht allergisch. Der Vorgang wird dann mit anderen Allergenen wiederholt.

Beispiel 1: Lokalisierung einer verletzten Stelle. Caroline beschreibt: „Wenn man sich nicht sicher ist, wo genau die Beschwerden sitzen, also wo man ein Heilmittel anwenden soll, sollte man einen Kinesiologen konsultieren. Er wird an und um die schmerzende Stelle herum arbeiten, und die auftretenden Stärken und Schwächen werden ihn zu der eigentlich verletzten Stelle führen."

Beispiel 2: Ursachenforschung. Die Kinesiologie spielt bei der Suche nach den Ursachen einer Allergie eine wichtige Rolle. Caroline erklärt: „Wenn man z.B. die Lungen eines Pferdes durch essentielle Öle wieder gestärkt hat, kann man testen, was die Lungen geschwächt hat. Man bringt das Pferd mit kleinen Mengen von Allergenen in Berührung und beobachtet, ob dadurch die Wirkung der Öle beeinträchtigt wird. Wenn das der Fall ist, hat man die Ursache gefunden. Man kann mit dieser Technik auch unterschiedliche Heusorten testen.

Bei Nierenerkrankungen kann man z.B. das Trinkwasser testen, um festzustellen, ob dies die Ursache des Problems ist. Testen Sie, wenn die Nieren wieder stark sind, Wasser aus der Flasche, dem Hahn oder einer Quelle und beobachten Sie die Reaktionen."

AROMATHERAPIE

Bei der Aromatherapie werden körperliche Krankheiten mit ätherischen Pflanzenölen behandelt. Sie ist heute eine der bekanntesten alternativen Therapien. Sie wurde schon im Altertum häufig eingesetzt, und genau genommen hat man bis heute nie aufgehört, sie zu verwenden: Duftende frische und getrocknete Pflanzen, Blumen und Kräuter wurden und werden großzügig in Räumen verteilt, in Wachs und Öl verbrannt und in Massageölen verwendet. Daraus entwickelte sich eine Heilkunst für Körper und Geist, bei der man bestimmte Aromen gegen spezielle Beschwerden oder zur Erreichung gewünschter Zustände einsetzte. Auch Tiere zeigen reges Interesse an bestimmten Düften, mögen sie oder auch nicht, insbesondere die Pferde, die einen so viel schärferen Geruchssinn haben als wir.

Die Öle der Aromatherapie können direkt auf das Fell aufgetragen werden. Sie sind nicht schwer und machen das Fell nicht klebrig oder fettig.

PHILOSOPHIE

Gerüche haben einen physikalischen Charakter. Bestimmte Substanzen, nicht nur von Pflanzen, sondern auch von Tieren, geben winzige Partikel in die Luft ab. Diese werden zufällig oder absichtlich eingeatmet und oft halten Pferde den Atem an, um sie mit Hilfe eines Geruchsorgans, dem sog. Jacobsonschen Organ näher zu untersuchen. Das Pferd atmet das Aroma ein und hebt dann Maul und Oberlippe an, um die Nüstern zu verschließen, wobei es den Atem anhält, so dass die Partikel, die sich in der Feuchtigkeit der Schleimhäute auflösen, lange untersucht werden und so Informationen über ihre Natur und Herkunft abgeben können. Dies ist der Vorgang des Flehmens, der uns Menschen immer amüsiert, der für Pferde aber wichtige Informationen bereitstellt und ihnen in der Wildnis zu überleben hilft.

WIRKUNGSWEISE

Heute basiert die Aromatherapie auf der Verwendung reiner ätherischer Öle. Diese Öle werden aus Pflanzenmaterial (selbstverständlich nicht nur aus Blumen) gewonnen und sind hundertmal stärker als die Konzentrationen, in denen sie in ihren Ausgangsstoffen vorhanden sind. Sie werden in der Regel auf die Haut aufgetragen oder inhaliert, aber sie können auch innerlich angewendet werden, obwohl dies nur unter Aufsicht geschehen sollte. Pferde lässt man normalerweise an den Ölen riechen, man massiert Fell und Haut damit oder reibt sie ganz einfach ein.

Einsatzgebiete

▶ Verletzungen (Wunden, Blutergüsse und Verstauchungen)
▶ Osteoarthritis
▶ Emotionelle Probleme wie Depressionen, Traurigkeit, Angst, Nervosität, Traumata der Vergangenheit
▶ Allgemeine Stresslinderung
▶ Andere geringfügige Beschwerden

Zur inneren Anwendung können die Öle auf die Zunge getropft werden, was die Einsatzgebiete erweitert um Beschwerden wie:

▶ Kolik
▶ Infektionen des Harntrakts
▶ Impotenz
▶ Bindegewebsschäden
▶ Infektionen
▶ Parasitenbefall und anderen Hautkrankheiten

Gerüche haben eine Wirkung auf den seelischen Zustand von Tieren, dadurch dass sie vom Gehirn „registriert„ werden. Sie können durch die Haut in die Lymphe und das Blut dringen. Deshalb kann man mit der Aromatherapie sowohl seelische und stressbezogene als auch körperliche Probleme behandeln. Manche essentiellen Öle wirken auch antibakteriell, und man glaubt, dass sie dazu beitragen, die Biochemie des Körpers anzupassen und so heilen helfen.

Das Pferd wählt aus: Man nimmt an, dass Pferde intuitiv das Futter aus-

wählen, das sie brauchen, wenn sie die Möglichkeit dazu haben. Deshalb sollten sie auch die Möglichkeit erhalten, die für sie geeigneten Aromen „auszuwählen". Ein qualifizierter und erfahrener Therapeut bespricht den Zustand des Pferdes mit seinem Besitzer und eventuell auch mit dem behandelnden Tierarzt und wählt dann die Öle aus, die er für geeignet hält. Dann lässt man das Pferd an den Ölen riechen. Wenn es Interesse zeigt, ist es das richtige Öl, das es zu diesem Zeitpunkt braucht. Wenn es sich mit offensichtlicher Abscheu abwendet, eignet das Öl sich nicht. Man sollte auch bedenken, dass die Vorlieben und Bedürfnisse sich von Tag zu Tag ändern oder sogar von der Tageszeit abhängig sein können.

SELBSTHILFE

Warnung: Eine falsche Anwendung von ätherischen Ölen, vor allem in unverdünnter Form, kann schädlich sein. Man sollte sich immer von Experten beraten lassen, außer man verwendet im Handel erhältliche verdünnte Öle und hält sich an die Anweisungen des Herstellers. Pferde können von ihren Besitzern unter Aufsicht eines Aromatherapeuten oder direkt von einem Aromatherapeuten (in manchen Ländern nach tierärztlicher Überweisung) behandelt werden.

Verkauf und Lagerung: Öle müssen kühl und dunkel gelagert werden. Sie werden normalerweise in dunklen, undurchsichtigen, gut verschlossenen Glasflaschen verkauft.

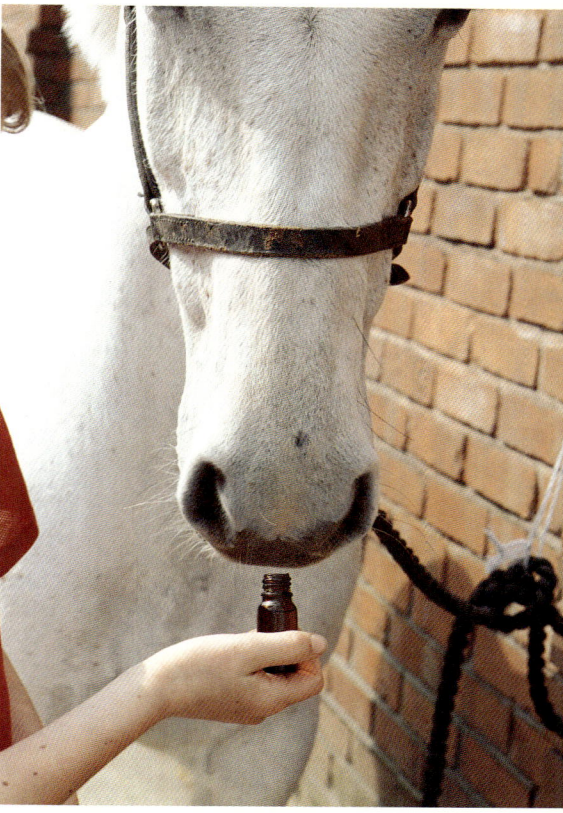

Man lässt die Pferde erst an den Ölen riechen. Wenn sie sich abwenden, eignet sich das Öl nicht für sie, wenn sie den Geruch zu mögen scheinen, ist die Wahl klar.

Sie müssen außerhalb der Reichweite von Kindern und Tieren aufbewahrt werden. Bevorzugt werden meist Öle mit dem Aufdruck „natürlich", „organisch„ oder „aus Wildwuchs", was Reinheit und Qualität garantieren sollte.

Der Geruchssinn: Natürliche Gerüche können auch im Alltag verwendet werden. Man kann z.B. getrockneten Lavendel in Pferdeställen aufhängen oder geschnittene Zwiebeln aufstellen, um Fliegen zu vertreiben. Die Zwiebeln sollen auch gegen Infektionen der Atemwege und Allergien helfen.

AROMATHERAPIE IN DER PRAXIS

Caroline Ingraham GEOTA

Caroline Ingraham lässt ein Pferd das Öl, das es braucht, von ihrer Hand lecken.

Caroline absolvierte ihre Ausbildung zur Aromatherapeutin 1984 als Mitglied der Guild of Essential Oil Therapists for Animals in England. Ihr Interesse an essentiellen Ölen entstand, als sie sie erfolgreich bei ihrem eigenen Schäferhund gegen Angst und zur Appetitanregung eingesetzt hatte. Sie war so von der positiven Wirkung dieser Öle fasziniert, dass sie für zwei Jahre mit einem Tierarzt in Amerika zusammenarbeitete. Sie kam zu dem Schluss, dass diese Öle sich speziell für die Anwendung bei Pferden eigneten.

Nach ihrer Rückkehr nach Großbritannien war Carolines fachlicher Rat sehr gefragt. Heute schreibt sie Bücher über die Aromatherapie und hält umfassende Kurse über die Anwendung bei Tieren.

FALLSTUDIE

Diese Fallstudie ist ein gutes Beispiel dafür, wie Pferde über ihren Geruchssinn heilende Öle auswählen, die sie benötigen, um Beschwerden zu lindern.

Pferd: *Ein Pferd, das von seinem früheren Besitzer mit einem Rechen geprügelt worden war. Der Rechen war in der Kruppe stecken geblieben und das Pferd mit dem Rechen über ca. 1,5 Kilometer davon galoppiert.*

Problem: Das Pferd war sehr nervös und scheute vor allem. Seine neue Besitzerin hatte alles versucht, um dem Wallach zu helfen, seine Angst und sein Misstrauen zu überwinden, aber ohne Erfolg. Deshalb bat sie Caroline Ingraham um Hilfe.

Das Pferd zeigte sich sehr nervös und sehr misstrauisch allem Unbekannten gegenüber, auch gegenüber Menschen und anderen Tieren. Das machte ihn im Stall und unter dem Sattel sehr unberechen-

Individuelle Zuordnung

Caroline rät: „ Ich denke, man kann nicht manche Öle als „unbedenklich" und andere als „gefährlich" bezeichnen. Man muss sie alle individuell betrachten, genau wie die Patienten. Eines taugt nicht für alle."

bar. Seine Besitzerin sagte, er hätte vor allem und jedem Angst.

Behandlung: Caroline ließ den Wallach an fünf Ölen riechen, die sie vorher bei einem kinesiologischen Muskeltest ermittelt hatte. Er wählte alle fünf: Rose gegen Traumata, Orangenblüte gegen Depression, nervliche Beschwerden und Traurigkeit, Weihrauch gegen Angst, Jasmin, der euphorisch macht, und Veilchen gegen Nervosität.

Er wollte an den Ölen aus Rosen, Orangenblüten und Veilchen lecken und benutzte dazu die Unterseite seiner Zunge, welche die Heilkräfte der Öle schneller in das Blut transportiert als die Zungenspitze. Der Wallach steuerte also sogar die Geschwindigkeit, mit der die Öle von seinem Körper aufgenommen werden sollten. Caroline erklärt: „Pferde können die Behandlung genau steuern, indem sie sich entscheiden, ob sie an den Ölen schnuppern oder sie auflecken, je nachdem welche Heilwirkung ihr Körper benötigt."

Gießen Sie sich das Öl aus der Flasche in die Hand, bevor Sie es nach Anweisung anwenden.

Etwa eine Stunde später nahm ihn seine Besitzerin zu einem ruhigen Ausritt in einer Gruppe mit. An einer Stelle im Gelände lag eine Plastiktüte, vor der die anderern Pferde scheuten und durchgingen, wobei sie noch ein paar Kühe auf der Weide neben der Straße ansteckten, während der Wallach nur dastand und den Aufruhr betrachtete, bevor er im Schritt wieder los ging. Vor der Behandlung mit den Ölen hätte er schlimmer gescheut als die anderen Pferde!

„Am nächsten Tag wollte der Wallach während der Behandlung kein Weihrauchöl – das Öl gegen Angst. Es war aber interessant zu sehen, dass er jetzt am Jasminöl und den anderen drei dargebotenen Ölen lecken wollte. Bei dieser Wahl blieb er für die nächsten zwei Wochen. Er steuerte, welche Öle er wie und wann brauchte."

Ein wichtiger Tip von Caroline

„Versuchen Sie nie, Ihr Pferd aus zu vielen verschiedenen Ölen wählen zu lassen. Nach fünf oder sechs Sorten klappt es nicht mehr richtig."

Der Wallach drückte dann seine Nase in die Hand seiner Besitzerin, um ihr zu zeigen, dass sie ihm den Weihrauch auf die Nüstern streichen sollte. Auflecken wollte er dieses Öl aber nicht. Bei dieser Behandlung wollte er auch kein Jasminöl aufgetragen haben. Caroline sagt: „ Er drehte deutlich seinen Kopf weg, wenn ich versuchte, das Jasminöl auf seine Nüstern aufzubringen, und er wollte auch nicht daran lecken. Er wollte nur gelegentlich an der Flasche riechen, fiel dann in eine Art Trancezustand und inhalierte das Aroma lange und tief. Als er genug von den Ölen hatte, zeigte er dies an, indem er sich einfach umdrehte und wegging.

Ergebnis: Der Wallach ist jetzt ein ruhiges Pferd, die alten Probleme sind verschwunden. Caroline beschreibt: „Wenn die Öle wirken, wirken sie extrem schnell. Manche Krankheiten wie Mauke oder Sommerekzem können in schwächerer Ausprägung wieder auftreten, wenn sie überhaupt wieder auftreten, und man kann dann die gleichen Öle wie vorher benutzen. Es kann auch sein, dass es eine andere Ursache gibt, warum eine Krankheit erneut auftritt und diese muss dann erst wieder abgeklärt werden."

TTEAM
(Tellington Equine Awareness Method)

TTEAM ist ein System für Pferde, mit dem sowohl ihre körperlichen als auch ihre geistigen Fähigkeiten trainiert werden sollen. Dazu gehören Bodenarbeit mit sorgfältig ausgewählten Übungen an der Hand, das sanfte Berühren oder Verschieben der Haut auf eine bestimmte Art (die sog. TTouches) sowie das Bewegen bestimmter Körperteile, z.B. der Beine, auf ungewohnte Weise. Die Methode könnte also als „Feldenkrais für Pferde" beschrieben werden.

Ziel von TTEAM ist es, dem Pferd mehr Körperbewusstsein zu vermitteln. Die Methode wird eingesetzt, um das körperliche Gleichgewicht und die Koordination eines Pferdes zu verbessern, es leistungsfähiger zu machen, Stress abzubauen und Entspannung zu fördern. Sie soll auch eine neue Art der gegenseitigen Wahrnehmung fördern, die die Kommunikation und das Verständnis für einander verbessert.

ENTWICKLUNG

TTEAM wurde über Jahrzente hinweg von der kanadischen Trainerin Linda Tellington-Jones entwickelt. Außer den Trainingstechniken innerhalb der Bodenarbeit und des Reitens beinhaltet diese Methode auch eine bestimmte Art von Berührungen (TTouches genannt, gesprochen Ti-Touches), die, wie Linda später feststellte, auf den Prinzipien der Akupressur basieren. Die Technik beruht auf dem Konzept, dass viele Pferde sich festhalten oder gegen ihre Reiter wehren, weil sie ihnen nicht vertrauen oder weil sie körperlich zu angespannt sind oder Schmerzen haben, was Verhalten und Arbeit negativ beeinflusst.

TTeam und TTouches wurden in

Dieses Pferd geht zum ersten Mal durch das TTeam-Labyrinth. Das ansonsten sehr nervöse Tier beruhigte sich schnell, als es dazu aufgefordert wurde, wirklich zu denken. Es beugt, dem Beispiel der Führerin folgend, Kopf und Hals nach unten und bewegt sich dahin, wo die TTeam-Gerte hinzeigt. Das Pferd schaffte es erfolgreich bis zum Ende des Labyrinths und hatte, obwohl sehr groß, keine Probleme in den Wendungen.

Einsatzgebiete von TTeam

Schwierigkeiten, die sich mit Hilfe von TTEAM lösen lassen, sind unter anderem:

▶ Probleme beim Verladen und Transportieren
▶ Probleme mit Pferden, die sich nicht anbinden lassen
▶ Probleme mit Pferden, die nicht vom Hof gehen wollen
▶ Kleben und Steigen
▶ Pullen und Durchgehen
▶ Nervosität auf Turnieren
▶ Mangelnde Aufmerksamkeit
▶ Mangelnder Respekt für den oder eine schlechte Beziehung zum Reiter

Diese ganzheitliche Methode vermittelt Pferden ein neues Körperbewusstsein und macht sie ruhiger und aufmerksamer dem Reiter bzw. Pfleger gegenüber.

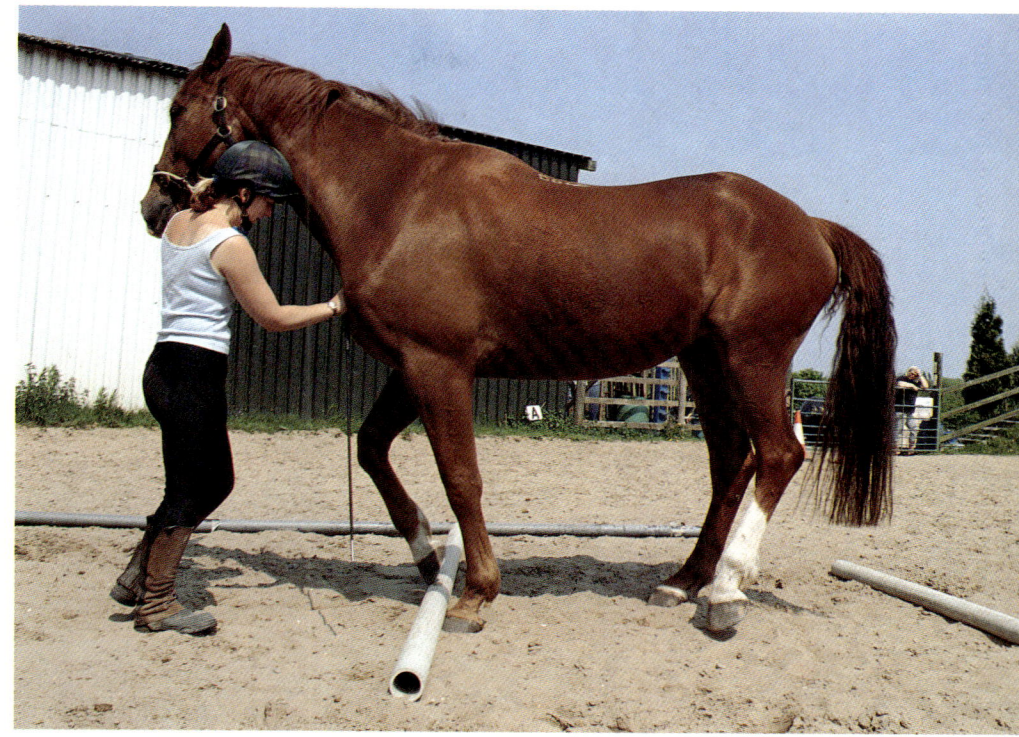

Dessie geht über die Stangen des Labyrinths, zum Abschluss sogar rückwärts, wobei Kathy ihm durch sanften Druck auf die Brust hilft.

den USA entwickelt und erstmals vorgestellt, sind heute aber weltweit bekannt. Die Methode ist für alle Pferde, vom Freizeitpferd bis zum internationalen Turnierpferd, geeignet. Sie empfiehlt sich nicht nur für unerfahrene oder verdorbene Pferde, sondern für alle Pferde, denen Abwechslung in ihrer Arbeit geboten werden soll, die ruhiger werden und lernen sollen, sich zu konzentrieren, oder einfach für Pferde und Reiter, die ihre Beziehung zu einander verbessern wollen.

WAS BEWIRKT TTEAM?

Diese Methode eignet sich ganz besonders gut für Pferde, die misshandelt wurden, die Angst haben oder nervös sind, die chronische Verletzungen oder andere Beschwerden haben und dadurch in ihren körperlichen Fähigkeiten beeinträchtigt sind.

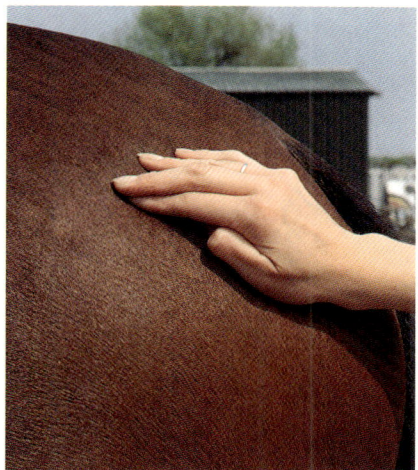

Die speziellen kreisförmigen TTouches werden hauptsächlich mit den Fingerkuppen ausgeführt und haben eine beruhigende Wirkung auf Pferde. Es gibt sie in vielen Varianten.

Sie verbessert aber auch Leistung, Kooperation und Einstellung bei fast allen Pferden. Dominante Pferde lernen dadurch, sich zu benehmen, zurückhaltende Tiere fassen Vertrauen, faule genießen die Arbeit und aufgeregte lernen, sich zu entspannen.

DAS SYSTEM

Die TTouches sind alle nach Tieren oder tierischen Bewegungen benannt, die Linda für die jeweilige Berührung oder deren Ziel für bildhaft hielt, und können vom Boden oder vom Sattel aus durchgeführt werden. Sie helfen Pferden, sich zu entspannen und zu konzentrieren. Besonders geeignet sind sie, um Pferden mehr Körperbewusstsein zu vermitteln.

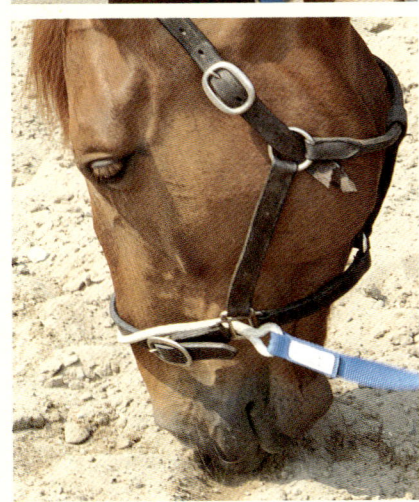

Die Zephyr-Führleine wird rechts im oberen Halfterring eingehakt und durch den unteren rechten Ring über den Nasenriemen und durch den linken unteren Ring geführt. Damit lassen sensible Pferde sich sanft und trotzdem wirkungsvoll kontrollieren. Es gibt diese Führleine auch mit einem Kettenteil an Stelle des hier gezeigten Stricks.

Bodenarbeit: Wichtig sind hier die Art, wie das Pferd geführt wird, und die Muster, in denen die Stangen ausgelegt sind, die die Pferde dazu bringen sollen, auf den Boden zu achten und sich ihre Bewegungen bewusst zu machen.

Die Tellington-Führleine ist ein Führstrick mit einem Stück Kette an einem Ende, das, wie links im Bild beschrieben, am Halfter befestigt wird. Die Kette kann auch an der anderen Seite eingehakt werden, wenn man das Pferd von rechts führen will. Dies ist eine amerikanische Methode zum gefahrlosen Führen von Pferden, die keine Schmerzen verursacht, wenn sie korrekt angewendet wird. Sie wird in Verbindung mit folgenden Hilfsmitteln verwendet:

Der weißen Tellington-Gerte, die sowohl als Führung benutzt wird als auch dazu, die Aufmerksamkeit des Pferdes zu erregen und zu halten – aber niemals zur Bestrafung. Der Führende kann das Pferd von verschiedenen Positionen aus führen, manchmal wird ein Helfer auf der anderen Seite benötigt, je nachdem was erreicht werden soll.

Zum Longieren benutzt man die Tellington-Führleine (die viel kürzer als eine gewöhnliche Longe ist) und die weiße Gerte. Man longiert die Pferde in einem Oval, und der Longenführer bewegt sich mit dem Pferd, statt einfach in der Mitte stehen zu bleiben. Es werden auch andere Hilfsmittel eingesetzt: Bei widersetzlichen oder faulen Pferden kommt das Körperseil zum Einsatz, bei nervösen Pferden, die häufig vorwärts stürmen oder nicht genügend

untertreten, verwendet man das so genannte Körperband aus weichen, elastischen Bandagen.

Bei der Arbeit unter dem Sattel werden verschiedene Hilfsmittel eingesetzt, z.B. ein Stangengebiss aus dem Westernreiten mit einem Kupferspielstück, das die Pferde dazu anregen soll, den Kopf in einer natürlichen Position zu halten. Außerdem werden das Lindell, eine gebisslose Zäumung, die gut für Reiter mit harten Händen und für zahnende Pferde ist, und ein Seilring, der sog. Halsring, für das Reiten völlig ohne Zaumzeug verwendet.

KANN JEDER DIESE TECHNIKEN ERLERNEN?

Ja: Man kann auf einem Wochenendkurs bei einem qualifizierten Trainer genügend lernen, um das

System zu Hause anwenden zu können. Es gibt auch Bücher und Videos für zuhause. Man kann sich aber nicht alles selbst beibringen. Deshalb gibt es viele Ausbilder, die gerne zu Ihnen nach Hause kommen, um Sie einzuweisen. Obwohl Susan McBane keine qualifizierte Ausbilderin ist, verwendet sie dennoch die TTeam-Methode bei ihren Kunden und ist der Meinung, dass sie sich sowohl mit dem klassischen Reiten als auch mit Shiatsu ideal ergänzt. Sie eignet sich besonders für unaufmerksame, nervöse Pferde.

Ausbildung zum Practitioner: Es gibt bei der TTeam-Methode drei Prüfungsssstufen, die man ablegen kann, wenn man die Grundsätze beruflich weitergeben möchte (siehe auch „Nützliche Adressen", S.186).

Links: Pam und Stanley versuchen zum ersten Mal nach Tellington zu longieren. Pam verwendet die TTeam-Führleine und eine normale Gerte, weil sie keine weiße TTeam-Gerte hat. Der Vorteil der weißen Gerte liegt darin, dass Pferde sie sehr genau sehen können. Susan Mc Bane verwendet sie beim Ausreiten, da Autofahrer sie gut wahrzunehmen scheinen und dann mehr Abstand halten. Beim TTeam-Longieren ist die Longe kürzer, und der Longenführer geht mit dem Pferd mit.

Unten: Puzzle, der nur halb so groß ist wie Dezzie, hat es leicht im Labyrinth.

REITEN AUS DER KÖRPERMITTE

Diese Lehrmethode zielt darauf ab, Reitern ihre schlechten Angewohnheiten bezüglich Sitz und Haltung bewusst zu machen und ihnen dann Wege zu weisen, wie sie sich verbessern können. Bildsymbole werden eingesetzt, um die natürliche Eigenhaltung des Körpers zu verbessern und um dem Reiter bewusst zu machen, wie er atmet, sich ausbalanciert, lenkt, und was um ihn herum vorgeht. Der Reiter lernt, gute und schlechte Angewohnheiten, spezielle Probleme beim Reiten und Spannungen in Körper und Geist zu erkennen und wird befähigt, sie erheblich zu verbessern oder ganz abzustellen.

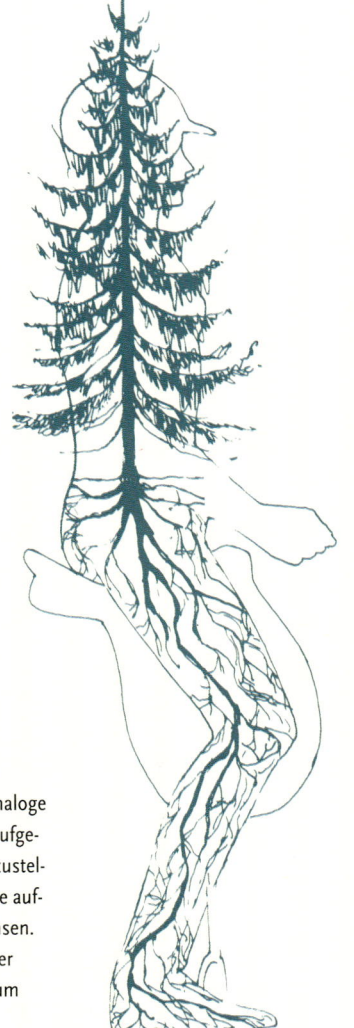

Sally Swift gibt dem Reiter in ihrem Buch „Reiten aus der Körpermitte" nützliche analoge Vergleiche an die Hand. Man wird darin aufgefordert, sich seinen Körper als Fichte vorzustellen, wobei der Stamm aus der Körpermitte aufwärts, die Wurzeln von dort abwärts wachsen. Je höher der Stamm wächst und je fester er wird, desto weiter nach unten wachsen zum Ausgleich die Wurzeln.

EINE PARTNERTHERAPIE

Viele Fehler beim Reiten schaffen auch Probleme beim Pferd, sowohl seelische als auch körperliche, und diese werden oft nicht auf ihre wahre Ursache, den Reiter, zurückgeführt. Das Reiten aus der Körpermitte ist deshalb als Partnertherapie zu verstehen, wie jede andere gute Reitweise – wenn der Reiter besser wird, wird das Pferd sowieso besser. Diese Reitweise schärft das Bewusstsein des Reiters in Bezug auf seinen Körper und seine Umgebung, verbessert seine sensorischen Fähigkeiten und ermöglicht es ihm so, sich selbst zu korrigieren, wenn kein Lehrer anwesend ist. Das ist bei allen Reitweisen wichtig, weil man sonst nie besser reiten lernt. Diese Methode scheint auch schnell zu Ergebnissen zu führen.

ENTWICKLUNG

Als die amerikanische Lehrerin und Autorin Sally Swift vor einigen Jahrzehnten ihr „Centered Riding", zu Deutsch „Reiten aus der Körpermitte" entwickelte, war das in der Welt des Reitens die reinste Offenbarung. Damals waren die meisten Reitlehren sehr orthodox. Sich etwas vor dem geistigen Auge vorzustellen, Hypnose und andere heute anerkannte Techniken wurden als „ziemlich eigenartig" angesehen, und viele Schüler fanden auch die Reitlehrer, die nach diesen Grundsätzen unterrichteten, „etwas eigenartig". Sally Swift blieb aber voll Vertrauen

Was bewirkt das Reiten aus der Körpermitte?

Beim Reiter: Es hilft bei Problemen wie Mangel an Selbstvertrauen, Nervosität bei Turnieren, Unfähigkeit, den Anweisungen des Reitlehrers zu folgen, Verspannungen etc. Das Geheimnis besteht darin, das Bewusstsein zu zentrieren, sich zu entspannen und zu konzentrieren und sich bestimmte Situationen vor dem geistigen Auge vorzustellen, um die körperliche und geistige Leistung zu steigern.

Beim Pferd: Pferde sind extrem sensible Tiere, und viele Menschen sind der Ansicht, dass diejenigen Pferde, die nicht sensibel zu sein scheinen, gelernt haben „abzuschalten„, weil die Hilfen und Anweisungen ihrer Reiter und Pfleger verwirrend und inkonsequent sind. Das Reiten aus der Körpermitte ist vielleicht als solches nicht als alternative Heilmethode einzustufen, aber die Autorinnen sind der Ansicht, dass es genauso eine Therapie ist wie Hypnose oder autogenes Training, weil es sich mit den gleichen geistigen bzw. seelischen Problemen – nicht Krankheiten, sondern Wahrnehmungsstörungen oder Mangel an Selbstbewusstsein – befasst und weil es schon vielen Pferd-Reiter-Kombinationen weltweit geholfen hat.

bei ihrer Methode. Dank ihrer Unnachgiebigkeit fasste die Methode als erstes in den USA Fuß.

WIRKUNGSWEISE

Ziel dieses Systems ist es, ein Bewusstsein für den Körper im Raum zu entwickeln, dafür, was er tut und was der Körper des Pferdes tut, und eine Verbindung zwischen den beiden herzustellen. Besonders wichtig ist dabei das Lösen von Verspannungen, die die Bewegungen von Pferd und Reiter blockieren. Der Reiter kann nicht erfühlen, was das Pferd unter ihm macht, wenn seine Muskeln verspannt sind und seine Gelenke nicht als Stoßdämpfer fungieren. Er soll lernen, sich aktiv zu entspannen, so dass Bewegungen erfühlt und kontrolliert werden können. Die vier wichtigsten Techniken sind:

Die Augen: Hier soll der Reiter sich seiner Umgebung bewusst werden. Er wird dazu angehalten, sich nicht starr auf einen Punkt zu konzentrieren, sondern die Muskeln um die Augen zu entspannen und sich der Peripherie bewusst zu bleiben.

Die Atmung: Der Reiter muss sich vorstellen, dass die eingeatmete Luft bis zur Körpermitte, auf der Höhe des Beckens, sinkt, er streckt den Bauch heraus und atmet die Luft mit einem Stoß aus.

Das Zentrieren in der Körpermitte: Dies ist die Fähigkeit, Energie durch die Körpermitte zu leiten. Ausbilder lassen ihre Schüler sich vor- und zurücklehnen, bis sie eine Stellung gefunden haben, in der sie sich natürlich und bequem ausbalancie-

ren können. Die Körpermitte sitzt im Beckenbereich, vor den Lendenwirbeln. Man stellt sich ein Auge in der Mitte des Beckens vor, das in die Richtung blickt, in die der Reiter sich bewegen möchte.

Bausteine: Man stellt sich jeden Körperteil als abgeschlossene Einheit vor, die auf einer anderen sitzt, was der Wahrnehmung und der Kontrolle dient. Der Reiter lernt, sich zu konzentrieren und die Bewegung des Pferdes über den Sattel durch den Sitz, mehr über die Hüftgelenke als über die Lendenwirbel, zu absorbieren. Die Technik der „Rotation" der Hüfte in Form eines Eis oder Ovals hilft vielen Reitern, besser mit der Bewegung mitzugehen, und die meisten von ihnen behaupten, dass sie so wesentlich weniger „Schenkel" benötigen, um das Pferd zu treiben.

SELBSTHILFE

Denjenigen, die eine gute geistige Vorstellungskraft haben, kann diese Technik sehr viel weiterhelfen. Wenn Sie Interesse haben, sollten Sie Sally Swifts Buch kaufen. Es ist heute ein Standardwerk, in dem die praktische Anwendung der Technik erklärt wird. Es gibt auch Reitlehrer, die diese Technik beherrschen, und Sally selbst, die nun schon über achtzig ist, unterrichtet noch. Wenn Sie keinen qualifizierten Ausbilder für das Reiten aus der Körpermitte finden können, reicht das Buch aus. Vielleicht findet sich aber ein „normaler" Reitlehrer, der Interesse an der Methode hat.

KLASSISCHE REITWEISE

*Der Geist der Klassik umfasst Schlichtheit, Harmonie und Zurück-
haltung in allen Dingen, und man erkennt ihn sowohl in der Musik
als auch in der Kunst, der Architektur, den gesellschaftlichen Um-
gangsformen und anderen Aspekten des Lebens. Ziel der klassischen
Reiterei ist es, Leichtigkeit, Harmonie und Zusammenarbeit von
Reiter und Pferd auf höchstem technischen Niveau zu lehren.*

Wenn man an die Ära der Klassik denkt, denkt man zuerst an das alte Reich der Griechen, Römer und an Byzanz. Alle Anhänger der klassischen Reitweise kennen Xenophon, den griechischen Militärkommandeur, dessen Buch „Über die Reitkunst" bis heute gelesen wird und für jeden nützlich ist, der sich für die Psychologie, das Training und die Haltung von Pferden interessiert.

PHILOSOPHIE: IST KLASSISCHES REITEN EINE THERAPIE?

Das eigentliche klassische Reiten mit dem Anspruch der Freundlichkeit, der Leichtigkeit und der Zusammenarbeit kann mit Sicherheit als Therapie für Pferd und Reiter betrachtet werden. Klassisch ausgebildete Pferde haben durch die gute Gymnastizierung ihrer Körper einen starken Bewegungsapparat, und die Reiter sind durch diese Reitweise fit und beweglich.

Gutes Reiten ist gutes Training für Mensch und Tier, und richtiges, maßvolles Training ist fast immer vorteilhaft, außer bei manchen Verletzungsarten (auch wenn kontrolliertes Training oft Teil von Rehabilitationsmaßnahmen ist).

Eine ganzheitliche Reitweise: Ein altes englisches Sprichwort besagt: „Das Beste für das Innenleben eines Menschen ist das Äußere eines Pferdes." Heute sind die Reiter aber genauso am Innenleben der Pferde interessiert – mit anderen Worten: Das moderne ganzheitliche Konzept von „Körper, Geist und Seele" bezieht sich auf Reiter wie Pferd.

Positive Auswirkungen auf den Körper: Auf dem Rücken des Pferdes liegen viele Akupunkturpunkte, und Druck durch einen gut sitzenden Sattel kann diese Punkte stimulieren und sich so positiv auswirken. Vorsichtiges Training stärkt den Körper nicht nur, die fernöstliche Philosophie besagt auch, dass dadurch Meridiane gedehnt und stimuliert und der Energiefluss angeregt werden und dass dies die Produktion der Glückshormone anregt.

WIRKUNGSWEISE

Das Pferd: Korrektes Reiten lehrt das Pferd, seinen Rücken aufzuwölben, seine Hinterhand unter den Körper zu schieben und sich zu setzen. Hals und Kopf sollen sich in relativer Aufrichtung an das Gebiss herandehnen. Dadurch entwickelt sich die Muskulatur des Pferdes so, dass es das Gewicht des Reiters tragen und unter dem Sattel Leistung erbringen kann, wobei das Verletzungsrisiko durch Überlastung sehr gering gehalten wird. Diese Art der Arbeit ist mit Sicherheit als therapeutisch anzusehen.

Der Reiter: Hier wird vorausgesetzt, dass der Reiter im klassischen Sinne korrekt sitzen kann. Bei dieser Art des Sitzes, die wohlbekannt ist, aber oft vernachlässigt wird, sollte man von der Seite eine gedachte Linie durch Ohr, Schulter, Hüfte und Ferse ziehen können. Der Oberkörper sollte genügend Grundspannung haben, um sich selbst zu tragen, die Schultern sollten leicht nach hinten/unten genommen werden, und die Brust sollte frei sein. Viele Experten empfehlen auch, den Bauch herauszustrecken. Die Gesäßknochen sollten sich im tiefsten Punkt des Sattels befinden, und die Hüfte sollte harmonisch mit den Bewegungen des Pferdes mitgehen, um dessen Bewegungen und damit seine Willigkeit und Fähigkeit, auf die Wünsche des Reiters einzugehen, nicht zu blockieren.

Dr. Reiner Klimke(†), hier auf Ahlerich, war einer der besten Turnierreiter und klassischen Reiter unserer Zeit. Er bewies, dass beides zugleich möglich ist. Es ist traurig, dass zwar viele Reiter und Ausbilder ihn loben, dass aber nur wenige ihm nacheifern.

„Ein guter Sitz" und „gute Hände" sind Ausdrücke, die aus der modernen Terminologie fast verschwunden waren, aber sie kehren mit der klassischen Reitweise allmählich zurück. Auch das „Gefühl für das Pferd" ist etwas, das in der klassischen Reiterei propagiert wird und das sich darauf bezieht, dass der Reiter auf das Pferd eingeht und es nicht als Maschine betrachtet.

Das Zusammenspiel: Wenn diese Dinge vorhanden sind, ist die geistig erhebende und therapeutische Wirkung auf Pferd und Reiter beachtlich, die positiven Auswirkungen auf den Körper sind sichtbar. Der Genuss aus dem Zusammenspiel von Körper, Geist und Seele ist für alle diejenigen eine Offenbarung, die das Privileg genießen, so weit zu kommen.

WAS HABEN MEIN PFERD UND ICH DAVON?

Die hohe Schule, die z.B. von der Spanischen Reitschule in Wien oder dem Cadre Noir in Saumur gezeigt wird, mag inspirierend oder entmu-

tigend auf Sie wirken, je nachdem welche Ziele Sie haben oder wie groß Ihr Selbstvertrauen ist. Um klassisch zu reiten, müssen Sie jedoch nicht die Hohe Schule samt den Lektionen über der Erde beherrschen. Die saubere Ausführung einfacher Lektionen im korrekten Sitz und mit dem Pferd in schöner Haltung (je nach Ausbildungsstand)

stellt bereits klassisches Reiten dar, und viele Reiter wollen gar nicht mehr erreichen.

Außerdem weiß man, dass unabhängig vom erreichten Niveau klassisch ausgebildete Pferde viel länger leistungsfähig bleiben als Pferde mit weniger guter Ausbildung oder solche, die frühzeitig überfordert und in eine falsche Entwicklung gedrängt wurden, was natürlich den körperlichen Fähigkeiten und, kurz gesagt, der Gesundheit abträglich ist. Heute werden die meisten Pferde, die keine Leistung bringen können – was häufig nicht ihre Schuld ist –, aus wirtschaftlichen Erwägungen getötet.

SELBSTHILFE

Es gibt viele Bücher über die klassische Reitweise und über moderne „Horsemanship", propagiert häufig von „Pferdeflüsterern", deren Methoden als klassisch beschrieben werden können, falls sie die Ideale der Zusammenarbeit und der Harmonie fördern.

Man kann aus diesen Büchern viel lernen. Man kann sogar Reiten aus Büchern lernen, wenn man das Gelesene in die Praxis umsetzt. Die Hilfe eines Reitlehrers ist aber eigentlich unverzichtbar. Reiten lernen besteht aus einer Kombination aus Theorie und Praxis, und obwohl man natürlich, je nach Fähigkeiten und Geldbeutel, regelmäßig oder ab und an Unterricht nehmen kann, kann man sicherlich auch aus Büchern und Videos etwas lernen, wenn man das will und an sich arbeitet.

Der Cadre Noir aus Samur unterscheidet sich etwas von den klassischen Reitschulen, die Iberer und Lippizaner reiten, weil die Franzosen Pferde mit mehr Blut wie ihre berühmten Anglo-Araber und ihre Selles Français bevorzugen. Ihre Techniken und Prinzipien scheinen mehr aus dem Militär zu kommen, als das bei manchen anderen Schulen der Fall ist.

BODENARBEIT

Die Bodenarbeit stellt eine ausgezeichnete Möglichkeit zur Rehabilitation nach Verletzung und Krankheit dar. Bei richtiger Ausführung können damit auch Gangunreinheiten verbessert werden.

Viele sehen Bodenarbeit nur als eine Art des Trainings, der Ausbildung und als alternative Art, sein Pferd zu bewegen, wenn man einfach keine Zeit oder Lust hat zu reiten. Dies ist auch richtig, aber es gibt einen weiteren Aspekt bei der Bodenarbeit, nämlich dass man Kraft und Technik des Pferdes aufbauen kann, ohne dass es ein Reitergewicht tragen oder versuchen muss, den Wünschen eines Reiters zu entsprechen, wenn es durch dessen Gewicht behindert wird, egal, wie gut der Reiter sitzt.

VORTEILE DER BODENARBEIT

Wenn Bodenarbeit richtig ausgeführt wird, werden die Muskeln des Pferdes dabei auf viel natürlichere Weise trainiert, als wenn wir es reiten, vorausgesetzt, wir schränken es nicht durch falsche Hilfen ein (statt zu führen). Die Pferde gehen dabei von sich aus in korrekter Selbsthaltung, das heißt, die Hinterhand kommt unter den Körper und sorgt für Schwung, Kopf und Hals bewegen sich vorwärts-abwärts, und die Bauchmuskeln (und andere)

spannen sich an, um die Wirbelsäule von unten anzuheben und zu tragen (der Rücken wölbt sich auf). Ohne Reiter fällt es dem Pferd auch leichter, im Rücken zu schwingen, es kommt besser aus der Schulter und lässt seinen Schweif im Takt mitpendeln, was für den Betrachter ein schönes, befriedigendes Bild ergibt und für das Pferd eine erfreuliche körperliche Erfahrung ist.

Eine erfreuliche Erfahrung: Wenn man Pferde dazu ermutigt, sich auf diese Art zu bewegen, tun die meisten das gerne und scheinen tatsächlich erleichtert, sich strecken und „rund gehen" zu können. Man hat oft den Eindruck, dass viele Pferde das auch unter dem Reiter tun möchten, es aber aus vielerlei Gründen nicht können, z.B. durch einen schlecht sitzenden Sattel oder durch „blockierendes" Reiten (ein gefühlvoller Reiter lässt das Pferd vorwärts-abwärts gehen und kontrolliert gleichzeitig den Schub aus der Hinterhand). Korrekte Bodenarbeit eliminiert negative Einflüsse und ermöglicht dem Pferd Freude an der Bewegung.

Ein Rehabilitationsprogramm: Diese Art, sich ohne störendes Gewicht korrekt zu bewegen, ist ideal für den Aufbau von für das Gerittenwerden benötigten Muskeln. Sie stellt meist die zweite Stufe bei Rehabilitationsmaßnahmen dar. Man kann sie aber jederzeit in die Arbeit von Pferden einbauen (2–3mal pro Woche 20–30 Minuten), z.B. zum Aufwärmen vor

Frei laufendes Pferd mit ausdrucksvollen Bewegungen. Die Bodenarbeit gibt dem Pferd die Möglichkeit, zu seinen natürlichen Bewegungen zu finden und sich auszubalancieren, ohne dass es durch einen Reiter und die Ausrüstung behindert wird.

dem Reiten oder als Gymnastik, um das ganze Pferd korrekt zu arbeiten, oder einfach nur, um den Pferden den Spaß daran zu gönnen, und zu guter Letzt einfach als eine Art, Pferde zu bewegen.

AUSWAHL DER RICHTIGEN METHODEN
Führen an der Hand

Dies ist wahrscheinlich die am meisten unterschätzte und wertvollste Aktivität.

Vorteile für das Pferd: Das Pferd kann sich dabei lösen und strecken, die Muskeln werden auf natürliche Art aufgewärmt, und der Kreislauf wird in Schwung gebracht. Auch ist es für das Pferd unterhaltsam und viel entspannender, herumgeführt als geritten zu werden. Es bewegt sich dabei auf natürliche Art, aber dennoch kontrolliert und ohne Gewicht auf seinem Rücken. Das heißt aber nicht, das dies Zeitverschwendung ist: Die Muskeln arbeiten richtig, der Kreislauf arbeitet und transportiert Sauerstoff und Nährstoffe ins Gewebe und Abfallstoffe daraus ab, die, wenn sie dort verblieben, ein ungesundes Milieu in den Muskeln schaffen würden, was zu einem Leistungsabfall führen würde. Allein diese beiden Faktoren können nur zu korrektem, gesunden Muskelaufbau beitragen.

Örtliche Gegebenheiten: Man muss das Pferd nicht immer nur im Schritt führen. Neben dem Pferd her zu joggen trainiert auch den Reiter!

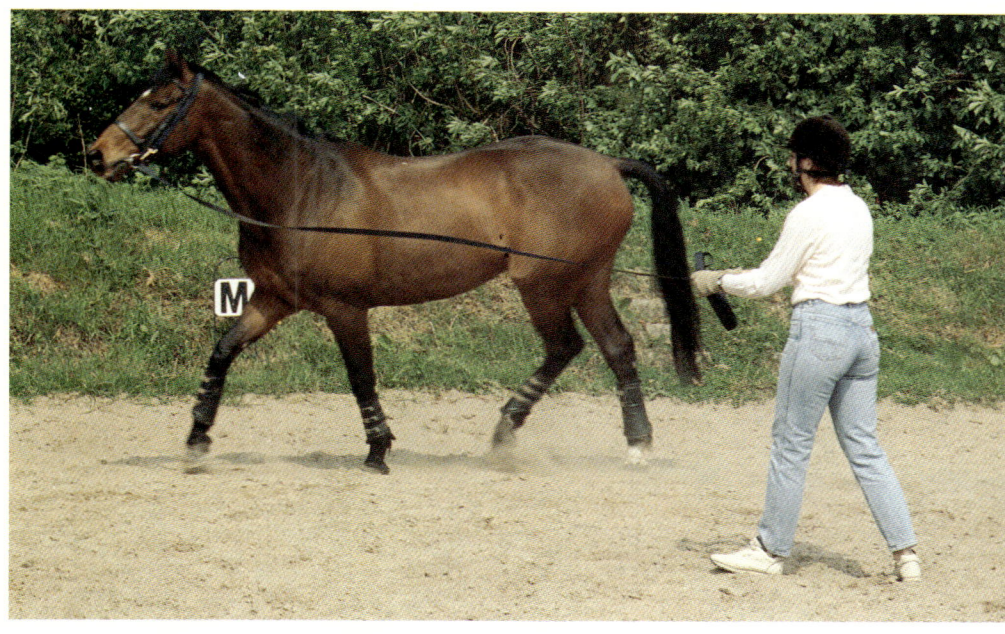

Longieren ist eine sehr beliebte Art der Bodenarbeit, wird aber oft falsch ausgeführt. Hier longiert Pam ihr Pferd Stanley in ruhigem Trab, aber er arbeitet noch nicht richtig. Stanley trägt nur ein Zaumzeug, keinen Longiergurt oder Sattel, und weil er Angst vor der Longierpeitsche hat und Pam sie sowieso für unnötig hält, longiert sie ihn ohne Gerte.

Je nach den Gegebenheiten können Sie das Pferd auch auf der Straße oder auf Reitwegen führen. Führen auf unebenem Boden lehrt das Pferd, mitzudenken, dahin zu schauen, wohin es geht, und sein Gleichgewicht zu finden.

Ausrüstung beim Führen: Ruhige Pferde können mit Halfter oder Kappzaum geführt werden, ansonsten empfiehlt sich eine Führkette, die mehr Kontrolle bietet als ein Zaumzeug. Außerdem kann das Pferd bei Pausen ohne Gebiss besser grasen. Man sollte einen Strick von ca. 3,5–4,5 Metern Länge verwenden, der Raum zum Nachlassen gibt, falls das Pferd erschrickt.

Longieren

Das Longieren ist meist der nächste Schritt bei Rehabilitationsmaßnahmen, aber auch hier sollte man viel Sorgfalt walten lassen, wenn man keinen Schaden anrichten will.

Führkette aus einem Hundehalsband, das um den Nasenriemen des Halfters geschlungen wurde. Der Strick ist in die Ringe an den Enden eingehakt.

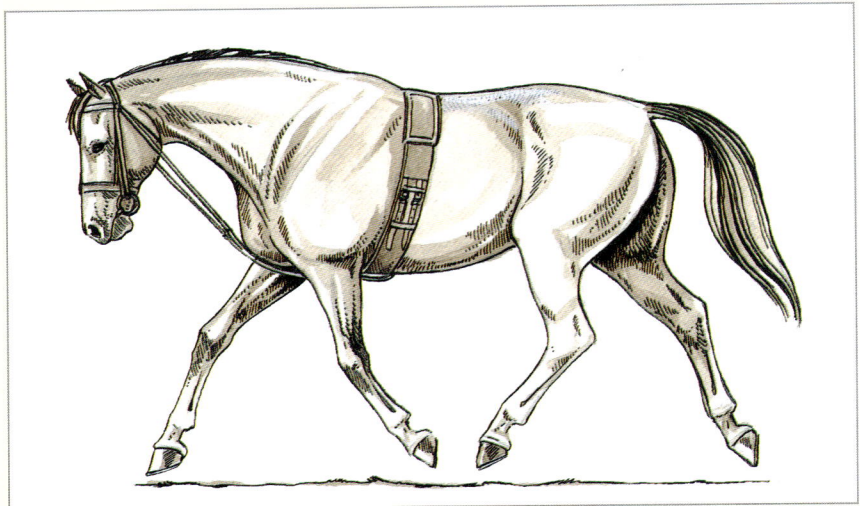

Das Chambon fördert eine gute Kopf- und Halshaltung und die Vorhand, hat aber keinen direkten Einfluss auf die Hinterhand, die dennoch angeregt wird, unterzutreten und Schub zu leisten.

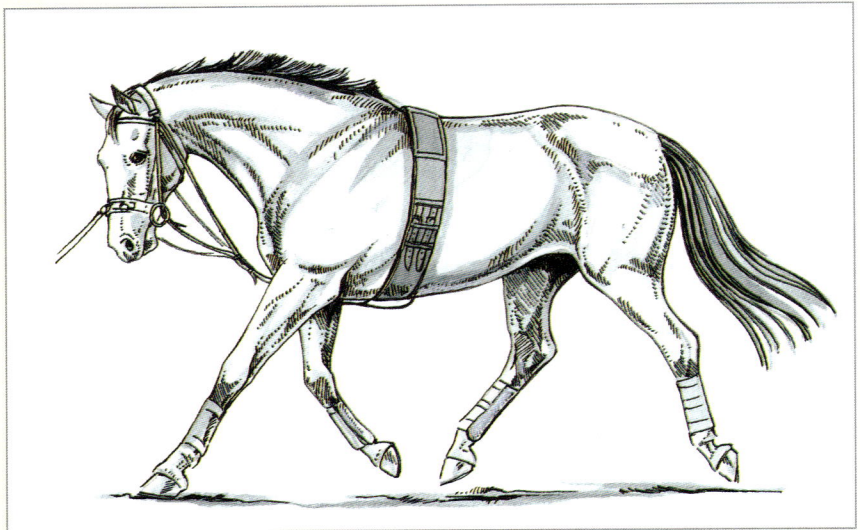

Das Gogue ist ein weiteres Hilfsmittel beim Longieren. Es hat eine ähnliche Wirkung wie das Chambon, aber mehr Einfluss. Man sollte es bei fortgeschritteneren Pferden anwenden, weil das Pferd sich damit aufrollt, wenn es nicht richtig verschnallt wird.

Ausrüstung: Man kann mit Kappzaum, Zaumzeug, Halfter mit Führkette oder einfach mit Halfter (Longe im unteren Ring eingehakt) longieren. Diese Ausrüstung kann auch kombiniert werden, je nachdem wie das Pferd erzogen und wie weit es ausgebildet ist.

Hilfszügel: Bei der Auswahl und beim Verschnallen sollte man größte Sorgfalt walten lassen.

Ausbinder dürfen auf keinen Fall zu eng verschnallt werden. Aber auch wenn sie (am Zaumzeug oder am Kappzaum) so verschnallt sind, dass das Pferd beim Stehen nur eine leichte Anlehnung hat, wird es sich in der Bewegung nicht vorwärts–abwärts strecken können – was eigentlich einer der wichtigsten Aspekte der Bodenarbeit bei der Rehabilitation ist –, sondern wird gezwungen, die Nase hinter die Senkrechte zu bringen. Dies kann zu Verletzungen im Gewebe rund um das Genick führen, und genau das will man ja vermeiden.

Hilfszügel sollten Folgendes bewirken: Die besten Hilfszügel für das Longieren sind das Chambon und das Gogue, das Tellington-Körperseil und das Körperband und vielleicht einige der neueren Erfindungen wie das Pessoa. Der Hilfszügel soll es dem Pferd ermöglichen, es sogar dazu anregen, von sich aus in korrekter Selbsthaltung zu arbeiten. Er darf das Pferd nicht in eine Haltung hineinzwingen, weil dabei nicht die richtigen Muskeln zum Arbeiten kommen, und er darf, wie bereits erwähnt, das Pferd nicht daran hindern, sich natürlich zu bewegen oder sich vorwärts–abwärts zu strecken. Er darf es keinesfalls in seinen Bewegungen einschränken oder es dazu zwingen, sich aufzurollen. Dies würde nämlich nicht rehabilitierend wirken, sondern dem Pferd körperlich und geistig schaden.

Richtiges Longieren: Man sollte erst viel im Schritt arbeiten, damit das Pferd erkennt, dass es sich völlig frei bewegen kann. Danach kann man mit der Trabarbeit beginnen, später mit dem Galoppieren, wobei Wert auf korrekte, freie Bewegungen und Selbsthaltung gelegt werden sollte.

Man sollte nicht immer nur auf einem Zirkel arbeiten. Der Longenführer sollte viel mehr mit dem Pferd mitgehen, als dies üblich ist, so dass es sich z.B. auf geraden Linien oder sehr großen Zirkeln bewegt. Arbeit auf zu engen Zirkeln, speziell während einer Rehabilitation, belastet Gelenke, Bindegewebe, Hufe, Beine und Rücken zu sehr, und das Pferd nimmt häufig eine Schonhaltung ein, um dies auszugleichen, und setzt dann die falschen Muskeln ein. Das wirft das Pferd im Genesungsprozess um Längen zurück.

Natürlich bestimmt die Einstellung des Longenführers, ob die Arbeit Gutes bewirkt oder nicht. Wenn man akzeptiert, dass man nicht immer auf ein und demselben Zirkel arbeiten muss, und dass es Ziel dieser Arbeit ist, dass das Pferd gesund wird, und nicht, dass es auf einem perfekt runden Zirkel läuft, bewirkt das Longieren viel mehr.

Die Tellington-Methode ist eine Mischung aus konventionellem Longieren und Führen an der Hand. Diese Methode kommt dem Pferd sehr entgegen; bei der Ausführung ist Flexibilität gefragt. Die Pferde werden auf großen Ovalen an einer Führleine (kürzer als eine Longe) longiert, und man geht mit dem Pferd mit, statt in der Mitte des Zirkels stehen zu bleiben, wie es in der Regel praktiziert wird.

Arbeit am langen Zügel

Diese Technik bietet wesentlich mehr Möglichkeiten als das normale Longieren. Sie dient nicht nur der Rehabilitation, sondern man kann damit Pferde bis zu einem hohen Niveau ausbilden, sogar bis zur Hohen Schule. Die Longe kann in den Kappzaum oder in ein Gebiss eingeschnallt werden, wenn der Longenführer sensibel und kompetent ist.

Nach einer Einführung gelingen auch Handwechsel flüssig.

Die Arbeit am langen Zügel lehrt die Pferde mitzudenken, sie werden selbstständiger, wenn man sie so bewegt. Sie haben keinen so engen Kontakt zum Führer wie zu einem Reiter, aber der Trainer, der je nach Technik hinter oder neben dem Pferd her geht, sollte eine ständige Verbindung zum Pferdemaul haben

Die Arbeit am langen Zügel bietet viel mehr Möglichkeiten als das Longieren und ist viel interessanter. Die Besitzerin dieses Stütchens wird von ihrem Trainer Tony Hall mit viel Gefühl angeleitet. Peggy, die Stute, und Shirley, die Besitzerin, haben sich die Grundbegriffe schnell angeeignet und sind bald so weit, dass sie allein weiterarbeiten können.

– vorausgesetzt, er beherrscht sein Handwerk. Auch hier kann sowohl im Schritt wie im Trab gearbeitet werden.

Wenn man das Pferd vom Boden aus ausbilden will, können viele Lektionen und Schulsprünge am langen Zügel erarbeitet werden.

Die richtige Technik: Es gibt verschiedene Techniken, und man kann sich seine eigene, den Umständen angepasste zurechtschneidern. Bei der englischen bzw. irischen Art läuft die linke („innere") Longe direkt zur linken Hand des Trainers, während die rechte, an der äußeren Seite des Pferdes entlang, in die rechte Hand des Ausbilders läuft. Man kann einen Sattel verwenden und die Longe durch die Bügel laufen lassen oder auch einen Longiergurt.

In der Spanischen Reitschule zu Wien werden kurze Longen verwendet, und der Longenführer geht knapp hinter dem Pferd. Es gibt auch eine ausgefeilte dänische Methode, in Großbritannien und Irland durch Sylvia Stanier, LVO, bekannt gemacht, bei der ein Fahrgeschirr mit Rollenumleitungen verwendet wird, über die die Longen zum Ausbilder laufen.

ARBEIT ÜBER STANGEN

Es gibt viele verschiedene Arten, Pferde über Stangen zu arbeiten, die wir hier nicht näher erläutern möchten. Wir möchten lediglich die Techniken aufzeigen, die bei der Rehabilitation von Pferden zu Therapiezwecken eingesetzt werden. Viel hängt von der Meinung und dem

Das TTeam-Körperband ist ideal für Pferde, die sich körperlich und geistig „zusammennehmen" müssen. Alle TTeam-Ausrüstungsgegenstände sind über Practitioner erhältlich (s. S. 186). Sie stellen eine sinnvolle Ergänzung zur traditionellen Ausrüstung dar.

Rat des Tierarztes und den anderen Therapeuten, z.B. den Physiotherapeuten, ab, die helfen, das Pferd wieder anzutrainieren.

Vorteile: In der Regel arbeitet man Pferde über Stangen, damit sie ihre Beine heben und die Hinterhand unter den Körper schieben. Dadurch wölbt sich der Rücken auf und sie gehen aus der Hinterhand, statt sich mit der Vorhand vorwärts zu ziehen, was viele verletzte Pferde, je nach Art der Verletzung, instinktiv tun.

Bodenarbeit über Stangen, ob mit oder ohne Hilfsmittel, die das Pferd ermuntern, sich über den Stangen rund zu machen, fördert auch die Gänge. Sie bringt die Pferde dazu, sich gerade zu richten und ihre Extremitäten gerade zu bewegen. Es ist überraschend, wie gut sich Pferde bei der Stangenarbeit konzentrieren. Selbst diejenigen, die selten dahin schauen, wohin sie gehen, oder die,

die versuchen, über die Stangen zu rennen oder springen, können mit Hilfsmitteln wie der weißen Tellington-Gerte davon überzeugt werden, sich zu konzentrieren. Sie achten auf die Gerte, dehnen sich vorwärts–abwärts und schieben die Hinterhand unter den Körper.

Höherer Schwierigkeitsgrad: Die Anzahl der Stangen kann allmählich erhöht werden, und man kann sie auf einer gebogenen statt einer geraden Linie anordnen. Wenn das Pferd mehr Kraft bekommt und ihm die Arbeit leicht fällt, kann man statt Stangen auch Cavaletti verwenden.

Wenn man die Bodenarbeit zu Therapiezwecken einsetzen möchte, sollte man sich von einem Bewegungstherapeuten beraten lassen.

INTEGRATIONSTHERAPIE

Die „Integrationstherapie für Pferd und Reiter" stellt eine Form der Energiemedizin dar, die von der Reitlehrerin und therapeutischen Masseurin Caroline Dow-Thomas in England entwickelt wurde. Caroline gibt an, sich auf die unterschwelligen Heilungsenergien von Pferd und Reiter einstimmen zu können, so dass sie in der Lage ist, Gleichgewicht und Harmonie zwischen ihnen herzustellen und ihnen so zu helfen, über ihre Probleme und Einschränkungen hinwegzukommen und ihre Ziele zu erreichen. Laut ihrer Aussage kann sie auch mit Pferden kommunizieren und erhält von ihnen Antworten auf Fragen bezüglich ihres Lebens, ihres Alltags, ihrer Arbeit und ihrer eigenen Ziele.

PHILOSOPHIE

Caroline glaubt, dass sich die ganze Geschichte von Reiter und Pferd in ihren Energiefeldern findet, und sie scheint einer der wenigen Menschen zu sein, die die Energien anderer Menschen und Pferde spüren können. Sie arbeitet auch gerne mit anderen Lehrern, Trainern und Therapeuten zusammen, weil Heilung ein weites Feld ist und weil in Zusammenarbeit mit anderen Methoden und Ideen mehr erreicht werden kann.

Den Instinkten folgen: Viele Menschen verfügen über mehr Intuition, als sie glauben, verwenden diese Begabung aber nicht so häufig, wie sie sollten, obwohl sie vielleicht Vorahnungen haben und sich jeden Tag von ihrer Intuition leiten lassen. Wenn wir mehr Bewusstsein für uns und unsere Pferde entwickeln, können wir uns besser von der Intuition und dem „Gefühl im Bauch" leiten lassen.

WIRKUNGSWEISE

Das moderne Leben mit all seinem Stress schaltet häufig instinktive Botschaften aus unserem Inneren aus. Caroline hält ihre Kunden dazu an, sich mehr Zeit zu lassen und darüber nachzudenken, was ihre eigentlichen Ziele sind („Wollen Sie wirklich springreiten oder würden Sie lieber nur ins Gelände gehen?"). Sie bringt sie dazu, neu darüber nachzudenken, was für sie und ihre Pferde erfüllender sein könnte als das, was sie jetzt tun. Auch manche Pferde bevorzugen nämlich eine andere Disziplin als die, die der Besitzer vorgibt. Am Anfang fungiert Caroline als Verbindung zwischen Pferd und Reiter, hält sich aber mehr und mehr im Hintergrund, wenn die beiden besser miteinander kommunizieren lernen.

Kontakt zu Caroline

Carolines eMail-Adresse finden Sie auf S. 186 dieses Buches unter „Nützliche Adressen".

Einsatzgebiete

▶ **Stressabbau beim Reiter:** Stress blockiert in unserer modernen Welt häufig die Kommunikation und die Leistung. Stress verursacht automatisch Muskelverspannungen und blockiert den Geist, was nicht ohne Folgen bleibt. Pferde sind außerordentlich sensibel und spüren sofort, wenn der Reiter gestresst ist, und dieser Stress überträgt sich, auch wenn die Pferde nicht verstehen, warum der Reiter gestresst ist.

▶ **Herstellung von Gleichgewicht und Harmonie:** Wenn der Reiter kontraproduktiven Stress abbauen kann, kann das „wahre Ich" von Pferd und Reiter sich zeigen, und Gleichgewicht und Harmonie stellen sich ein.

▶ **Um den Ehrgeiz anzustacheln:** Wenn Menschen und Pferden bewusst wird, was sie wirklich vom Leben wollen, ist es erstaunlich, wie ihr Ehrgeiz sich verändern und entwickeln kann: Wenn sie erst ihrer wahren Ziele erkannt haben, werden sie selbstbewusster und betrachten das Leben entspannter, obwohl sie sich höhere Ziele gesteckt haben.

▶ **Zur Lösung körperlicher Probleme:** Diese Therapie kann helfen, körperliche und psychische Probleme auszumerzen. Körper und Geist sind eng miteinander verbunden – wenn körperliche Probleme beseitigt werden, wird auch der Geist frei, und so wird ein Gleichgewicht hergestellt.

KINETISCHES REITTRAINING

Dieses System beschreibt „erfühltes Reiten" und wurde von Ian Stevenson MS, einem Sportpsychologen, entwickelt, dessen Methoden von Mitgliedern des olympischen Teams der USA angewendet werden. Das kinetische Reittraining wird als „Reiten mit mehr Gleichgewicht, Konzentration und Kommunikation zwischen Pferd und Reiter" beschrieben. Es ist ein System, mit dem man sich mit seinem Pferd auf einer Ebene tieferen gegenseitigen Verstehens bewegt.

WIRKUNGSWEISE

Man setzt zielgerichtetes Atmen als Kommunikationsmittel zwischen Reiter und Pferd ein. Dabei entspannen sich beide und konzentrieren sich besser aufeinander. Durch den Einsatz spezieller Atemtechniken beim Reiten kann die Leistung gesteigert werden, Übergänge gelingen besser, Vorwärtsimpulse werden geschaffen und gesteuert, und Kontakt und Gleichgewicht zwischen Pferd und Reiter werden maximiert. Kurz gesagt, es macht aus Ihnen und Ihrem Pferd ein sechsbeiniges Team.

EFFEKT

Besitzer und Pfleger erlernen Wege, vom Boden aus an sich und ihren

Pferden zu arbeiten. Mit Hilfe kinetischer Techniken werden Stress und Verspannungen bei Pferd und Reiter abgebaut. Während des Rei-

Abtasten des Energiefelds vor dem Handauflegen. Das Pferd beginnt bereits zuzuhören, sich zu entspannen und zu „antworten".

tens können diese Techniken die Kommunikation verbessern, was eine ausgeglichenere, konzentriertere Partnerschaft schafft.

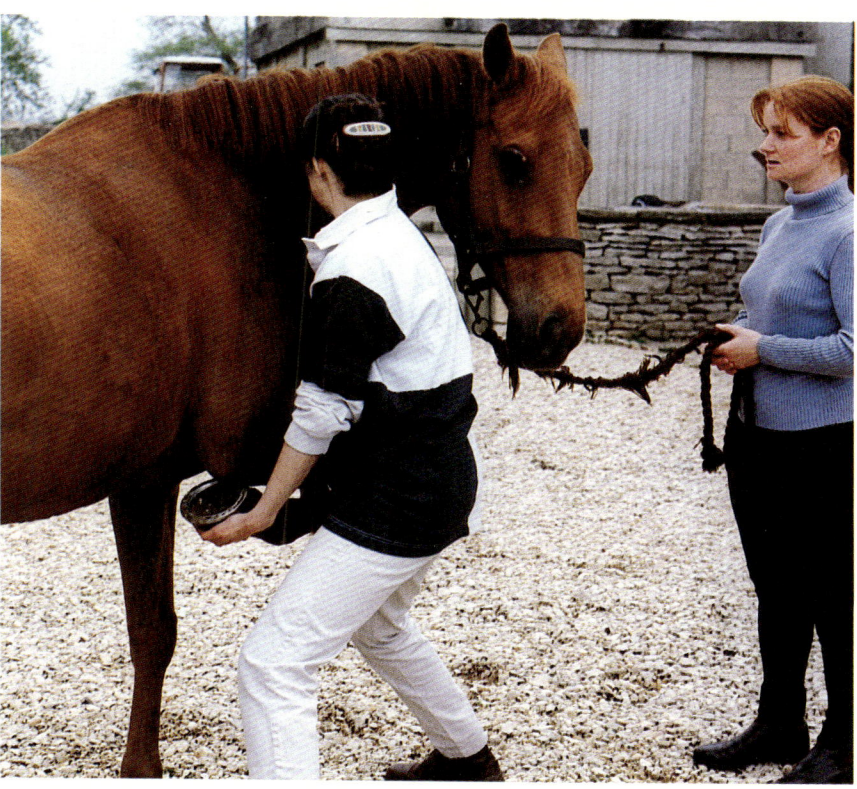

Links: Handauflegen bei einem Pferd, das ganz typisch damit reagiert, dass es den Kopf senkt, sich streckt, gähnt und „einen sanften Blick" bekommt, was Ruhe und Entspannung andeutet.

Oben: Arbeit am Körper des Pferdes. Die Extremitäten werden nach dem Handauflegen hin- und herbewegt.

Von links nach rechts: Eine Abfolge von therapeutischen Übungen, durch die man sich des eigenen Körpers stärker bewusst wird. Sie dienen zum Aufwärmen vor dem Reiten.

Links: Einschätzen des Reitersitzes – der Reiter soll sich dessen bewusst werden, wie er sitzt.

Mitte: Übertreiben der Sitzfehler, was dem Körper erlaubt, sich neu (symmetrisch) zu organisieren.

Rechts: Erneutes bequemes Sitzen. Schultern und Brust der Reiterin sind jetzt offener und auf gleicher Höhe, die Gesäßknochen haben mehr Kontakt zum Sattel, und der linke Fuß zeigt mehr nach vorn.

GEISTHEILUNG

Geistheilung wird manchmal auch Gesundbeten oder Heilung durch Handauflegen genannt. Gesundbeten ist wahrscheinlich der populärste und älteste Name. Er hat mit Glaube zu tun - die behandelte Person muss an die Methode glauben und sicherlich auch dem Therapeuten vertrauen, damit sich eine Wirkung einstellt, obwohl auch schon von Heilungen bei Menschen berichtet wurde, die Zweifel an der Wirksamkeit hatten und für die diese Methode nur der letzte Ausweg war.

Charles Siddle (†), der hier seine Heilkräfte bei einem Pony einsetzt.

Man sagt, dass Geistheiler nicht selbst als Heiler fungieren, sondern als Medium, durch welches Heilung von verstorbenen Menschen aus einer anderen Dimension auf den Patienten übertragen wird. Durch dieses Medium (den Geistheiler) helfen Verstorbene noch lebenden Menschen.

PHILOSOPHIE

Geistheilung ist eine überraschend weitverbreitete Therapie, vor allem in englischen Krankenhäusern. Viele Schulmediziner und Krankenschwestern sind aktive, ausgebildete Heiler, und der National Health Service in Großbritannien erkennt diese Therapieform an. Leider scheinen nur wenige Tierärzte Vertrauen in diese Therapie zu setzen, wenn sie auch heute in der Regel Patienten auf Verlangen an Heiler überweisen (obwohl für diese Therapie genau genommen keine Überweisung nötig ist).

Es sind Fälle bekannt, in denen Menschen sich entgegen aller Prognosen erholt haben, weil sie einen enormen Lebenswillen besaßen und wahrscheinlich auch den Glauben daran, dass der Heiler ihnen helfen konnte. Es kann gut sein, dass Optimismus und Glaube beim Menschen die Produktion von „Wohlfühlhormonen" und evtl. auch anderen Stoffen anregt, die das Immunsystem stärken, wodurch chemisch ungünstige Bedingungen für Krankheitskeime entsteht oder, umgekehrt, günstige Bedingungen für eine Heilung. Aber wie kann dies bei Tieren wirken, deren Verstand keinen Glauben und keine Hoffnung kennt?

Die Aura: Eine Theorie hierzu besagt, dass jeder Mensch und jedes Tier ein Energiefeld oder eine Aura besitzt, eine Art geistiger Hülle, die sie/ihn umgibt und die eng mit dem Körper und der Heilung verwoben ist. Wenn die Gesundheit, der Körper und der Geist sich in einem Gleichgewichtszustand befinden, reflektiert die Aura dies für die Menschen, die sie sehen können, in Form von Farben. Wenn die Aura schwach oder blockiert ist, wird der Heiler für den Patienten zu einem Medium, das mithilft, das Energiefeld und den Energiefluss ins Gleichgewicht zu bringen.

Wenn Sie keine Auren sehen können, heißt das nicht, dass Sie nicht heilen können. Viele Menschen, wie Ärzte, Pflegepersonal, Mütter, Besitzer von Tieren, enge Freunde, Partner in einer Beziehung, können die Menschen in ihrer Umgebung heilen, wenn sie nur daran glauben.

Wie wirksam ist Geistheilung?

Eine der Autorinnen hörte von einer depressiven Person, die man bat, ein Wasserglas mit Samen zu halten, bevor diese gepflanzt wurden. Die Samen trieben nicht aus. An einem anderen Ort bat man einen Heiler, das gleiche zu tun. Alle Samen (aus der gleichen Tüte) trieben aus.

Traditionelle fernöstliche Therapien arbeiten oft auf der Grundlage, dass nicht nur der Energiefluss (Chi oder Ki) des Patienten ausgeglichen und stimuliert werden soll, sondern dass auch positive Energien durch den Körper des Therapeuten fließen und, falls nötig, negative Energien durch seinen Körper abfließen. Diese Therapien sind so effektiv und Therapeuten und Patienten glauben so stark an ihre Wirkung, dass niemand mit Sicherheit behaupten kann, dass es all das nicht geben kann.

WIRKUNGSWEISE

Geistheiler arbeiten mit unterschiedlichen Methoden, manche auch mit mehreren. Der Heiler muss den Patienten nicht unbedingt sehen oder sprechen, obwohl manche der Meinung sind, dass das „persönliche" Heilen effektiver ist.

Fernheiler: Manche Heiler, die aus der Ferne arbeiten, fordern ein Foto des Patienten an. Fernheiler scheinen in der Lage zu sein, den Patienten, um den es geht – ob Mensch oder Tier – zu lokalisieren und eine Verbindung zu ihm herzustellen. Dies geht sogar so weit, dass sie Äußeres und Charakter beschreiben können. Wenn Sie für sich oder jemand anderen (einschließlich Ihrem Pferd) Hilfe benötigen, reicht es oft aus, dem Heiler zu schreiben oder ihn anzurufen, damit er Kontakt aufnehmen kann.

Ehrenkodex: Kaum ein Heiler wird ohne Zustimmung des Patienten versuchen, einen Menschen zu behandeln. Wenn der Patient aufgrund seines Zustands aber nicht zu einer Aussage fähig ist, versuchen die meisten Heiler zu helfen. Manche Heiler geben an, Tiere nach ihren Wünschen befragen zu können. Meist wollten sie behandelt werden, – außer wenn sie wirklich sterben möchten.

Gefühle des Therapeuten während der Heilung: Die Heiler beschreiben unterschiedliche Zustände. Manche fühlen einfach Wärme und Energie, andere sagen, sie „wissen", dass die Strahlen der Heilung durch ihren Körper zum Patienten fließen, fühlen aber selbst nichts, andere behaupten, dass sie ein Kribbeln oder warme bzw. kalte Ströme verspüren. Manche sind am Ende einer Behandlung erschöpft, andere fühlen sich gestärkt.

Warnung: Geistheilung hilft auf keinen Fall immer, und die Antwort, die man dann in der Regel erhält, lautet: „Wahrscheinlich ist diese Form der Heilung für Sie/Ihr Pferd momentan nicht geeignet." Krankheiten werden hier häufig als belastende Lektionen angesehen, die wir in unserem Leben lernen und erfahren müssen, aber die Heiler möchten uns helfen, diese Erfahrungen besser zu verstehen, und versuchen, uns die Last erträglicher zu machen.

KONTAKTE

Manche Heiler sind so bekannt, dass es ziemlich einfach ist, mit ihnen Kontakt aufzunehmen. Adressen finden sich auch in den Anzeigenteilen regionaler oder überregionaler Zeitungen oder in (Fach-) Zeitschriften, wenn Heiler sich auf bestimmte Gebiete spezialisiert haben, z.B. auf das Heilen von Pferden. Einige Adressen finden sich auch in Telefon- und Branchenbüchern. Mundpropaganda ist sicher eine gute Empfehlung, aber keine Erfolgsgarantie.

Wie wir bereits erwähnt haben, gibt es in Großbritannien viele Schulmediziner und Krankenschwestern, die in dieser Therapieart bewandert sind, und Geistheilung wird dort offiziell anerkannt. Und obwohl nur wenige Tierärzte Vertrauen in diese Therapie zu setzen scheinen, überweisen sie Kunden in der Regel auf Verlangen an einen Heiler. In Großbritannien gibt es auch die National Federation of Spiritual Healers mit mehr als 7000 Mitgliedern, von denen viele sowohl Menschen als auch Tiere therapieren. Natürlich gibt es Geistheiler auch in anderen Ländern.

GEISTHEILUNG IN DER PRAXIS

Charles Siddle (†), Mitglied der britischen Federation of Spiritual Healers

Charles Siddle (Fotos mit freundlicher Genehmigung von Greenshires Publishing)

Charles besuchte als Sohn eines Bauunternehmers in London eine Privatschule und ging später zur Marine. Beim Angriff auf die Normandie im zweiten Weltkrieg wurde er schwer verletzt und verbrachte die nächsten vier Jahre viel Zeit in Krankenhäusern. Danach ließ er sich nieder und tat, was ihm am meisten Spaß machte: Er arbeitete mit Tieren. Bis Mitte dreißig war er Eigentümer einer Tierhandlungskette und züchtete Hunde, die er auch auf Ausstellungen präsentierte.

Schon als Kind konnte Charles gut mit Tieren sprechen – „meine Lehrer in der Schule dachten, ich wäre nicht normal, und schickten mich zu einem Psychiater!" –, aber er bemerkte erst viel später, als er den berühmten Tierarzt Buster Lloyd Jones kennen lernte, dass er eine besondere Begabung dafür hatte, Krankheiten und Traumata bei Mensch und Tier zu lindern, ja sogar zu heilen.

Charles erinnert sich: „Kurz bevor Buster vor ca. 30 Jahren verstarb, sagte er zu mir: „Sie haben eine große spirituelle Begabung, Sie können heilen!" – Damals glaubte ich ihm nicht, aber ca. acht Jahre nach seinem Tod erschien er mir und sagte, dass er einfach zurückkommen und mir zeigen musste, dass ich heilen könne. Danach sprach er häufig mit mir und zeigte mir, wie man heilt. Geistheiler arbeiten mit einer spirituellen Person, und mein Führer ist Buster."

Charles nahm nur Tiere an, die vorher von einem Tierarzt untersucht worden waren. „Spirituelle Heiler, die mit einem Tierarzt zusammenarbeiten, haben einen Ehrenkodex. Sie stellen keine Diagnosen, manipulieren nicht und verschreiben auch keine Medikamente. Ich kann Probleme durch Handauflegen finden und heilen, das geht aber auch aus der Ferne."

Kann man mit spirituellem Heilen aber eine vollständige Heilung erzielen? Charles erklärt: „Auf jeden Fall verschwinden die Schmerzen. Ob auch die Krankheit, z.B. Krebs, völlig verschwunden ist, kann ich nicht sagen. Vielleicht tritt sie wieder auf, wenn dem Patienten etwas Traumatisches widerfährt. Ich glaube, dass viele Krebsarten durch Stress verursacht werden. Aber solange die Schmerzen verschwinden ... Bei einem alten Tier kann man Schmerzen lindern, wieder jung ma-

chen kann man es nicht. Ich meine, dass Tiere keine Schmerzen mehr erleiden sollten, wenn ihre Zeit gekommen ist."

Charles arbeitete in ganz Großbritannien und hielt regelmäßig Seminare ab. Man kann hier nicht alle Menschen anführen, die seine Heilkräfte erfahren durften, aber die folgende Fallstudie sollte seine seltene Begabung gut verdeutlichen.

FALLSTUDIE

Pferd: *Jessica, Vollblut, Zuchtstute*

Problem: Jessica, die den Rennpferdezüchtern Jane und Graham Piper gehörte, litt an einem bösartigen, nicht behandelbaren Lymphosarkom (Blutkrebs). Der Tierarzt der Pipers hatte aufgrund dieser Diagnose dazu geraten, sie einschläfern zu lassen. Jane erzählt: „Jessica hatte überall Geschwüre und offene Stellen, einige tennisballgroß, auch im Schlund. Dadurch konnte sie nicht fressen. Zu diesem Zeitpunkt wussten wir schon, dass es keine Rettung mehr gab. Wir hatten den Tierarzt zum Einschläfern bestellt, aber in unserer Verzweiflung rief ich Charles an und bat ihn um Hilfe. Ich glaubte nicht an spirituelle Heilung, aber eine Freundin, die ihn hatte heilen sehen, hatte ihn mir empfohlen. Ich hatte ja nichts zu verlieren."

Behandlung: Jane erklärt: „Charles kam und wusste nicht, was ihn erwartete. Er nahm ihre Decke ab, legte seine Hände auf und strich über ihren Körper, bevor er sie wieder eindeckte und sagte, wir sollten die Decke nicht mehr abnehmen, bevor der Tierarzt zum Einschläfern käme. Das Ganze dauerte fünf Minuten."

Ergebnis: Am nächsten Morgen schlug Jessica gegen die Stalltür und wollte ihr Frühstück – und sie fraß alles auf.

Dies war die Stute, die nicht fressen konnte und am Tag zuvor an der Schwelle des Todes stand! Wir wollten nur zu gerne die Decke abnehmen und nachsehen, ob sich etwas verändert hatte, aber Charles hatte es verboten, und so mussten wir warten.

Als der Tierarzt kam, nahmen wir die Decke ab, und wir trauten unseren Augen nicht: Alle Geschwüre, bis auf eine kleine Stelle, waren verschwunden." Der Tierarzt sagte damals: „Darüber spreche ich nicht, weil ich nicht erklären kann, was hier passiert ist."

Jessica bekam noch sechs Fohlen, auch das, das sie zur Zeit ihrer Heilung in ihrem Bauch trug und das vollkommen gesund zur Welt kam. Wir nannten es Charlie Siddle und schenkten es Charles. Er lief für Charles Rennen und machte ihm viel Freude.

Jessica starb im Alter von 15 Jahren 1999, nach sechs geschenkten Jahren, die sie ohne Charles nicht gehabt hätte. Ihre Geschichte wurde 1995 im Fernsehen in der Sendung „Strange but True" (Seltsam, aber wahr) ausgestrahlt.

Jessica und ihr Hengstfohlen, Charlie Siddle, geboren im April 1994 (Foto mit freundl. Genehmigung von Jane Piper)

REIKI

Reiki ist die Fähigkeit, Menschen durch einfaches Handauflegen zu helfen und zu heilen. Es ist eine Energietherapie, wobei „rei" „überall verbreitet" und „ki" „Energie" bedeutet. Reiki transportiert die Energie aus der Umgebung durch den Therapeuten, das heilende Medium, in den Patienten oder Empfänger hinein. Reiki wirkt sehr beruhigend und kräftigend auf Therapeuten und Empfänger. Mit dieser Therapie sollen beunruhigende, unangenehme und schmerzhafte Symptome gelindert werden. Reiki funktioniert auch aus der Ferne, und kann bei Einzelpersonen oder Gruppen angewendet werden.

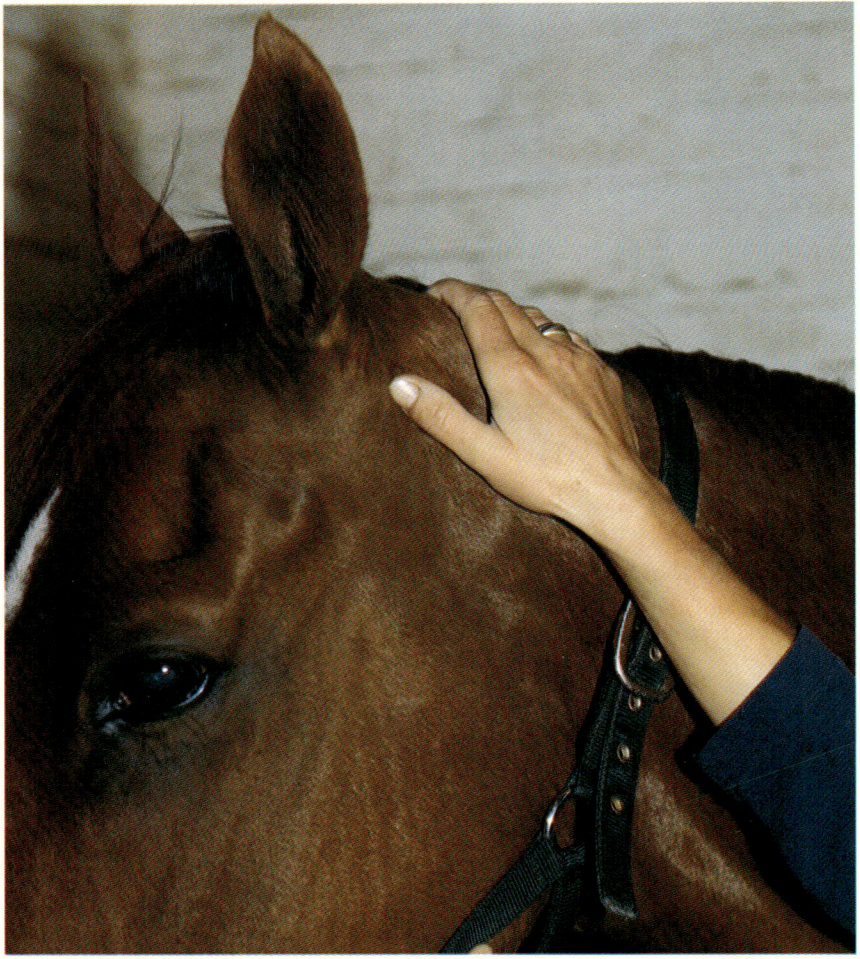

Eine Reiki-Therapeutin überträgt Energie aus der Umgebung auf den Patienten. Pferde reagieren auf Behandlungen mit Reiki meist zuerst sensibel, gewöhnen sich aber daran.

PHILOSOPHIE

Die alte Kunst des Heilens durch Handauflegen war den meisten Menschen wahrscheinlich immer schon ein Rätsel, etwas, worüber man in der Bibel und ähnlichen Texten gelesen hat. Aber was ist das, und wie wirkt es? Niemand hat es je mit Massage oder Manipulation verglichen oder beschrieben, dass der Körper des Empfängers überhaupt bewegt wird. Die Hände werden einfach aufgelegt. In nach-römischer Zeit wurde es nur noch selten in Texten erwähnt, aber es hielt sich wahrscheinlich im Fernen Osten.

Dann, am Ende des 19. Jahrhunderts, versuchte Dr. Mikao Usui, Direktor einer japanischen Universität und Christ, die Wahrheit über das Handauflegen und die wundersamen Heilkräfte Christi und seiner Jünger (und anderer) herauszufinden. Er fastete und meditierte deshalb 21 Tage auf einem heiligen Berggipfel. Danach erhielt er die goldenen (indischen) Symbole des Sanskrit, die Heilkräfte besaßen, und konnte fortan heilen. Eine andere Geschichte besagt, dass er das Handauflegen in alter Sanskritliteratur wiederentdeckte.

WIRKUNGSWEISE

Die Hände müssen nicht auf die schmerzende Stelle gelegt werden, weil die Energie, die durch Reiki fließt, scheinbar immer von den Stellen im Körper angezogen wird, an denen sie gebraucht wird, fast wie Strom von Metall oder Wasser. Das bedeutet, dass man bei einem kopfscheuen Pferd nicht die Ohren

Einsatzgebiete von Reiki

Reiki kann die Symptome körperlicher, geistiger oder psychischer Krankheiten lindern, hilft aber auch bei allgemeiner Depression, Anspannung etc. bei Mensch und Tier. Einsatzgebiete:

▶ Beruhigung von Pferden und Menschen vor Turnieren

▶ Zur Kräftigung nach Anstrengung oder Stress

▶ Zur Unterstützung der Heilung nach (tier-) ärztlicher Behandlung

▶ Zur Entspannung für Tiere, die Angst vor dem Transport oder Schmerzen haben oder allgemein nervös sind

▶ Zur Stärkung der körpereigenen Abwehrkräfte

▶ Zur Linderung oder Prävention von starkem Stress

Kurz gesagt kann Reiki zur Ergänzung der meisten schulmedizinischen und alternativen Therapien eingesetzt werden.

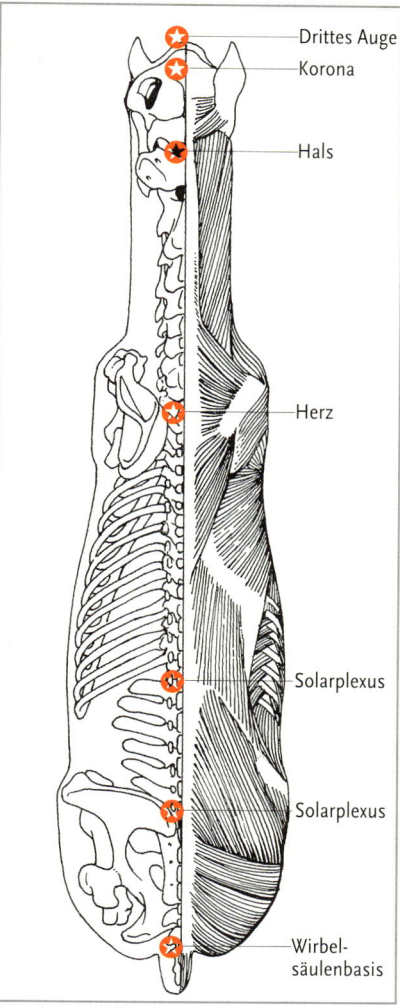

Sieben Hauptchakren des Pferdes

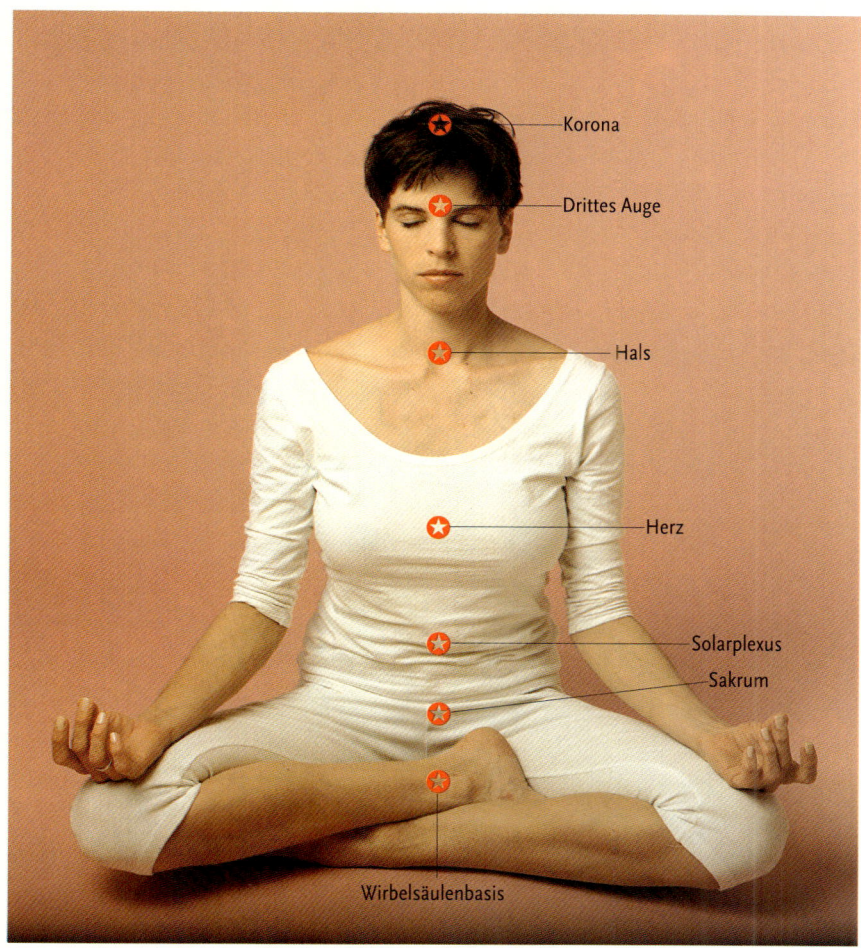

Sieben Hauptchakren des Menschen. Chakren sind in der indischen Medizin die Energiezentren, die auf den Meridianen liegen.

berühren muss, weil Berührungen an anderen Stellen ihm genauso helfen. Bei Reiki stehen Pferde häufig still, weil sie spüren, dass dies eine „andere Art" Berührung ist.

Kann jeder Reiki erlernen? Reiki kann man nicht erlernen, geeignete Schüler werden von einem Lehrer „eingeführt". Mit geeigneten Schülern sind Menschen gemeint, die wirklich helfen und heilen möchten und die nach einer Sitzung gedanklich loslassen können. Beim Reiki gibt es verschiedene Grade:

Reiki I: Selbstheilung, Heilung von Familie, Freunden und Haustieren;
Reiki II: Fernheilung und die psychologischen und emotionalen Aspekte der Heilung; und
Reiki-Meister: Konzentration auf spirituelle Aspekte und das Lehren. Man scheint keine spezielle Begabung zu brauchen, um Reiki anwenden zu können, in der Regel sind die Menschen, die sich dafür interessieren aber sowieso sensibel und hilfsbereit. Je mehr man übt, desto effektiver wird man auch hier, wie bei so vielen anderen Dingen.

WIE KANN REIKI HELFEN?

Reiki für Menschen: Reiki wird häufig angewendet, nicht nur in Krankenhäusern und von medizinischem Fachpersonal, sondern von allen, die darin ausgebildet sind. Eine Behandlung kann bis zu eineinhalb Stunden dauern, wobei der Patient angezogen sein kann, aber nicht unter Stress stehen darf.

Reiki für Pferde: Pferde scheinen auf Reiki sehr sensibel zu reagieren

und brauchen manchmal etwas Zeit, sich daran zu gewöhnen. Je öfter sie aber mit Reiki behandelt werden, desto besser akzeptieren sie es. Eine Behandlung bei einem Pferd dauert in der Regel ca. eine halbe Stunde. Während der ersten Behandlung spüren die Pferde, dass etwas anders ist, und werden je nach Temperament entweder unruhig oder ruhig, ja sogar schläfrig, kauen, gähnen und gehen, wenn sie genug haben.

Umgang mit Stress: Das Leben von Pferden ist heute häufig sehr unnatürlich und mit viel Stress verbunden. Früher waren sie Wildtiere, heute sind sie im Endeffekt alle Sklaven, die keine Kontrolle über ihr Leben haben. Obwohl Reiki kein Ersatz für einen guten Tierarzt oder andere alternative Therapien oder auch für gute Haltung und Arbeit sein kann, so kann es Pferden doch helfen, mit ihrem Leben zurecht zu kommen.

Reiki zur Prävention: Reiki spielt

Als Nebenwirkung einer Reiki-Sitzung werden die Pferde zuerst unruhig, dann aber ruhig, sogar schläfrig. Sie kauen und gähnen.

auch eine Rolle in der Prävention: Es stärkt die Abwehrkräfte des Körpers, gibt ihm Energie und beugt Überbelastungen vor, die den Körper schwächen und ihn so anfällig für Krankheiten machen.

Reiki für das Verhalten: Verhaltensprobleme, die häufig durch Unsicherheit und Angst oder mangels einer echten Bindung zum Menschen oder durch das Fehlen von „Freunden" beim Pferd hervorgerufen werden, können durch Reiki verbessert werden, weil Reiki Selbstvertrauen und Ruhe gibt, blockierte Energien fließen lässt und die Selbstheilungskräfte von Körper, Geist und Seele aktiviert.

DIE SUCHE NACH EINEM REIKI-THERAPEUTEN

Häufig stößt man durch Mundpropaganda auf jemanden. Manchmal wird man auch in örtlichen Telefonbüchern oder im Anzeigenteil von Pferdefachzeitschriften fündig.

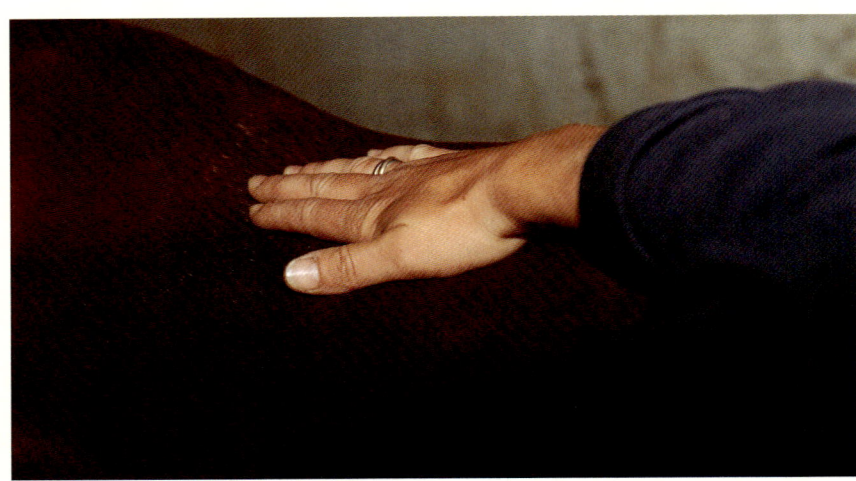

Ein kopfscheues Pferd muss bei der Behandlung nicht unbedingt am Kopf berührt werden.

PFERDEFLÜSTERER

Als Pferdeflüsterer bezeichnet man Menschen, die eine außerordentliche, angeborene Begabung dafür zu haben scheinen, wilde und schwierige Pferde zu „zähmen". Den Begriff gibt es schon seit mehreren Jahrhunderten, früher nannte man solche Menschen aber einfach „Flüsterer". Berühmte Pferdeflüsterer waren z.B. Sydney Galvayne, John Solomon Rarey (wahrscheinlich der bisher berühmteste) und Dan Sullivan. Sie waren für ihre Fähigkeit bekannt, auch die temperamentvollsten und wildesten Tiere beruhigen zu können.

GESCHICHTLICHER HINTERGRUND

Früher traten Pferdeflüsterer vor allem bei Hofe, auf Dorffesten und im Zirkus etc. auf. Ihre Techniken sind nicht vollständig überliefert, aber aus alten Büchern kann man schließen, dass viele von ihnen sich bewusst waren, wie wichtig es ist, dem Pferd gegenüber in seiner eigenen „Sprache" dominant aufzutreten, um es zu zähmen. Pferde wurden gefesselt, ihnen wurden die Augen verbunden, sie wurden zu Boden geworfen und „ausgesackt", wie man heute sagen würde, um sie zu lehren, sich überall berühren zu lassen. Die Techniken waren oft grausam, aber im Grunde genommen gab es keine Schwierigkeiten mehr, sobald das Pferd verstanden hatte, dass der Mensch der Boss war. Allerdings sollen manche Pferde dabei auch seelisch zu Grunde gegangen sein. Früher kehrten viele nach dem Besuch des Flüsterers zu ihren eigenen Methoden zurück.

Diese Flüsterer konnten oder wollten ihren Kunden offenbar nicht vermitteln, wie man auf ihre Weise weiterarbeitet – im Gegensatz zu den Pferdeflüsterern heute.

Der freundliche Charme des Pferdes: Es gab auch Ausnahmen. Von Antoine de Pluvinel, der die Renaissance der klassischen Reitkunst im 17. Jahrhundert förderte, stammt der Ausspruch: „Wir müssen darauf achten, das Pferd nicht zu ärgern und seinen freundlichen Charme nicht zu verderben, weil er wie der Duft einer Blüte ist – einmal verloren kehrt er nie wieder zurück." Wie wahr: Auch wenn es uns gelingt, ein verdorbenes Pferd zu „kurieren", wird es rückfällig, sobald es wieder in falsche Hände gerät.

PFERDEFLÜSTERER HEUTE

Der bekannteste Pferdeflüsterer unserer Zeit ist wahrscheinlich Monty Roberts, aber es gibt auch andere, z.B. Pat Parelli (Natural HorseManShip), Michael Peace (Think Equus), John Lyons, Kel Jeffrey (The Jeffrey Method of Horse Handling), Ray Hunt (Think Harmony), Buck Brannaman, Mark Rashid, Tom und Bill Dorrance (True Unity), Richard Maxwell, Richard Shrake (Resistance-Free Riding), Gawani Pony Boy, Frank Bell und andere. Anders als ihre Vorgänger umgeben sie sich nicht mit einer geheimnisvollen Au-

---

Einsatzgebiete des Pferdeflüsterns

Die meisten Probleme mit der Psyche oder dem Verhalten, die bei Pferden auftreten, können von Pferdeflüsterern gelindert, wenn nicht sogar ganz gelöst werden. Dazu gehören:

- ▶ Verbesserung der Kommunikation und des Verständnisses zwischen Pferd und Reiter
- ▶ Hilfe bei Problemen wie: Verladen, Transportieren, Führen, Stallmanieren
- ▶ Verhaltensprobleme wie Kleben, Steigen, Buckeln, Durchgehen, Scheuen
- ▶ Beruhigen schwieriger, temperamentvoller, nervöser Pferde
- ▶ Anreiten junger Pferde von den ersten Berührungen bis hin zum Reiten
- ▶ Suchen und finden körperlicher Probleme durch Kommunikation, damit eine Lösung/ein Heilmittel gefunden werden kann.

Michael Peace (Think Equus) mit Fohlen und Mutterstute. Verständnis und Einsatz von Körpersprache werden immer mehr die Grundlage für die Annäherung von Pferd und Mensch.

ra und arbeiten nicht mit geheimen Tricks, sondern mit einem logischen Ansatz, wobei sie die Dinge aus der Sicht des Pferdes sehen und seine „Sprache" benutzen (die Monty Roberts „Equus" nennt). Sie legen in manchen Fällen Wert auf Dominanz, in anderen ist ihnen eine echte Partnerschaft wichtig. Die Pferde werden gut behandelt, auch wenn sie manchmal (zur Sicherheit) diszipliniert werden.

Eine psychologische Therapie: Viele Trainer korrigieren verdorbene Pferde und lehren ihre Besitzer, wie ein Pferd statt wie ein Mensch, wie ein Beutetier statt wie ein Raubtier zu denken. Dies ist auch die häufigste Ursache für unsere Probleme mit Pferden. Logisch! Wir müssen Begriffe wie „Boss", „jagen", „angreifen", „Schmerz" und „Unterwer-

fung", durch Begriffe wie „Pferd", „sicher", „Freund", „Respekt" und „Familie" ersetzen. Dieser Ansatz ist gut geeignet, vorausgesetzt, der Besitzer arbeitet auf dieser Basis weiter.

Verhaltensforscher

Bisher wurden fast nur Männer genannt, aber Frauen sind mindestens genauso erfolgreich, z.B. Linda Tellington-Jones, Miranda Bruce, Heather Simpson und Kelly Marks. Sie werden aber häufig eher als Verhaltensforscher eingestuft, obwohl Kelly bei Monty Roberts in die Schule gegangen ist und viele seiner Methoden einsetzt, wenn sie inzwischen auch ihr eigenes System entwickelt hat.

Kommunikatoren

Es gibt eine andere Art von Tierkommunikatoren, die behaupten zu

wissen, was Pferde denken, was sie dem Menschen zu sagen versuchen, und die angeblich in der Lage sind, die Pferde alles zu fragen, was ihre Besitzer wissen möchten. Im Grunde genommen sehen sie sich als Medium für die Konversation zwischen Pferd und Besitzer. In diese Kategorie fallen Carola Lind, Beatrice Lydekker, Nicci Mackay, Peter Neilson, Stefanja Gardner und andere.

WIE ARBEITEN PFERDEFLÜSTERER?

Die Flüsterer aus der ersten Kategorie, die man sicher als Experten in der Pferdesprache bezeichnen könnte, arbeiten mit deutlicher (sogar aggressiver) oder Gehorsam fordernder Körpersprache, wie man sie seit Urzeiten in Pferdeherden findet, um eine Beziehung zum Pferd aufzubauen. Manche bevorzugen dabei eine Partnerschaft, bei der der Mensch mit 60 : 40 dominiert und so als Ranghöherer in der Hierarchie angesehen wird, andere wollen eine 50 : 50 Partnerschaft, geprägt von gegenseitigem Respekt (persönlicher Dispziplin).

Denken wie ein Pferd: Alle Trainer haben eines gemeinsam: Sie möchten uns dazu bringen, wie ein Pferd zu denken. Dies gilt auch für Verhaltensforscher, die uns nahe bringen wollen, warum ein Pferd sich verhält, wie es sich verhält, und die uns zu einer anderen Sichtweise in Bezug auf das Pferd, und umgekehrt, verhelfen wollen. Verhaltensforscher beschreiten oft klassische

Wege, obwohl viele auch für andere Techniken offen sind. Auch hier liegt heute die Betonung auf freundlichem Umgang statt auf brutaler Dominanz.

KOMMUNIKATOREN – GEISTIGER KONTAKT:

Die Arbeit der Kommunikatoren mutet am geheimnisvollsten an. Die Tatsache, dass viele von ihnen unheimlich genau Bescheid wissen über Pferde, die sie nie gesehen haben, nicht kennen oder von denen sie tausende von Kilometern entfernt sind, deutet mit Sicherheit darauf hin, dass sie eine besondere Begabung haben, die wir anderen nicht haben. „Er erzählte mir Dinge über mich und mein Pferd, die niemand wissen konnte", hört man die Menschen nach dem Besuch eines Kommunikators häufig sagen. „Außerdem hat er mir die Geschichte aus dem Blickwinkel des Pferdes geschildert", was darauf hindeutet, dass er mit dem Pferd „spricht".

Denken in Bildern: Mitglieder des Forums „Pferdeverhalten" berichten seit Jahren immer wieder von geistigem Kontakt zu ihren Pferden. Der gebräuchlichste Weg, mit Pferden auf diese Weise zu kommunizieren, ist, in Bildern zu denken. Wenn man Übung hat, sich konzentrieren kann und es wirklich will, scheint es zu funktionieren – selbst wenn man es gerade gar nicht beabsichtigt.

Leider können nicht alle lernen, so zu kommunizieren, wie sehr sie sich auch bemühen mögen. Dann kann man nur versuchen, auch die winzigsten körperlichen Anzeichen deuten zu lernen, um zu erkennen, was das Pferd ausdrücken und uns mitteilen möchte.

DIE SUCHE NACH EINEM „FLÜSTERER"

Die Pferdewelt ist voll von Trainern. Manche sind nett, andere grob, manche sind wahre Experten, andere nicht – und derjenige, der für ihre Bekannten arbeitet, muss nicht der Richtige für Sie sein. Wohin also wendet man sich?

Mundpropaganda ist oft, aber nicht immer, ein guter Weg, den richtigen Pferdeflüsterer für Sie und Ihr Pferd zu finden.

Pferdefachzeitschriften bringen immer wieder Artikel über die Arbeit von Tierkommunikatoren und sind oft bei der Kontaktaufnahme behilflich.

Geeignet klingende Vorführungen und Seminare können weiterhelfen, weil man dabei anonym im Publikum sitzen und sich ein Urteil bilden kann. Wenn in Ihrer Nähe eine private oder öffentliche Vorstellung stattfindet, gehen Sie einfach hin und sehen zu.

Kommunikatoren findet man aber in der Regel nicht in Branchenbüchern, sondern am ehesten noch über Artikel oder **Anzeigen in Pferdezeitschriften** oder im Internet unter speziellen Interessengebieten, weil sie selten Seminare oder Kurse abhalten. Viel geht hier über Mundpropaganda.

Frank Bell und Pierre. Er ist Amerikaner und reitet im Westernstil. Seine Methoden sind einzigartig, weil sie viel Wert sowohl auf Sicherheit als auch auf die Bildung einer Beziehung legen.

LICHTTHERAPIE

Im Winter mit seinen kurzen Tagen leiden viele Menschen an der sogenannten Winterdepression. Sie entsteht durch zu wenig Licht und dem daraus resultierenden Mangel an Hormonen, deren Produktion durch Licht stimuliert wird. Auch ein Überschuss an Melatonin, einem Hormon, das während der Dunkelheit produziert wird, kann dazu beitragen. Melatonin hat eine direkte Wirkung auf Pferde, weil es zu einer Unterdrückung der Rosse führt. Bei der Lichttherapie wird Einfluss auf die Intensität und Dauer der Lichtintervalle genommen, um diese Beschwerden zu heilen. Sie hat aber auch einige andere Vorteile, wie wir noch sehen werden.

DIE BEDEUTUNG DES VOLL-SPEKTRUMLICHTS

Sonnenlicht ist lebenswichtig. Ohne die Sonne könnte die Welt in der Form, in der wir sie kennen, nicht existieren. Das Sonnenlicht ist die Energiequelle für das Pflanzenwachstum, und somit die Nahrungsquelle für alle Lebewesen, ob Pflanzen-, Fleisch- oder Allesfresser. In Gewächshäusern und Aquarien verwendet man künstliche Lampen, die Vollspektrumlicht abgeben, um das Pflanzenwachstum anzuregen. Diese Lampen enthalten das künstliche Äquivalent zum natürlichen Sonnenlicht mit allen Wellenlängen und Spektren des Lichts von Ultraviolett bis Infrarot. Ähnliche Lampen werden bei der Behandlung von Menschen mit Winterdepression eingesetzt. Dies muss unter Aufsicht geschehen, weil die Strahlen am ultravioletten bzw. infraroten Ende des Spektrums schädlich sein können.

LICHTTHERAPIE BEIM PFERD
Zucht und Sport

Man weiß seit einigen Jahren, dass man die Ausschüttung von Melatonin bei Pferden unterdrücken kann, indem man sie direkt nach der Wintersonnenwende (in der nördlichen Hemisphäre in der Regel am 21. Dezember) 16 Stunden pro Tag hellem, vorzugsweise Vollspektrumlicht, aussetzt, und 8 Stunden im Dunkeln stehen lässt. Dies stimuliert auch die Ausschüttung anderer Hormone bei z.B. Zuchtpferden (bzw. Sportpferden), was dann den Zyklus der Stute früher auslöst (Sportpferde verlieren schneller ihr Winterfell). Dies ist sehr viel effektiver, als z.B. Sportpferde warm einzudecken und ihre Futterration zu erhöhen, obwohl Wärme und Futter natürlich ihren Teil dazu beitragen.

Vorbereitung von Jährlingen auf Herbstauktionen

Ein Freund von uns, Leiter eines Vollblutgestüts, behauptet interessanterweise, dass man bei der Vorbereitung von Jährlingen für Auktionen deutlich sehen kann, dass diejenigen, die mit Vollspektrumlicht bestrahlt und nicht eingedeckt wurden, ihr Sommerfell länger behalten und insgesamt besser aussehen als andere Jährlinge, wahrscheinlich weil ihr ganzer Körper in Kontakt mit dem Licht kommt. Bei

---

Einsatzgebiete der Lichttherapie

▶ Auslösen des Zyklus bei Zuchtstuten

▶ Hinauszögern des Wachstums von Winterfell vor Herbstauktionen

▶ Beschleunigung des Fellwechsels im Frühjahr als Vorbereitung auf Frühjahrsturniere

▶ Als Therapie bei Pferden, die immer aufgestallt sind und deshalb möglicherweise an Winterdepressionen leiden

▶ Zur Behandlung während Krankheit oder Genesungszeit, bei Müdigkeit

▶ Zum Trocknen oder Aufwärmen von Pferden nach dem Schwimmen

▶ Licht stimuliert auch das Immunsystem, das Pferden hilft (auch nicht offensichtliche) Krankheiten abzuwehren, und das manchmal dazu beiträgt, allergische Reaktionen zu reduzieren.

Warnung

Eine gebräuchliche, helle 200-Watt-Glühbirne reicht im Stall in der Regel aus. Man sollte jedoch daran denken, dass billige fluoreszierende Lampen (bläuliches Licht), wie sie überall verkauft werden, oft alles noch schlimmer zu machen scheinen. Sie verursachen beim Menschen (und vielleicht auch beim Pferd) häufig Kopfschmerzen und Reizbarkeit, und man kann bei diesem Licht wegen der speziellen Wellenlängen, die es abgibt, wesentlich schlechter sehen. Sie haben auch keine der positiven Auswirkungen auf Fell oder Zyklus, wie sie z.B. Lampen mit Vollspektrumlicht auslösen.

der Vorbereitung von Jährlingen auf Auktionen fängt man sofort nach der Sommersonnenwende (21. oder 22.06. in der nördlichen Hemisphäre) mit der Lichttherapie an, so dass das Gehirn des Pferdes nicht wahrnimmt, dass die Tage kürzer werden, was dazu führen würde, dass ein Winterfell wächst. Man selbst bemerkt es bis Ende August nicht wirklich, aber die Tage werden tatsächlich kürzer, und wenn man die Lichttherapie einsetzt, erhält das Sommerfell sich bis zum Herbst und den Herbstauktionen.

Therapeutische Wirkung beim Pferd

Wer weiß, ob Pferde nicht auch manchmal depressiv gestimmt sind, nicht nur im Winter, sondern immer dann, wenn sie nicht genügend Licht haben? Im Winter leiden wir alle unter Lichtmangel, obwohl nicht jeder das zeigt, und bei Pferden kann das Sonnenlicht häufig nicht einmal dann die biochemische Reaktion der Vitamin-D-Produktion auslösen, wenn sie auf der Weide sind, weil die Pferdedecken dies verhindern.

Pferde, die keinen Weidegang haben, gibt es heute leider häufig, sogar im Sommer, und diese Pferde leiden mit ziemlicher Sicherheit unter dem Mangel an natürlichem Licht auf ihrer Haut. Man sollte sich dann zumindest die Mühe machen, Vollspektrumlampen anzubringen, oder die Pferde wenn möglich mehr auf die Weide stellen, auch ohne Decke, wenn das Wetter es erlaubt.

Pferde in Boxenhaltung brauchen den Weidegang noch dringender als alle anderen, weil sie ansonsten keinesfalls genügend Licht bekommen. Pferde, die ein Fenster in ihrer Box haben, können wenigstens ihren Kopf nach draußen strecken und so Licht über ihre Pupillen und die Haut an Kopf und Hals aufnehmen. Pferde aber, die kein oder nur ein geschlossenes Fenster haben, bekommen kaum genügend Licht, weil Glas- und Kunststofffenster viele Wellenlängen aus dem Licht herausfiltern. Bei so gehaltenen Pferden konnte man eine deutliche Verbesserung ihres Zustands feststellen, wenn man einen Bereich mit Vollspektrumlampen ausstattete. Alle Pferde versuchten, sich dort aufzuhalten, Gesundheitszustand und Verhalten besserten sich merklich.

SELBSTHILFE

Einbau eines Solariums: Eine Art, Pferden ihre tägliche „Lichtdosis" zukommen zu lassen, wenn auch nur für begrenzte Zeit, ist der Einbau eines Solariums im Stall. Solarien geben, je nachdem mit welchen Lampen sie ausgestattet sind, Wärme und/oder Licht ab. Sie werden häufig dafür benutzt, Pferde nach dem Schwimmen zu wärmen und zu trocknen. Außerdem helfen das Licht und die Wärme auch Pferden während Genesungszeit oder Krankheit. Solarien gehören meist zu der Grundausstattung von Rehabilitationszentren für Pferde (siehe auch Farbtherapie, S. 134).

Für den Menschen

Menschen, die ständig eine Brille oder Kontaktlinsen tragen, können ebenfalls an einem Mangel an Vollspketrumlicht leiden, weil dadurch häufig bestimmte Wellenlängen ausgefiltert werden, und zwar nicht nur die potentiell schädlichen. Wie bei allen Dingen, so gilt es auch hier, das richtige Maß zu finden. Man kann ja die Brille oder die Linse für eine bestimmte Zeit pro Tag (im Winter mindestens eine halbe Stunde) abnehmen und sich dann dem natürlichen Licht aussetzen. Ihr Optiker oder Augenarzt kann Sie sicher beraten.

FARBTHERAPIE

Es hört sich sehr unwahrscheinlich an, dass man mit der Farbtherapie körperliche und seelische Probleme bei Mensch und Tier heilen kann. Man weiß jedoch, dass Farben den mentalen Zustand eines Menschen beeinflussen können, und genauso können sie auch eine psychologische Wirkung auf Tiere haben. Wir alle wissen, dass wir täglich von unserer Umgebung und den Farben, die wir sehen, beeinflusst werden. Eine schöne Farbkombination erfreut und entspannt uns, wir fühlen uns glücklich oder gestärkt, während Farben, die wir nicht mögen, uns depressiv, traurig und angespannt und allgemein unglücklich machen.

Für den Reiter

Die Farbtherapie wird häufig in Krankenhäusern eingesetzt, vor allem in der Psychatrie und in Rehabilitationszentren. Sie könnte aber auch gut in Schulen (die in der Regel sehr farblos und langweilig sind) und an Arbeitsplätzen, in Läden, Büros und im Marketing etc. eingesetzt werden.

Farbtherapeuten verwenden Farben zur Verbesserung des allgemeinen Gesundheitszustands oder auch, um spezielle Krankheiten zu heilen, und schreiben jeder Farbe unterschiedliche Eigenschaften zu.

PHILOSOPHIE
Was ist Farbe?

Wissenschaftler erklären uns, dass es Farbe eigentlich nicht gibt. Unsere Augen nehmen nur Wellenlängen des Lichts als Farben wahr. Die Definition von Farbe im Lexikon lautet tatsächlich: „Der Sinneseindruck, der entsteht, wenn Licht verschiedener Wellenlängen von Oberflächen mit verschiedenen Reflektionseigenschaften zurückgeworfen wird und auf das menschliche Auge fällt."
Wenn die Farben des Regenbogens (Rot, Orange, Gelb, Grün, Blau, Indigo und Violett – das sichtbare Spektrum) in gleichen Segmenten auf eine Scheibe gemalt werden, die rotiert, erscheint sie weiß. Das Sonnenlicht (Tageslicht) ist deswegen als weißes Licht bekannt, obwohl es alle Farben des Spektrums enthält. Die Intensität des Tageslichts ist auch dafür verantwortlich, wann Pferde ein Sommerfell bekommen oder die Rosse einsetzt.

Jedes chemische Element gibt eine charakteristische Farbwellenlänge ab, die von Wissenschaftlern anhand des so genannten „Beugungsgitters" identifiziert wird, und das jeder Wellenlänge und jedem chemischen Element eine Farbwelle zuordnet.

Was ist die Farbtherapie?

Wenn Farben in Form von Lichtreflektion auf das Auge treffen, werden sowohl die Farben des sichtbaren Spektrums als auch die Farben des unsichtbaren Spektrums (Ultraviolett bis Infrarot) in verschiedene Farbelemente aufgebrochen. Mittels eines speziellen Instruments, das Licht abgibt und mit polarisierten Filtern ausgestattet ist, setzen die Farbtherapeuten die Farbe ein, die ein Element repräsentiert, das einem Pferd zu fehlen scheint oder eine bestimmte Reaktion hervorrufen soll.

DIE WIRKUNG DER EINZELNEN FARBEN

Die Farben des roten Endes des Spektrums wirken meist stärkend oder reizend, die Farben am blauen Ende beruhigen oder machen depressiv.

Rot: In der Natur ist Rot die Farbe von Warnung und Gift. Sie soll bei Kindern Hyperaktivität auslösen, Wut, Aggression und Gewalt, kann aber auch aufheitern und stimulieren. Sie soll bei Katarrh helfen, Schmerzen lindern und die Produktion bestimmter Hormone sowie den Kreislauf anregen. Diese Farbe wird in der Werbung mit Vorliebe verwendet, um die Aufmerksamkeit der Kunden auf Anzeigen, Poster usw. zu lenken.

Einsatzgebiete der Farbtherapie

Die Farbtherapie soll bei vielen Beschwerden bei Mensch und Tier helfen, z.B. bei:

► Osteoarthritis,
► verschiedenen Gewebsverletzungen wie Zerrungen oder Muskelkrämpfen,
► Problemen mit Bändern und Sehnen,
► Hautkrankheiten, von Geschwüren bis leichten Reizungen (auch bei Mauke und Sommerekzem),
► Nervenkrankheiten,
► Atemwegserkrankungen,
► Allergien,
► Blutergüssen,
► einigen Herzkrankheiten,
► schlechtem Allgemeinzustand.

Sie kann herzkranke oder sehr emotionale Menschen reizen.

Orange: Soll erhebend wirken und Aufmerksamkeit erregen. Stimuliert die Produktion einiger Hormone und unterdrückt andere, verbessert die Funktion der Atemwege, trägt zur Neubildung von Gewebe bei, beruhigt Nervengewebe und löst so Muskelkrämpfe.

Gelb: Soll die Lernfähigkeit steigern und gute Laune, Objektivität und Urteilsvermögen fördern. Angeblich stimuliert Gelb das lymphatische System und das motorische Nervensystem, es fördert den Fluss von Zellflüssigkeit, soll aber die Leberaktivität einschränken.

Grün: Befindet sich in der Mitte des Lichtspektrums und wird als neutrale Farbe angesehen. Pferde scheinen Grün als Weiß wahrzunehmen (obwohl sie Rot, Orange, Blau und Violett gut sehen). Beim Menschen soll es „reinigend" oder zumindest beruhigend und Krankheitserreger abwehrend wirken. Grün soll der Gewebebildung dienen, kann aber offenbar bei exzessivem Einsatz auch depressiv machen. Es regt angeblich auch zum Geldausgeben an.

Blau: Eine beruhigende, kühlende Farbe, die angeblich auch Kaufwünsche anregt. Wie sein naher Verwandter Grün wehrt es Krankheitserreger ab, wirkt betäubend und schmerzlindernd. Es soll Hämatome auflösen und bei Entzündungen und Verspannungen helfen, den Blutdruck senken und das Zellwachstum anregen.

Violett: Soll sehr depressiv machen oder beruhigen, je nach Temperament und Zustand des Patienten. Außerdem soll es eine verlangsamende Wirkung auf einige Körpersysteme haben. Es soll aber auch betäubend wirken und Bakterien abwehren, außerdem soll es die Leber stimulieren, die Produktion weißer Blutkörperchen anregen und sich zur Schockbehandlung und Regulation der Körpertemperatur eignen.

In dieser Liste finden sich nur die wichtigsten „Regenbogenfarben". Andere Farben haben ihre eigene Wirkung, Pink zum Beispiel entspannt angeblich und macht glücklich (siehe Beipiel unten), Braun soll ein Gefühl von Stabilität und Wärme vermitteln, Grau wird von Menschen bevorzugt, die sich gerne im Hintergrund halten und nicht viel Selbstbewusstsein haben, und Türkis soll das Immunsystem stärken.

SELBSTHILFE

Diese Liste hat Ihnen vielleicht schon einige Anstöße gegeben und Sie wissen jetzt, welche Farben Sie in Ihrer Umgebung und der Ihres Pferdes haben möchten. Uns wurde von einem aggressivem Hengst berichtet, der nicht verladen werden konnte, bis die Innenwände des Transporters pink gestrichen wurden! Vielleicht hätten Pferde den unteren Teil ihrer Boxen gerne grasgrün und den oberen himmelblau, so wie in der Natur. Beruhigende Farben sollten nervösen Pferden helfen, während anregende bei phlegmatischen Tieren eingesetzt werden sollten.

Es gibt nur wenige Farbtherapeuten für Tiere, aber ein Gespräch mit einem solchen Therapeuten ist sicherlich aufschlussreich.

FENG SHUI

Feng Shui ist die alte chinesische Kunst, ein Heim (auch das Heim von Pferden) oder andere Räumlichkeiten so einzurichten, dass Gesundheit, Glück und Wohlstand dadurch gefördert werden. Therapeuten verwenden hierzu Kristalle, Spiegel, Wasser oder Farbzusammenstellungen. Sie achten bei Neubauten auch auf die Lage eines Grundstücks oder ändern wenn nötig vorhandene Ausgangssituationen so, dass der Fluss guter Energien ermöglicht wird. Positive oder negative Energien aus der Erde (wie z.B. ley lines) können sich stark auf unser Leben auswirken. Viele Menschen, deren Anwesen durch Feng Shui verändert wurden, berichten über Verbesserungen ihrer Lebensqualität, ihres Schicksals, ihrer Gesundheit und ihres Glücks.

PHILOSOPHIE

Feng-Shui-Therapeuten erklären uns, dass wir alle von unserer Umwelt beeinflusst werden und dass sie aktiv gegen uns arbeiten kann, wenn Gegenstände sich an der falschen Stelle oder Anwesen sich an „schlechten" Orten befinden. Umgekehrt kann sie aber dazu beitragen, dass wir ein glückliches Leben in Wohlstand führen, wenn gute Energien durch die Platzierung von Gegenständen an vorteilhaften Plätzen stimuliert werden.

Wie viele fernöstliche Therapien ist auch Feng Shui sehr alt, hat aber in den letzten Jahren im Westen eine neue Blüte erlebt. Die Worte bedeuten „Wind" und „Wasser" und sind das Äquivalent zu Yin und Yang, den sich ausgleichenden Gegenpolen aus anderen Therapien. Wenn diese Energien aus dem Gleichgewicht geraten, wird unser Schicksal negativ beeinflusst. Kleine, aber durchdachte Veränderungen unserer Umgebung können gute oder schlechte Energien umleiten, blockieren oder stimulieren.

WIRKUNGSWEISE

Was man meiden sollte: Feng Shui scheut Schmutz, Unordnung, scharfe Ecken, flaches Land, Einflüsse früherer Bewohner, Zug, Dunkelheit, Stickigkeit, Exkremente, Toiletten, Abflussrohre und traurige Farben – und das ist nicht alles, um was es geht. Schlechte Energien werden von all diesen Dingen angezogen, aber gute Energien können durch ihre Gegenspieler angezogen und schlechte Energien ausgeschaltet oder zumindest umgeleitet werden.

Was man tun sollte: Zur Verbesserung von Gesundheit, Glück und Wohlstand sollte man Ecken abrunden, Mist am östlichen Rand des Anwesens ablagern, chinesische Münzen an roten Bändern im Stall oder im Wohlstandsbereich des Hauses aufhängen, Windspiele in Stall, Hof oder Garten anbringen, Fotos geliebter Menschen oder Tiere im Beziehungsbereich aufhän-

---

Einsatzgebiete von Feng Shui

Mit Feng Shui sollen Gesundheit, Wohlstand, Karriere und Beziehungen gefördert werden. Wie kann Feng Shui also Pferden helfen?

► Es kann der Beziehung zwischen Reiter und Pferd dienlich sein und so beider Fortkommen fördern.

► Unter schlechtem Feng Shui kann die Gesundheit des Pferdes leiden.

► Falls im Stall seit Generationen immer Unglück geherrscht hat, sollte er „gesäubert" werden, um „die Luft zu reinigen".

► Konzentration und Lernfähigkeit können verbessert werden.

► Es kann Abhilfe bei körperlichen Problemen wie Schlaflosigkeit, Rheuma und sogar Krebs schaffen.

Feng-Shui-Wissen

Man sagt, dass Pferde, Menschen und andere Tiere mit dem „Glück des Himmels" geboren werden: Das ist der „Start ins Leben". Wenn man dann „auf die Erde trifft", hat man „Pferdeglück" oder „Menschenglück", was soviel wie Karma bedeutet, die Theorie des unausweichlichen Schicksals. Es ist jedoch möglich, etwas für sein Glück zu tun, und Feng Shui zeigt die Möglichkeiten auf und macht den Weg dafür frei. Feng Shui kann dazu beitragen, das Leben besser zu machen.

gen, Spiegel an strategisch günstigen Stellen platzieren etc.

Feng Shui geht davon aus, dass jedes Heim in verschiedene Bereiche aufgeteilt ist, die für Ihr Leben wichtig sind: z.B. Gesundheit, Zufriedenheit, Leistung, Beziehung/-Ehe (bei Tier und Mensch), Geld etc. – und diese Bereiche sollten so angeordnet sein, dass die guten Energien in sie hineinfließen können. Sie können aber auch so angeordnet werden – mit Gegenständen in ihnen und außen herum –, dass schlechte Energien ausgeschaltet oder zumindest umgeleitet werden.

Auch wenn Ihr Pferd nicht in Ihrem eigenen Stall steht, können Sie kleine Veränderungen vornehmen, z.B. in Ihrer Ecke der Sattelkammer, an der Ausrüstung, den Decken etc. All dies kann deutliche Veränderungen hervorrufen.

WO KANN MAN SICH BERATEN LASSEN?

Feng-Shui-Therapeuten finden sich in örtlichen Telefonbüchern, häufig unter der Rubrik „Alternative Therapien"; manchmal finden sich auch Inserate in regionalen Tageszeitungen. Feng Shui kann man auch aus Büchern lernen, da es aber doch relativ kompliziert ist, erhält man wahrscheinlich bessere Ergebnisse, wenn man einen Therapeuten engagiert, vor allem dann, wenn die Philosophie für Sie neu ist. Der Therapeut sieht sich zuerst das Anwesen an, fragt nach der Vergangenheit der menschlichen und tierischen Bewohner und deren Persönlichkeiten, nach der des Anwesens und wie es

sich „anfühlt", dort zu wohnen (Pferde haben dafür häufig ein feineres Gespür). Dann erklärt er, was verändert werden kann oder welche Maßnahmen man ergreifen kann (z.B. Pflanzen aufstellen oder bestimmte Farben verwenden), um die Umstände zu verbessern und gute Einflüsse und Energien auf den Plan zu rufen.

Ein Besuch des Feng Shui-Therapeuten kann zwischen einer Stunde und einem halben Tag dauern, je nach den Umständen. Manche Veränderungen wirken sich sehr schnell aus, bei anderen dauert es bis zu einem halben Jahr, aber das ist nicht die Regel.

Theorie der Ley Lines (Kraftlinien)

Die Erde hat physikalische Eigenschaften (Geophysik). Ley Lines sind Energielinien, die unterirdischen Wasserströmen oder kleinen elektrischen Strömen entsprechen, die durch Druck auf Quarzkristalle in der Erde entstehen. Außerdem erzeugen sie Linien geopathischer Belastung, was dazu führt, dass sie Auswirkungen auf tote und lebende Körper haben. Bei Mensch und Tier können Ley Lines die Gesundheit beeinflussen, können z.B. Schlaflosigkeit, Rheuma und sogar Krebs auslösen. Die Ley Lines sollen sogar Einfluss auf die Struktur und/oder die Atmosphäre eines Gebäudes haben. Deshalb werden Feng-Shui-Therapeuten auch auf Baustellen gerufen (vor allem in China), um sicherzugehen, dass die Gebäude in Harmonie mit dem natürlichen Energiefluss in Luft und Boden errichtet werden. Schienen, Straßen, Wasserläufe und Stromleitungen können den natürlichen Verlauf der Ley Lines stören, was sich negativ auf Gebäude und ihre Bewohner auswirkt. Unwillkürlich fallen einem die Klagen von Büroangestellten über krank machende Arbeitsplätze ein – und wenn man dann an Pferdestallungen denkt ...

FENG SHUI IN DER PRAXIS
Charlotte Bradley

Charlotte hat ihre Ausbildung bei zwei der weltbesten Experten, Dr. Michael Oon und Lilian Too, gemacht und hat sogar bei Meister Yap Cheng Hai gelernt. Sie ist somit sehr bewandert in dieser alten chinesischen Kunst zur Förderung von Gesundheit und Wohlbefinden. Charlotte, die in New Forest, GB, lebt, erklärt:

„Manchmal müssen wir unsere Umgebung betrachten, nicht nur die Anatomie des Pferdes, um die Ursache eines Problems zu finden – Pferde sind sehr sensible Wesen."

Charlotte praktiziert traditionelles, nicht westlich geprägtes Feng Shui und schreibt darüber in Zeitungen und Zeitschriften. Sie ist der Ansicht, dass Feng Shui in vielen Lebensbereichen helfen kann. Sie erklärt:

„Feng Shui ähnelt der Akupunktur und beschäftigt sich mit Gebäuden statt Körpern. Es harmonisiert die Energielinien durch den Körper/durch ein Gebäude, an denen die Lebensenergie entlangfließt. Die Akupunktur entwickelte sich aus Feng Shui."

Wie können „Feng-Shui-Gebäude" Pferden helfen? Charlotte erklärt: „Feng Shui kann der Beziehung zwischen Reiter und Pferd dienlich sein und dem Paar so in seinem Fortkommen helfen. Krankheiten bei Pferden können durch schlechtes Feng Shui oder durch Ley Lines im Boden ausgelöst werden. Außerdem kann es sein, dass ein Anwesen, das seit Generationen von Unglücksfällen heimgesucht wird, durch Feng Shui „gereinigt" werden muss.

Manchmal kann das Umstellen eines Pferdes in einen anderen Stall aus verschiedenen Gründen finanzielle Probleme auslösen. Dies kann an dem schlechten Feng Shui des neuen Stalls liegen. Oder vielleicht hat Ihr Pferd Schwierigkeiten beim Lernen und Konzentrieren? Oder Sie möchten sich in einer bestimmten Disziplin verbessern? Feng Shui kann dabei helfen."

Skeptiker sehen Feng Shui gerne als „die alte chinesische Kunst, leichtgläubigen Leuten das Geld aus der Tasche zu ziehen", aber Charlotte sieht das anders: „Verurteilen Sie Dinge nicht, bevor Sie sie ausprobiert

haben. Wenn es etwas gibt, das Sie und Ihr Pferd glücklich und zufrieden macht, ist das die Hauptsache. Feng Shui beinhaltet mehr als nur den Aberglauben, dass der Toilettendeckel geschlossen sein muss, damit der Reichtum nicht davonschwimmt."

Manche Reiter haben festgestellt, dass ihr Pferd sich nach einem Stallwechsel sehr veränderte oder dass es ständig lahm ging, ständig krank war oder Pech hatte. Ist es aber Pech oder schlechtes Feng Shui?

Verglichen mit akzeptierteren Therapien wie der Aromatherapie, der Homöopathie oder der Akupunktur ist Feng Shui bei uns relativ neu und wird daher manchmal mit Vorbehalten betrachtet. Charlotte erklärt jedoch, dass es Feng Shui in China schon seit tausenden von Jahren gibt, dass es aber lange geheim gehalten wurde, so dass niemand sonst davon profitieren konnte. Einer der ersten Herrscher der Ming-Dynastie (1368–1644) verbot seinem Volk sogar, Feng Shui einzusetzen, weil niemand erfolgreicher oder mächtiger werden sollte als er. Dieses Verbot wurde erst durch Mao Tse-tung im 20. Jahrhundert aufgehoben. Im Westen erfuhr man erst in den letzten Jahren von Feng Shui.

Charlotte meint: „Die Presse hat viele irreführende Dinge über Feng Shui geschrieben, und deswegen missverstehen viele Leute es völlig. Es überrascht daher nicht, dass sie es für einen Witz halten und skeptisch darüber denken. Vor nicht allzu langer Zeit ging es anderen alternativen Therapien, die heute anerkannt sind, ja genauso. Mit Feng Shui gewinnen Sie nicht im Lotto, es ist auch keine Zauberei, aber es kann bei richtiger Anwendung Gesundheit, Wohlstand, Karriere und Beziehungen förderlich sein.

Nachdem ich von der westlich geprägten Version von Feng Shui gehört hatte, fing ich an, mich dafür zu interessieren, aber diese Version wirkte nie, und so verlor ich das Interesse. Dann traf ich Dr. Oon, der mich Lilian Too vorstellte. Von ihnen lernte ich alles über das „echte" Feng Shui, Das war sehr viel komplizierter und interessanter. Und – es wirkte."

Wie also wirkt es? Charlotte erklärt:

„Feng Shui wird an Gebäuden, z.B. an Stallgebäuden, nicht am Pferd, praktiziert. Man beginnt mit der Form des Hofes. Ich lasse mir von Kunden Skizzen ihres Hofes schicken, so dass ich ihn erst aus der Vogelperspektive betrachten kann, bevor ich hinfahre. So weiß ich genau, was auf mich zukommt. Die ideale Form ist ein Quadrat oder ein Rechteck, viele Höfe sind aber hufeisen- oder L-förmig, was schlechtes Feng Shui auslösen kann.

Feng Shui besteht aus fünf Elementen – Wasser, Holz, Feuer, Erde und Metall –, und jedes dieser Elemente nimmt positive oder negative Energien auf (Yin oder Yang), die wenn sie korrekt in oder um ein Gebäude angeordnet werden, sich zu einem kreativen Zyklus des Lebens schließen. Diese fünf Elemente stellen verschiedene Arten von Landschaften dar, die uns mit gutem Feng Shui versorgen, und wir sind auf dem richtigen Weg, wenn wir symbolische Dinge für bestimmte Elemente, die mehr Harmonie einbringen, an bestimmten Stellen so anordnen, dass der Kreis sich schließt.“

Welche Gegenstände? Charlotte erklärt:

„Jedes Element hat eine Richtung – Nord, Süd usw. –, deshalb bringe ich einen Kompass mit, stelle die Himmelsrichtungen fest und erarbeite eine Karte. Ich trage darauf vorhandene Dinge wie etwa Bäume, Wasser etc. ein. Wenn zum Beispiel ein Hof L-förmig ist, heißt das, dass an einer bestimmten Stelle eine Ecke zum Viereck fehlt. Je nachdem, was diese Ecke repräsentiert, könnte ihr Nichtvorhandensein sich auf Geld, Beziehungen oder Gesundheit auswirken. Deshalb stelle ich einen Gegenstand, der dieses Element repräsentiert, an der betreffenden Stelle auf.

Wenn hinter dem Hof oder dem Stall ein schneller Fluss oder Bach fließt, wird das als negativ angesehen, weil seine Energie zu schnell ist. Gutes Feng Shui ist sanft. Also stelle ich einen geeigneten Gegenstand zwischen Fluss und Hof bzw. Stall, um die Wirkung des Wasserelements auszugleichen – sonst werden Ihre

Charlotte Bradley

finanziellen Probleme bestehen bleiben und Sie würden weiterhin Ihre Chancen ungenützt verstreichen lassen.

Alles beim Feng Shui basiert auf den Elementen Yin (ruhig, weiblich, tot, dunkel, kalt, passiv, negativ) und Yang (positiv, männlich, hell, warm, aktiv). Yin und Yang beeinflussen unser Schicksal und herrschen über die Natur. Wenn Yin und Yang aus dem Gleichgewicht geraten, können Probleme auftreten. Wenn es im Stall z.B. zu viel Yin-Energie gibt, wird man nicht viel Erfolg haben. Deshalb würde ich dort mehr Gegenstände und Farben aus dem Yang einsetzen.

FALLSTUDIE

Pferd: *Gem, eine neunjährige Stute*

Problem: Gem hatte, laut Charlotte, viele Probleme, besonders hormonelle. Sie benahm sich auf der Koppel wie ein Hengst, und ihre Besitzerin Susan musste im Umgang mit ihr sehr vorsichtig sein, weil sie so unberechenbar war. Dieser Fall trug sich zu, bevor es Kräuterfutter für Stuten mit hormonellen Problemen zu kaufen gab. Susan musste wegen des Benehmens der Stute mehrmals den Stall wechseln, fast niemand konnte mit ihr umgehen. In zwei Ställen war es besonders schlimm. Gem schlug aus, riss Leute um und ließ niemanden an die anderen Pferde auf der Koppel heran. Ihre Statur gebot Respekt.

Gem hasste es auch, aufgestallt zu sein. Charlotte sah, dass der Boden hinter dem Stall leicht abfiel. Das erzeugte schlechtes Feng Shui, weil der Boden sie nicht „trug" – es war zu viel Yang-Energie vorhanden.

Behandlung: Susan wollte Gem verkaufen und hatte nichts zu verlieren, also beschloss sie, es mit Feng Shui zu versuchen. Charlotte platzierte Gegenstände im Stall und unter der Einstreu, um einen vollständigen Lebenszyklus zu schaffen.

Sie legte einen in roten Stoff gewickelten Kristall unter das Stroh in der südwestlichen Ecke, um das Erdelement – es gibt viele Erdelemente für verschiedene Richtungen – zu energetisieren. Das ist gut für Beziehungen. In der westlichen Ecke, die Turniere u.ä. darstellt, versteckte sie einige chinesische Münzen in den Holzbalken an der Decke, um sich mit dem Metallelement zu verbinden. Zu diesem Zeitpunkt hielt Susan Charlotte schlicht für verrückt!

In der nordwestlichen Ecke wurde ein Gegenstand aus Metall angebracht, der hilfsbereite Menschen anziehen sollte. Danach boten andere Leute aus dem Stall Susan Rat und Hilfe an. Ein Reiter lieh ihr z.B. einen Sattel, weil Gem ihren Sattel ruiniert hatte.

In die nördliche Ecke, die „Karriereecke", wurde ein schwarzer Stein für Unterstützung gelegt. In der nordöstlichen Ecke, die für Wissen und Lernen steht, wurde

Ein in roten Stoff gewickelter Kristall, der die südwestliche Ecke (für Beziehungen) energetisieren soll.

ein weiteres Erdelement, ein Kristall, unter der Einstreu vergraben. Die östliche Ecke stellt ein Holzelement dar (für Gesundheit). Dorthin kam nichts, weil der Stall aus Holz gebaut war. In die südöstliche Ecke (Wohlstand) kam der Wassereimer.

Ergebnis: Susan beschreibt: „Ich wusste nicht, wie Feng Shui Gem verändern sollte, aber sie veränderte sich beinahe sofort sehr positiv. Sie wurde viel ruhiger und sanfter, und versuchte nicht mehr, mich zu fressen, wenn ich die Box betrat. Bei der Arbeit wurde sie aufmerksam und bemühte sich sehr.

Vor der Feng-Shui-Behandlung konnte ich Gem nicht für Geld und gute Worte verkaufen. Es gab immer ein Problem. Immer wenn ein Käufer kam, war sie verletzt oder krank. Ich verstand die Welt nicht mehr. Nachdem Charlotte mir half, konnte ich Gem sofort verkaufen und sogar zu dem Preis, den ich mir vorgestellt hatte. Feng Shui hat uns geholfen, das Beste aus unserer Situation zu machen."

Ein Tip von Charlotte

Feng Shui ist nicht nur für Problempferde gut. Es kann Ihnen und Ihrem Pferd helfen, neue Chancen besser zu nutzen, ob es dabei nun um Turniere oder andere Dinge, z.B. ein besseres Gefühl, geht. Und wenn in der Umgebung Ihres Stalls durch die Gebäude oder das Land kein gutes Feng Shui herrscht, lässt sich das ändern.

DER SATTEL

Es mag seltsam anmuten, in einem Buch über alternative Heilmethoden ein Kapitel über den richtigen Sattel zu finden, aber wir haben es eingefügt, weil schlecht sitzende Sättel großen Schaden an Körper und Psyche des Pferdes anrichten können und weil nach Verpassen des richtigen Sattels und Sattelgurts die Verbesserungen in Bezug auf die Einstellung des Pferdes und sein Gangvermögen nicht zu übersehen sind.

DIE NATÜRLICHEN BEWEGUNGEN

Ob wir nun damit zufrieden sind, unsere Pferde „natürlich" gehen zu lassen, oder sie lieber auf eine Weise gehen sehen, die wir als Verbesserung betrachten – wir alle müssen schließlich einsehen, dass die Bewegungen eines jeden Pferdes, genau betrachtet, sich verändern (verschlechtern?), wenn wir einen Reiter auf seinen Rücken setzen oder auch nur einen Sattel auflegen und es damit ohne Reiter arbeiten. Deshalb kann das Satteln immer nur eine schadensbegrenzende Maßnahme sein oder, bestenfalls, eine Maßnahme, die Schaden vorbeugt.

Auf dem Rücken des Pferdes liegen viele Akupunktur- bzw. Akupressurpunkte, die durch ungleichen Druck, der durch schlecht sitzende oder alte, schlecht gepolsterte Sättel ausgeübt wird, ungewollt stimuliert werden können. Im Gegenzug dazu kann, wie viele glauben, sogar relativ leichter Druck auf diese Punkte und auf die Energiemeridiane, die am Rücken und an den Seiten des Pferdes verlaufen, deren sanfte Stimulation bewirken, was dem Pferd ganz allgemein zum Vorteil gereicht.

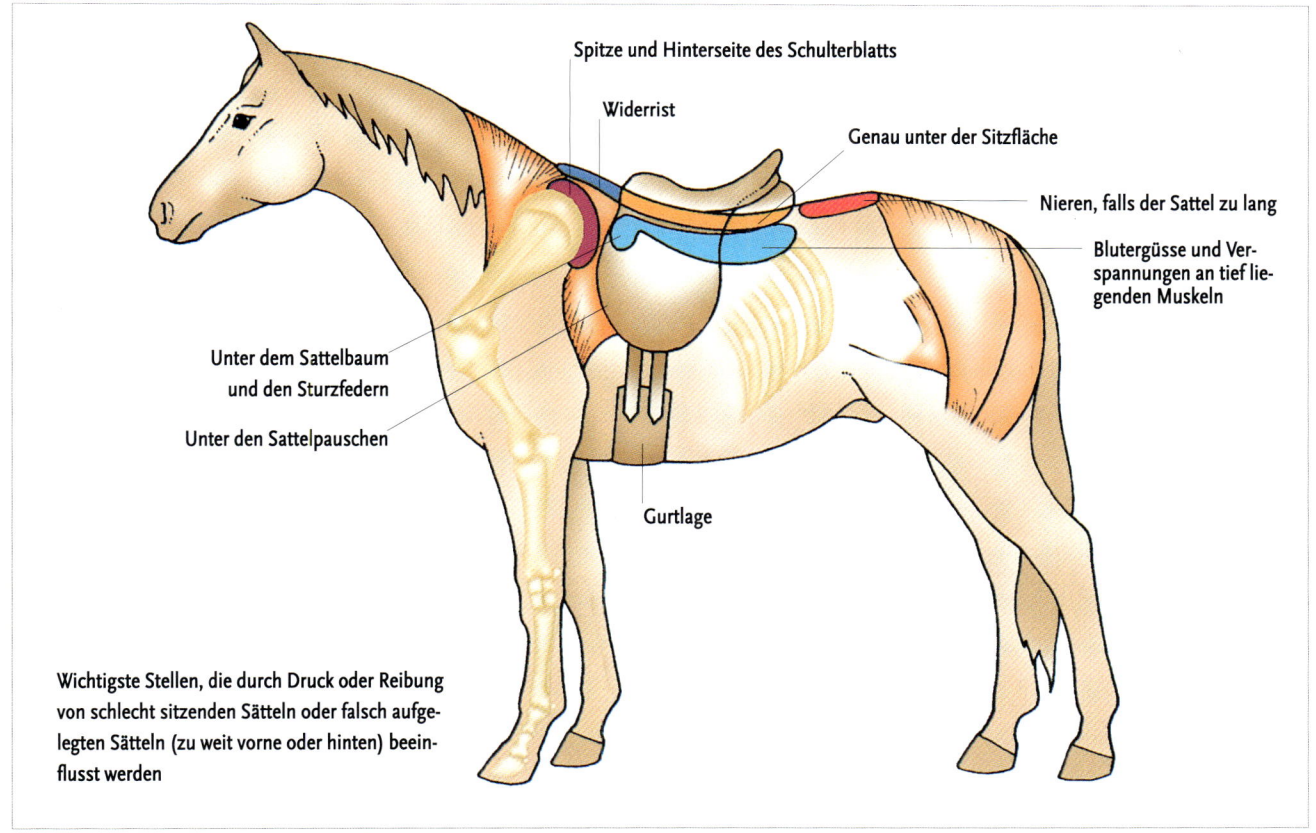

Spitze und Hinterseite des Schulterblatts

Widerrist

Genau unter der Sitzfläche

Nieren, falls der Sattel zu lang

Blutergüsse und Verspannungen an tief liegenden Muskeln

Unter dem Sattelbaum und den Sturzfedern

Unter den Sattelpauschen

Gurtlage

Wichtigste Stellen, die durch Druck oder Reibung von schlecht sitzenden Sätteln oder falsch aufgelegten Sätteln (zu weit vorne oder hinten) beeinflusst werden

RICHTLINIEN:

Fast jeder von uns hat gelernt, dass ein Sattel niemals auf die Wirbelsäule drücken und der Sattelbaum nicht so eng sein darf, dass er irgendwo kneift, aber auch nicht so weit, dass der Sattel zur Seite rutschen kann. Aber in den letzten zehn Jahren hat man mehr über Pferde und ihre Ausrüstung herausgefunden, und man weiß heute, dass das Verpassen eines Sattels sowohl eine Kunst als auch eine Wissenschaft ist, zu der mehr als nur diese Regeln gehören.

Unabhängig von der Reitweise, sei es Englisch, Western, Iberisch, Springreiten, Dressur etc., sind die wichtigsten Punkte, die alle Sättel erfüllen sollten, Folgende:

▶ Sattel und Sattelgurt dürfen dem Pferd keine Schmerzen verursachen.

Ein gut liegender Dressursattel (stört die Schulterfreiheit nicht), mit dem tiefsten Punkt in der Mitte. Die Steigbügel sind weit genug hinten angesetzt, so dass der Reiter gut sein Bein so halten kann, dass die Ferse auf einer Linie mit der Hüfte liegt.

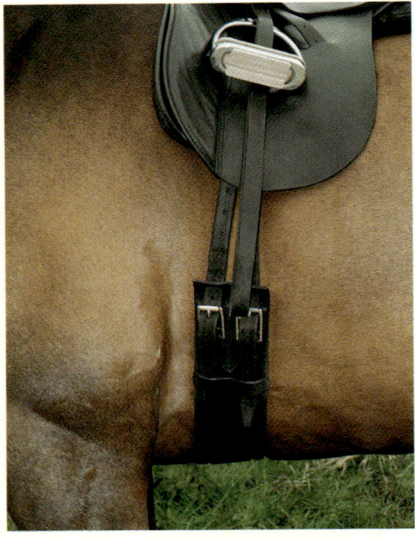

Ein herkömmlicher Dressurgurt. Wenn der Gurt hinter dem Ellbogen etwas schmaler würde, würde er dem Pferd mehr Bewegungsfreiheit erlauben.

▶ Sattel und Sattelgurt dürfen niemals die Bewegungsfreiheit des Pferdes einschränken.

▶ Der Sattel muss für den Reiter bequem sein und es ihm ermöglichen, den für seine Disziplin erwünschten Reitersitz einzunehmen; andernfalls ist gutes Riten ein Ding der Unmöglichkeit. Schlechtes Reiten wiederum bereitet dem Pferd Schmerzen und/oder schränkt seine Bewegungsfreiheit ein.

In der Praxis bedeutet das:

▶ Die Sattelpolster müssen großzügig bemessen sein, so dass der Druck sich so gleichmäßig wie möglich über eine möglichst große Fläche verteilt.

▶ Die Polster müssen weich, bequem und biegsam sein, so dass sie sich der Form des Pferderückens anpassen, im Stand ebenso wie in der Bewegung. Außerdem können nur so die

Rückenmuskeln aktiv schwingen, ohne gestört zu werden oder zu schmerzen.

▶ Man muss immer, auch wenn ein sehr schwerer Reiter im Sattel sitzt und sich nach vorne und nach hinten lehnt, von vorne nach hinten durch die Kammer hindurch das Tageslicht sehen können.

Die Kammer muss weit genug sein (6cm), so dass die unvermeidlichen Seitwärtsbewegungen des Sattels in der Bewegung die Polsterung nie in Kontakt mit der Wirbelsäule kommen lassen. Sie darf aber auch nicht so weit sein, dass die tragende Fläche verkleinert wird und das Gewicht

Man sollte durch die Kammer hindurchsehen können.

dann auf den schwächeren Stellen des Rückens aufliegt.

▶ Die Spitze des Schulterblatts, die sich in Richtung Sattel bewegt, wenn das Pferd sein Vorderbein in der Bewegung ausstreckt, darf nicht in Berührung mit der Vorderseite des Sattels kommen (außer bei Sätteln, die über flexible Kissen verfügen, die sich bei Kontakt nach oben schieben).

▶ Der Sattel muss so auf dem Rücken des Pferdes aufliegen, dass der Reiter im tiefsten Punkt des

Rechts: Wenn der Sattel zu weit vorne aufliegt, schränkt er die Schulterfreiheit ein.

Rechts außen: Hier wird geprüft, wie viel Druck der Sattel hinter der Schulter ausübt. Die flach aufgelegten Finger sollten leicht an der Sattelvorderseite hinuntergleiten können.

Mit der flachen Hand unter dem Kissen wird überprüft, ob es überall gleichmäßig auf dem Rücken aufliegt.

Sattels sitzt, wobei das Gewicht gleichmäßig verteilt sein soll. Wenn der Reiter nach vorne geschoben wird, liegt sein Gewicht zu sehr über dem vorderen Teil des Sattels (bei den Sturzfedern), von wo aus sowieso der meiste Druck auf den Pferderücken ausgeübt wird. Wenn der Reiter nach hinten gesetzt wird, liegt das Gewicht zu nah am oder sogar auf dem Hinterzwiesel und drückt auf die Nieren.

▶ Der Sattel muss also deutlich hinter dem Schulterblatt liegen (eine Handkantenbreite) und vor den Lenden bzw. Nieren, um Druck auf oder sogar Kontakt mit diesen beiden empfindlichen und verletzlichen Stellen zu vermeiden.

▶ Der Sattelgurt muss weit genug hinten angelegt werden können, so dass er die Bewegungsfreiheit des Vorderbeins am empfindlichen Ellbogen nicht einschränkt. Bei Pferden, die von Natur aus eine gute Gurtlage haben, ist ein Sattelgurt viel leichter zu verpassen als bei anderen.

▶ Der Sattelgurt muss breit genug sein, um den Druck gleichmäßig zu verteilen. Wenn der Gurt am Ellbogen schmaler wird, verhindert dies Bewegungseinschränkungen und (Haut-) Verletzungen. Idealerweise sollte der Sattelgurt an einer oder besser an beiden Seiten einen elastischen Einsatz haben, damit er am Brustkasten bei der Bewegung und beim Atmen „nachgeben" kann. Wenn der Sattelgurt nur auf einer Seite diesen Einsatz besitzt, neigt der Sattel dazu, sich bei jedem Einatmen leicht zur entgegengesetzten Seite zu verziehen.

EXPERTENRAT

Sättel sollten von qualifizierten Sattlern angepasst werden, und zwar von Sattlern, die nicht nur ihr Handwerk als solches verstehen, sondern die auch über die Anatomie, Physiologie und Biomechanik des Pferdes Bescheid wissen.

Die Haltung des Pferdes im Stehen, seine Bewegungen in allen Grundgangarten sowie falls nötig beim Springen müssen genau beobachtet und sorgfältig mit seiner Mimik und seinen Bewegungen unter einem anderen Sattel verglichen werden. Nur so kann man den richtigen Sattel finden.

In manchen Ländern gibt es nun Verbände, die sich mit der Herstellung und dem Anpassen von Sätteln beschäftigen. Sie bieten meist auch Kurse an. In Fachzeitschriften werden ebenfalls immer wieder Kurse und Seminare angeboten.

ZAHNHEILKUNDE

Die Zähne eines Pferdes gesund zu erhalten ist ein sehr wichtiger Teil der Pferdehaltung. Viele Probleme im Verhalten sind auf Schmerzen im Maul oder an den Zähnen zurückzuführen. Wie bei anderen Therapien gibt es auch bei der Zahnheilkunde in verschiedenen Ländern unterschiedliche Ansätze. In manchen Ländern darf jeder die Zähne von Pferden behandeln, in anderen dürfen Zahnpfleger nur die Zähne raspeln, das Ziehen von Zähnen dagegen fällt aber ausschließlich in das Aufgabengebiet von Tierärzten. Pferdezahnpfleger werden heute auch Pferdezahntechniker genannt.

ZAHNPROBLEME

Jeder Pferdebesitzer sollte die Zähne seines Pferdes mindestens einmal im Jahr überprüfen lassen. Wir wissen von uns selbst, wie störend, unangenehm oder schmerzhaft schon die kleinste Verletzung im Mund sein kann, vor allem solche, die durch abgebrochene, kariöse oder eitrige Zähne entstehen. Dies gilt natürlich auch für Pferde.

DIE ZÄUMUNG

Ein Gebiss stellt für Pferde noch ein zusätzliches Problem dar, und auch wenn das Gebiss eigentlich nie in Kontakt mit den Zähnen kommen sollte, tut es das manchmal, entweder weil es nicht passt oder weil der Reiter eine harte Hand hat. Wenn das Gebiss zu weit unten hängt, schlägt es gegen die Haken- oder die Eckzähne und kann sie abnutzen oder absplittern. Wenn es zu hoch hängt, passiert das gleiche mit den vorderen Backenzähnen. Wenn der Reiter hart mit der Hand ist,

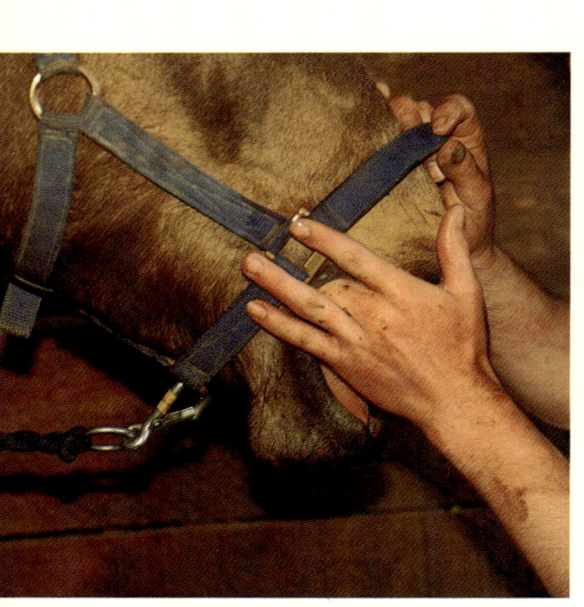

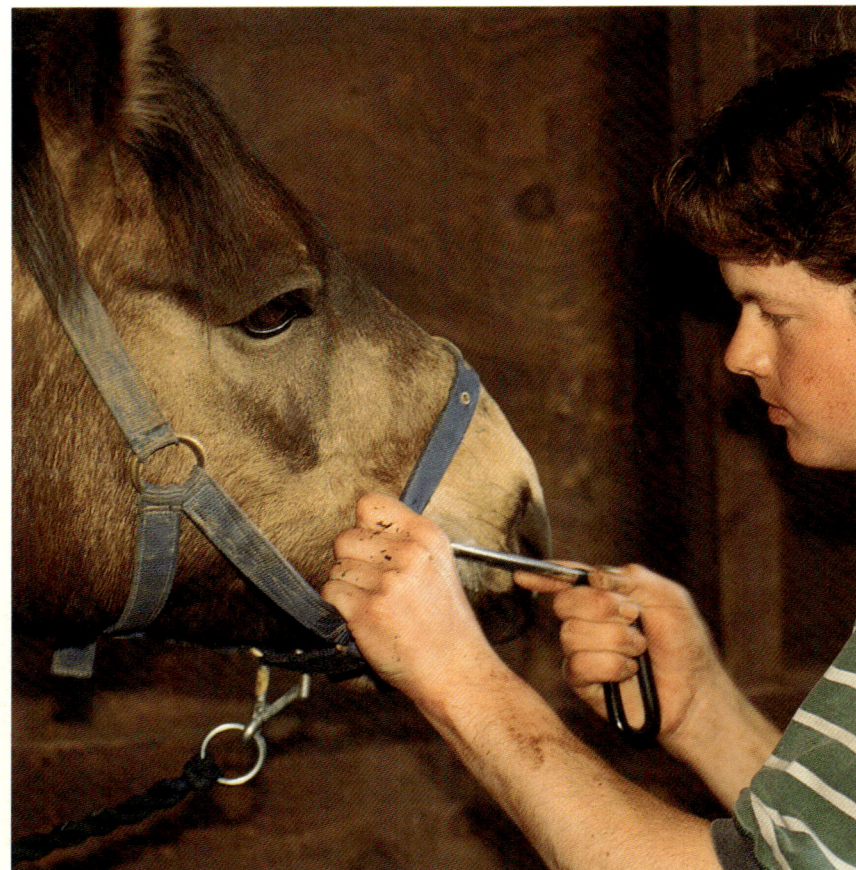

Links: Tasten nach scharfen Kanten und Haken

Oben: Einfaches Abraspeln der Zähne, das auch von Pferdezahntechnikern durchgeführt werden kann. Chirurgische Eingriffe wie z.B. das Ziehen von Zähnen dürfen nur von Tierärzten durchgeführt werden.

Behandlungshäufigkeit

Die Zähne eines ausgewachsenen Pferdes sollten einmal pro Jahr überprüft und, falls nötig, behandelt werden. Bei jungen und alten Tieren sollte dies mindestens zweimal pro Jahr gemacht werden. Natürlich sollten die Zähne auch untersucht werden, wenn das Pferd eigenartige Verhaltensweisen zeigt, die möglicherweise auf Schmerzen im Maul hindeuten, wie z.B.:

- Kopfschlagen
- Probleme beim Fressen
- Eigenartige Bewegungen der Kiefer oder des Kopfes beim Fressen
- Unruhe beim Fressen
- Futter aus dem Maul fallen lassen
- Unverdautes Futter im Mist
- Wehren gegen das Gebiss, obwohl es richtig verschnallt ist und der Reiter eine weiche Hand hat.

kann das Gebiss die Zähne beträchtlich schädigen und sogar die Mundwinkel einklemmen, was fürchterliche Schmerzen und Verletzungen verursacht. Manchmal wird auch die Zunge verletzt, vor allem dann, wenn das Pferd versucht, dem Schmerz zu entkommen und die Zunge über das Gebiss nimmt. Bei Zug reißt dann die Unterseite ein.

Ungleiche Abnutzung

Pferde sind Pflanzenfresser und sollten deshalb mindestens 16 Stunden pro Tag damit zubringen, geeignetes Futter (Raufutter wie Gras, Heu, Silage etc.) zu kauen. Wenn das Pferd dauernd mit schlechten Zähnen oder Schmerzen im Maul sein Futter kauen muss, kann das sehr störend sein, und sogar zu Gewichtsverlusten und allgemeinem Unwohlsein führen. Anders als bei uns wachsen die Zähne des Pferds ständig. Außerdem ist der Oberkiefer etwas breiter als der Unterkiefer, und so

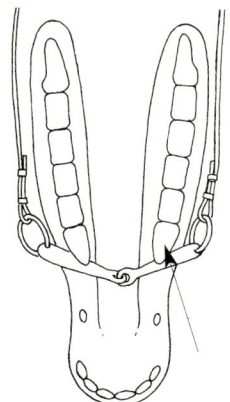

Das Gebiss kann sich hinter der Vorderseite des zweiten vorderen Backenzahns verfangen und so das Zahnfleisch zwischen Zahn und Gebiss einklemmen:

zweiter vorderer Backenzahn

kommt es dazu, dass die Außenkanten der oberen Backenzähne und die Innenkanten der unteren Zähne scharf werden, weil sie sich an diesen Stellen nicht abnutzen.

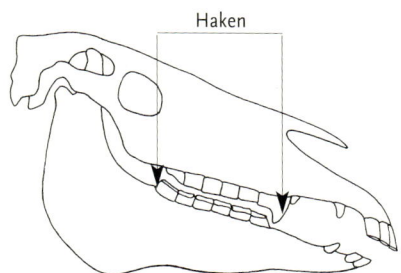

Die Haken, die sich auf den Zähnen bilden, stören die normale Kaubewegung und können die Wirkung des Gebisses beeinflussen. Sie sollten abgeraspelt werden. Es ist wichtig, dass alle Zähne überprüft werden. Das ist einfacher, wenn man eine Maulsperre verwendet, damit das Maul während der Untersuchung offen bleibt und keine gefährlichen Situationen entstehen.

Dadurch können die Innenseiten der Backen und die Zunge verletzt werden. Haken können sich durch ungleiche Abnutzung auf den Prämolaren und auf den Molaren bilden.

Diese Haken können von jedem entfernt werden, der sich mit routi-

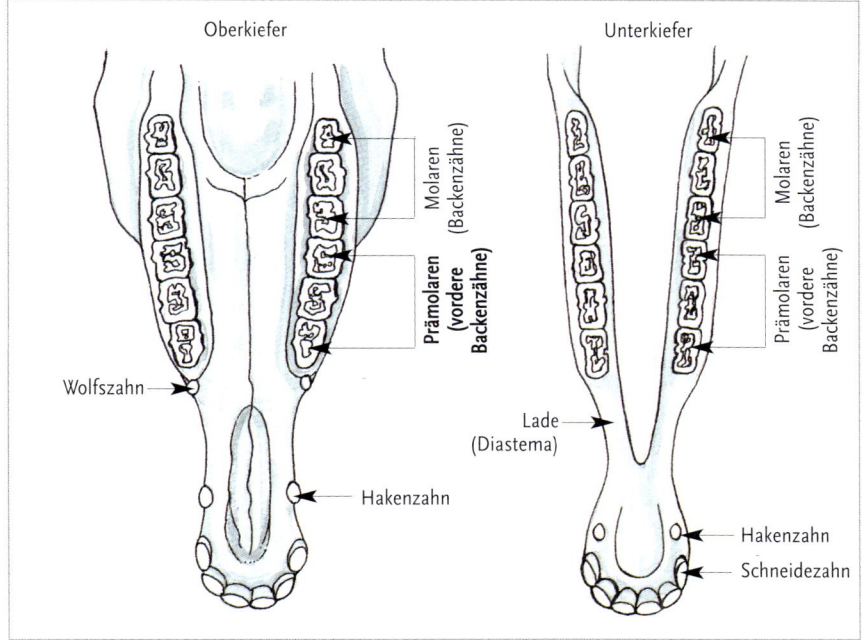

Oberkiefer

Unterkiefer

Molaren (Backenzähne)

Prämolaren (vordere Backenzähne)

Wolfszahn

Hakenzahn

Molaren (Backenzähne)

Prämolaren (vordere Backenzähne)

Lade (Diastema)

Hakenzahn

Schneidezahn

nemäßiger Zahnpflege auskennt. Erkrankungen wie abgebrochene, kariöse oder eitrige Zähne, die gezogen werden müssen, sollten aber, je nach Gesetzeslage, immer unter Betäubung von einem Tierarzt oder einem qualifizierten Zahntechniker behandelt werden.

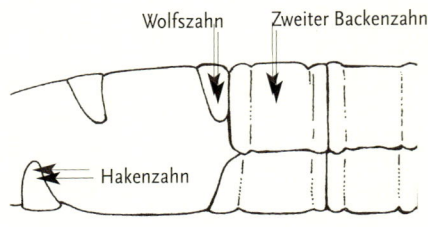

Wolfszahn

Andere Probleme

Andere Probleme, die auftreten können, sind z.B. das Wachstum kleiner so genannter Wolfszähne an den Vorderseiten der Prämolaren, Okklusionsstörungen, bei denen die Zähne nicht aufeinandertreffen und sich so ungleichmäßig abnutzen, was die Futteraufnahme beeinflus-

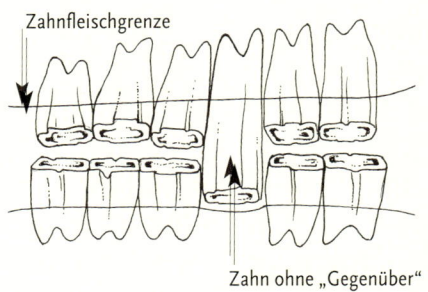

Zahn ohne „Gegenüber"

Wenn ein Zahn kein Gegenüber hat und in die Lücke hineinwächst, muss er häufig abgeraspelt werden, damit er die Kieferbewegungen nicht stört und das Zahnfleisch nicht verletzt.

sen kann, oder ein Überbiss, der das Grasen unmöglich macht.

DIE SUCHE NACH EINEM PFERDEZAHNTECHNIKER

Jeder Tierarzt ist auch in der Zahnheilkunde ausgebildet. Manche Zahntechniker haben eine entsprechende Qualifikation, andere nicht, und je nach der jeweiligen Gesetzeslage dürfen sie in manchen Ländern alle Zahnoperationen durchführen, während sie sich in anderen auf das Abraspeln beschränken müssen. In den USA bietet z.B. die Worldwide Association of Equine Dentistry Kurse an und nimmt Prüfungen ab. Diese Qualifikationen werden allerdings nicht in jedem

Land anerkannt. Mancherorts dürfen nur Tierärzte alle Operationen wie z.B. auch das Ziehen von Zähnen durchführen. In manchen Ländern darf auch in der Humanmedizin niemand außer qualifizierten Zahnärzten den Titel „Zahnarzt" führen. Ein akademischer Abschluss berechtigt in Deutschland zu dem Titel „Dr. dent.".

Fast überall dürfen Zahntechniker für Pferde Zähne abraspeln und können ansonsten auf den Tierarzt verweisen. Manche Pferdebesitzer lassen die Zähne ihres Pferdes lieber von einem Tierarzt behandeln, während andere der Meinung sind, dass auch Zahntechniker gute Arbeit leisten.

Altersbedingte Probleme

Bei jungen Pferden: Wie andere Säugetiere, so haben auch Fohlen Milchzähne und zweite Zähne. Wenn die zweiten Zähne wachsen, blockieren die darauf sitzenden Milchzähne häufig das Wachstum. Das macht die Futteraufnahme sehr schwierig, und die Milchzähne müssen dann gezogen werden.

Bei alten Pferden: Bei alten Pferden ist häufig nicht viel von den eigentlichen Zähnen übrig. Oft finden sich nur noch die weicheren Zahnwurzeln, was das Kauen von hartem Futter fast unmöglich macht. Solchen Pferden muss nahrhaftes, weiches Futter wie eingeweichte Rübenschnitzel oder eiweiß- und energiereiche, eingeweichte Pellets verabreicht werden. Geriebene Karotten oder Äpfel, die sich im Mixer ohne viel Aufwand zubereiten lassen, können ebenfalls verfüttert werden. Getrocknetes Gras und Alfalfa gibt es auch als Pellets. Diese kann man einweichen und an alte Pferde verfüttern. Das Kauen von Heu, Silage oder Ähnlichem und wahrscheinlich sogar das Kauen von Gras fällt diesen Pferden schwer. Man sollte diesbezüglich den Tierarzt oder einen Ernährungsberater um Rat fragen. Alte Pferde brauchen genügend Futter, vor allem auch nachts, so dass sie nie hungrig sind, aber auch nicht überfüttert werden.

BESCHLAG

Die Gesunderhaltung des Hufs und die richtige Hufpflege sind für die Erhaltung der natürlichen Bewegungen des Pferdes, also auch der Fähigkeit, sich im Gleichgewicht zu bewegen, von äußerster Wichtigkeit. Der Beschlag ist auch deshalb so wichtig, weil er viele Krankheiten schon vom Fohlenalter an verhindern und zur Heilung von Krankheiten beitragen kann, die sich im Laufe eines Pferdelebens entwickeln.

FOHLENHUFE

Hufe, Beine und Bewegungen des Pferdes können durch den Hufschmied in den ersten sechs Lebensmonaten am besten beeinflusst werden. Die meisten Fohlen werden im Alter von zwei bis drei Monaten zum ersten Mal ausgeschnitten, falls es vorher keine Probleme gibt. Bis ein Fohlen sechs Monate alt ist, sind seine Knochen weich genug, damit angeborene oder vererbte Stellungsfehler durch korrektes Ausschneiden oder, in Ausnahmefällen, durch einen Korrekturbeschlag beeinflusst werden können. Gut ausbalancierte Hufe stellen eine gute Stütze für Beine und Gelenke dar, auf denen diese natürlich wachsen können.

Wenn man die Hufe aber sich selbst überlässt, wachsen die Knochen und Gelenke oft so, dass sie die „schiefe Basis", die durch die Hufe vorliegt, ausgleichen, und werden dann überlastet, unausgeglichen belastet usw. Wenn man den Schmied erst dann ruft, wenn das Fohlen sechs Monate alt ist, wird der Schmied fluchen und fra-

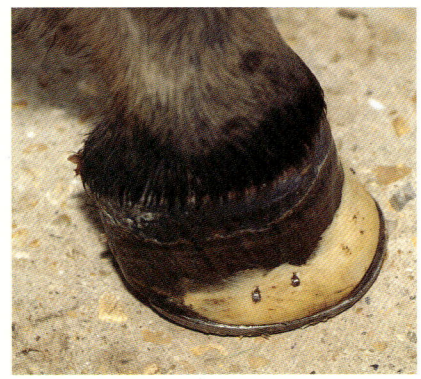

Das Geschick eines kompetenten, engagierten Hufschmieds kann – besonders wenn wie in diesem Fall ein orthopädischer Beschlag vonnöten ist – für das künftige Leistungspotential und den Wert eines jungen Pferdes von entscheidender Bedeutung sein. Die Hufe sollten von einem frühen Zeitpunkt an kontrolliert werden, um spätere Probleme zu vermeiden.

gen, warum man ihn nicht schon früher gerufen hat, als es noch viel leichter gewesen wäre, Korrekturen vorzunehmen. Zwischen dem sechsten Lebensmonat und dem zweiten Lebensjahr kann der Schmied Stellungsfehler und Ähnliches noch bis zu einem gewissen Grad korrigieren, danach ist dies fast unmöglich.

BEIM JUNGEN PFERD

Wenn ein Hufschmied entscheiden muss, ob eine Hufkorrektur bei einem ausgewachsenen Pferd mehr Vorteile als Nachteile bringt – ob Knochen und Gelenke dadurch neuen, zu großen Belastungen ausgesetzt werden –, braucht er dazu großes Geschick, viel Erfahrung und ein gutes Urteilsvermögen.

Ein guter Schmied im Fohlenalter und während der ersten Lebensjahre kann durch gutes Ausschneiden Leben, Leistung und Zukunft eines Pferdes dahingehend beeinflussen, dass es ein nützlicheres und angenehmeres Leben führen kann, als wenn Stellungsfehler nicht korrekt korrigiert worden wären. Ein orthopädischer Hufschmied erzählte uns, dass viel zu viele Pferdebesitzer sich erst dann um die Hufe ihrer Pferde kümmern, wenn diese drei Jahre alt sind und zum ersten Mal beschlagen werden sollen. Zu diesem Zeitpunkt sei es sehr schwierig oder sogar unmöglich, bestimmte Probleme noch zu beheben.

BEI ÄLTEREN PFERDEN UND PONYS

Viele Probleme mit Hufen und Beinen rühren von schlechtem Beschlag her. Sobald ein Pferd jedoch von einem fähigen Schmied beschlagen wird, lassen sich bestimmte Probleme wieder korrigieren.

Korrektes Ausschneiden: Beim Beschlagen sollen die Hufe des Pferdes so geformt werden, dass sie möglichst genau mit den anschließend gezeigten Diagrammen übereinstimmen, wobei natürlich die individuelle Beinstellung und die Bewegungen jedes einzelnen Tieres eine Rolle spielen. Die Achse des Hufs bzw. des Fesselgelenks und

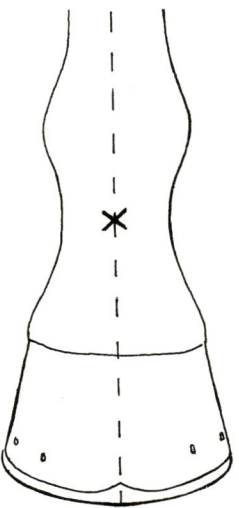

Ein Huf im Gleichgewicht – eine gedachte senkrechte Linie läuft durch die Mitte des Fesselgelenks und der Zehe und teilt den Huf in zwei gleiche Teile.

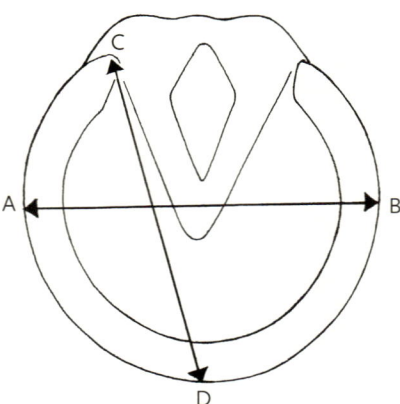

A B C Vorderhuf im Gleichgewicht – die Linie A-B sollte genauso lang sein wie die Linie C-D.

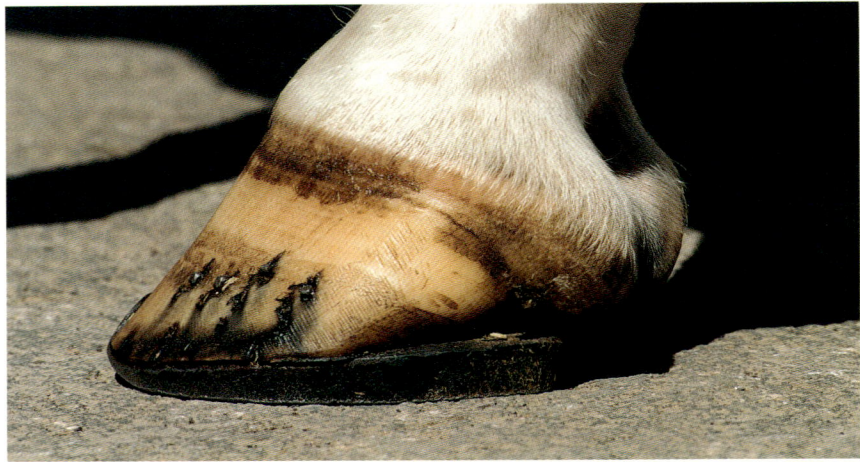

Keile, Einlagen oder Eiereisen unterstützen zu niedrige Trachten. Häufig werden die Zehen zu lang gelassen und die Ballen zu stark ausgeschnitten, was die Wurzel vieler Probleme darstellt.

das Gleichgewicht beider Seiten muss stimmen, und das Pferd sollte seiner Arbeit entsprechend beschlagen werden. Die Trachten müssen gut unterstützt und die Zehen vernünftig kurz gehalten werden. An Hufen, die achtlos ausgeschnitten wurden, befinden sich häufig überschüssiges Horn und sogar „falsche" Sohlen, die sich aufgebaut haben. Diese Überschüsse können aber abgenommen werden,

was dem Pferd sofort Erleichterung verschafft. Im Gegenzug dazu müssen abgenutzte, ausgebrochene Hufe vorsichtig ausgeschnitten und aufgebaut werden, z.B. mit Hilfe von aufklebbaren Eisen, bis das Horn nachwächst.

Die Bedeutung des orthopädischen Beschlags: Wenn Probleme sich unkontrolliert entwickeln und der Schmied den Beschlag dem Huf anpasst, anstatt diesen zu korrigieren, können sie chronisch werden und Haltung und Bewegungsapparat insgesamt schädigen, bis hin zu chronischen Lahmheiten. Ständige

Hier ist der Huf nicht im Gleichgewicht. Die linke Seite dieses Beins wird immer mehr gedehnt, was Verletzungen im Bindegewebe zur Folge hat. Die Gelenke, Knorpel und Knochen der rechten Seite sind stärkeren Belastungen ausgesetzt, was Überbeine, Hufgeschwüre und andere Verletzungen begünstigt.

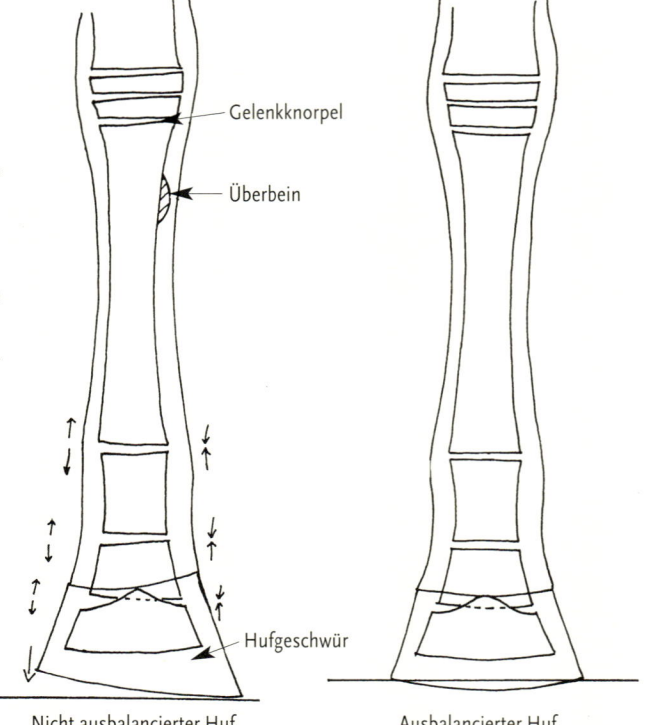

Nicht ausbalancierter Huf   Ausbalancierter Huf

Hornspalten, wie hier gezeigt, und ausgebrochene Hufe im allgemeinen entstehen nicht nur bei schlechter Hornqualität, sondern auch dann, wenn der Huf nicht im Gleichgewicht und so ungleichen Belastungen ausgesetzt ist.

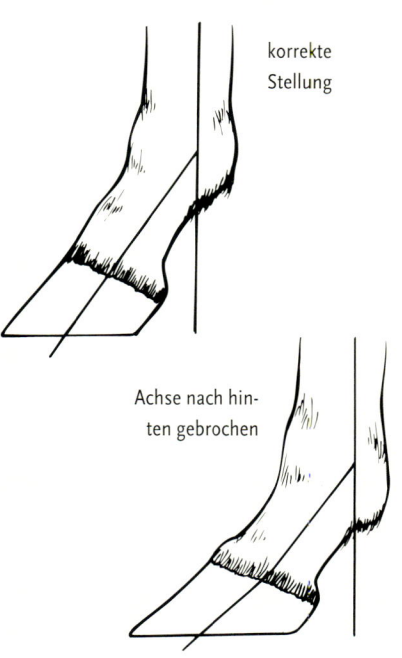

korrekte Stellung

Achse nach hinten gebrochen

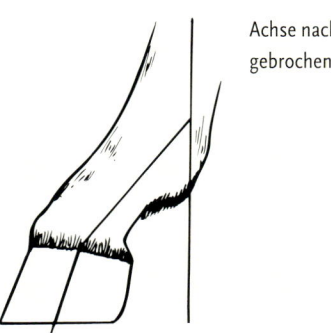

Achse nach vorn gebrochen

Die natürliche Abnutzung

 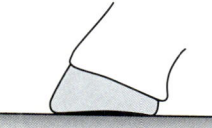 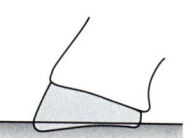

Die Hufe wilder Pferde nutzen sich anders ab, als der Schmied sie ausschneidet. Die Zehen werden rechteckig abgeschliffen, und auch die Hufwand nutzt sich ab. Manche Schmiede schneiden Pferde jetzt dementsprechend aus.

In den letzten Jahrzehnten hat die Forschung und Beobachtung wilder Pferde und Ponys ergeben, dass sich, je nach Untergrund, ihre Zehenspitzen rund schleifen und insgesamt eine rechteckige Form annehmen. Manchmal nutzt sich auch die Hufwand mit ab. Dies läuft auf eine mehr quadratische Hufform hinaus, im Gegensatz zu herkömmlich ausgeschnittenen Pferden, bei denen die Vorderhufe eher rund und die Hinterhufe eher oval aussehen. Momentan wird viel diskutiert, ob diese Form sich auch für unsere Pferde eignet. Es ist eine Tatsache, dass viele Pferde, die keine Stellungsprobleme haben, an den Zehen abgerundete Eisen haben, was für diese Theorie spricht.

Es wird interessant sein zu beobachten, wie sich der Beschlag, der sich Ende des 20. Jahrhunderts sehr viel offener für neue Ideen und Forschungsergebnisse zeigte, weiterentwickelt. Eines ist sicher: Der Beschlag wird als alternative Therapie immer eine wichtige Rolle spielen.

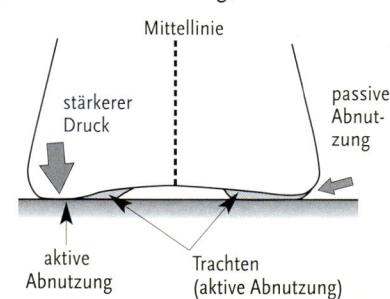

Schmerzen verursachen Stress, verbrauchen Energie und schaden allmählich allgemein der Gesundheit.

Wenn ein Huf gut ausgeschnitten und durch ein geeignetes Eisen unterstützt wird, ist der Unterschied oft verblüffend. Das normale Wachstum des Hufs wird angeregt und ungleicher, durch schlechten Beschlag entstandener Druck ausgeglichen.

Links: Wenn die Achse durch Huf und Fesselgelenk korrekt verläuft, verteilt sich die Belastung gleichmäßig in Huf und Bein. Die nach hinten gebrochene Achse belastet Bänder und Sehnen auf der Rückseite des Beins und übt Druck aus auf die Gleichbeine und die Hufrolle. Die nach vorn gebrochene Achse begünstigt Prellungen und Beschwerden durch unausgeglichene Kräfte in Huf und Bein.

THERAPIEN

NUR FÜR DEN

REITER

AYURVEDA

Ayurveda ist ein wahrhaft ganzheitliches System zur Gesunderhaltung und wird traditionell in Indien, Sri Lanka und einigen benachbarten Kulturen praktiziert. Es stellt eine Lebensweise dar, die darauf abzielt, die Gesundheit und Belastbarkeit des Körpers, Geistes und der Seele zu fördern; Ayurveda ist mehr als eine Sammlung von Therapien für spezielle und sichtbare Krankheiten, die häufig nur das Ende schleichender Beschwerden repräsentieren.

PHILOSOPHIE

Man glaubt, dass die Energie in unserem Körper sich ständig verändert und dass Ayurveda uns lehrt, wie man sie in ein Gleichgewicht bringt. Das wirkt sich auf unser ganzes Sein, auf unsere Gefühle, Gedanken, Handlungen, unsere Ernährung, den Schlaf, persönliche Gewohnheiten, Beziehungen und unsere Einstellung zu Vergangenheit, Gegenwart und Zukunft aus. Indem wir ein in jeder Beziehung ausgeglichenes Leben anstreben, sollen wir optimal „funktionieren" und geistige Erfüllung und Glück erlangen.

Ayurveda beruht auf dem Glauben, dass alles im Universum aus Energie besteht. diese Energie wird „Prana" genannt und ist identisch mit dem chinesischen „Chi", dem altgriechischen „Pneuma" und dem japanischen „Ki". Wenn diese Energie in Relation zu unserer Welt ausgeglichen ist, fördert dies Gesundheit und Wohlbefinden.

Grundelemente: Sie basieren auch auf dem Glauben, dass wir aus fünf Elementen bestehen, die sich ge-

Einsatzgebiete von Ayurveda

Wenn unser Prana (Lebenskraft) aus dem Gleichgewicht gerät, kann Ayurveda helfen, das Gleichgewicht wiederherzustellen und Beschwerden zu heilen. Besondere Erfolge werden Ayurveda nachgesagt bei hartnäckigen, chronischen Leiden wie den Folgenden:

▶ hoher Blutdruck
▶ Kummer
▶ Hautkrankheiten
▶ Atemwegserkrankungen
▶ Schlafschwierigkeiten
▶ Kopfschmerzen und Migräne
▶ Depressionen (krankheitsbedingte und andere)
▶ Angstzustände
▶ Verdauungsprobleme
▶ Allergien

ringfügig von der traditionellen chinesischen Medizin (siehe S.154) und den westlichen Ansichten unterscheiden. Für uns sind die Elemente Erde, Luft, Feuer und Wasser. Die Elemente des Ayurveda sind Luft, Feuer, Raum, Wasser und Erde plus drei andere Kräfte, Vata, Pitta und Japha genannt, in denen die Elemente sich manifestieren.

WIRKUNGSWEISE

Elemente des Ayurveda sind z.B. eine spezielle Form der Aromatherapie, Atemtechniken, Entgiftung des Körpers, Ernährung, Bewegung, Medikamente aus Kräutern, Mineralien oder anderen Naturstoffen, Meditation und Entspannung, Musiktherapie, Techniken zur Förderung des allgemeinen Wohlbefindens und Yoga. Auch die Manipulation von Energiepunkten, Marma, gehört dazu. In der traditionellen chinesischen Medizin spricht man von 59 Energiemeridianen, hier sind es mehrere hundert. Außerdem gibt es eine spezielle Massagetechnik, die die Entgiftung des Körpers fördern soll.

Ayurveda-Therapeuten beschäftigen sich viel mit dem Immunsystem, da es die Grundlage der körperlichen Gesundheit darstellt und so auch zum geistigen und seelischen Wohlbefinden beiträgt. Sie versuchen, das Prana in ein Gleichgewicht zu bringen, so dass es einem Eindringen von Keimen und Giften, die unter Stress oft vom eigenen Körper ausgeschüttet werden, widersteht.

Art und Dauer der Behandlung

Der Therapeut stellt zuerst Fragen, um sich ein Bild zu machen, was für

Ayurveda für Pferde

Obwohl dies noch nicht sehr üblich ist, kann man jeden Therapeuten bitten, Tiere zu behandeln, wie bei jeder Therapie. In manchen Ländern wie z.B. in Großbritannien braucht man hierzu die Überweisung oder Erlaubnis des Tierarztes.

len Tageszeitungen, Zeitschriften oder Fachzeitschriften für Gesundheit oder Sport.

Die Suche nach einem Therapeuten: Es ist wahr, dass nichts über eine persönliche Behandlung und

Schulung geht. Häufig finden sich für alle diejenigen, die sich intensiver mit der Materie auseinandersetzen möchten, Anzeigen von Therapeuten in Branchenbüchern oder Zeitungen.

eine Art Mensch der Patient ist. Dann erhält der Patient einen Behandlungsplan, dem er folgen soll. Dieser wird genau auf den jeweiligen Patienten zugeschnitten und soll Gesundheit und Wohlbefinden fördern. Die Behandlung wird auf die jeweiligen Beschwerden ausgerichtet. Obwohl Ayurveda als sicher gilt, können damit offenbar nicht alle Beschwerden wirksam behandelt werden, z.B. Krebs, Probleme am Bewegungsapparat und einige Hernien. Kinder und Schwangere werden wegen ihrer speziellen sensiblen Punkte anders behandelt als andere Menschen.

Man muss sich mindestens dreimal behandeln lassen, manchmal auch zehnmal und mehr, z.B. bei hartnäckigen Beschwerden, die der meisten Aufmerksamkeit bedürfen.

SELBSTHILFE

Wo kann man mehr erfahren? Es gibt zu diesem Thema heute gute Bücher und Videos, auch nur über Teilaspekte wie z.B. das Yoga. Auch werden Volkshochschulkurse für Ayurveda angeboten. Anzeigen dazu finden sich häufig auch in regiona-

Mit Hilfe von Ayurveda wird das natürliche „Prana", die Lebenskraft des Körpers, ausgeglichen. Dadurch kann dieser Stress und Krankheiten besser abwehren.

CHINESISCHE MEDIZIN

Das, was wir heute Traditionelle Chinesische Medizin (TCM) nennen, ist ein ganzheitliches System zur Gesunderhaltung und Heilung. Es ist ein kompliziertes Netz aus verschiedenen Elementen, die einzeln, aber auch miteinander arbeiten, fast wie der Körper. Die wichtigsten Bestandteile sind die Akupunktur und die Kräuterheilkunde (die in China auch tierische und mineralische Stoffe umfasst), dazu Ernährung, Meditation und Übungen in Ruhe und in Bewegung wie beim Qigong und beim Tai Chi. Obwohl sie sich nach außen unterscheiden, liegen doch allen dieselben Prinzipien bezüglich der Natur des Körpers und seines Platzes und Sinns im Universum zu Grunde.

GESCHICHTE

Die TCM war bereits um 1800 v.Chr., zur Zeit der Shang-Dynastie, in China ein sehr effektives, ausgereiftes System zur Gesunderhaltung und Heilung. Es gibt aus dieser Zeit Texte, deren Informationen und Philosophien aber offenbar noch viel älter sind. Die chinesische Medizin entwickelte sich als Gebrauchsmedizin, ihre Elemente wurden so eingesetzt, wie sie gebraucht wurden, um die Funktionen jedes Systems synergetisch zu fördern – so, als ob zwei und zwei acht ergäbe statt vier.

Die Grundlagen: Die Chinesen sehen den Körper als kleinen Bestandteil des Universums an, und die TCM ist auf das ganzheitliche Konzept des Universums gegründet, wie es im Taoismus oder Daoismus festgelegt ist. Dort heißt es, dass alles im Universum voneinander abhängig

ist. Die steigende Beliebtheit, derer sich dieses System in der westlichen Welt erfreut, ist der Beweis dafür, wie unzufrieden die Menschen mit der Schulmedizin sind.

Patienten, die zu einem TCM-Arzt wechseln, haben anfangs wahrscheinlich Schwierigkeiten zu verstehen, wo z.B. der Sinn darin liegt, mit Nadeln gestochen zu werden, eigenartig anmutende Übungen auszuführen, Kräuter zu schlucken, gegen die all unsere Sinne sich wehren, oder dazusitzen und sich auf den eigenen Nabel zu konzentrieren, wenn es dringendere Dinge zu erledigen gäbe – aber probieren geht eben über studieren.

Dieses System hat sich über tausende von Jahren als effektiv erwiesen – obwohl es, wie alle anderen Systeme auch, nicht in jedem Fall hilft – und wird jetzt auch im Westen anerkannt.

WIRKUNGSWEISE

Die TCM will, wie viele andere fernöstliche Therapien, den Fluss der Lebenskraft, des Chi, im Körper

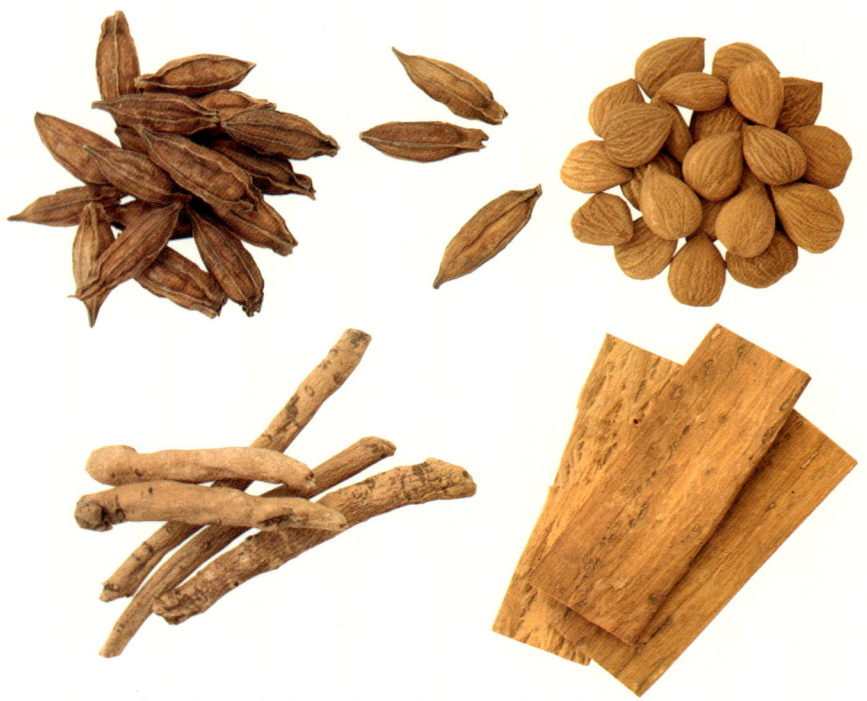

Jeder Teil einer Pflanze kann in der chinesischen Medizin verwendet werden.

Einsatzgebiete der TCM

Die Ärzte versuchen alle gebräuchlichen Techniken so einzusetzen, dass sie für ihre Patienten ein Selbsthilfeprogramm aus Therapie und Lebensmanagement zusammenstellen können, das ihre Energie und die Einheit aus Körper, Geist und Seele in Richtung auf ein gutes Leben hin ausbalanciert. Die Kräuter haben zum Beispiel alle entweder einen Yin- oder einen Yang-Aspekt: Wenn ein Patient an Energiemangel leidet (ein Yin-Zustand), wird man ihm Yang-Kräuter verschreiben, um wieder ein Gleichgewicht herzustellen. Die Akupunktur kann dazu eingesetzt werden, um entweder die Produktion von Energie bei Yin-Zuständen anzuregen oder sie bei Yang-Zuständen zu drosseln, usw.

in ein Gleichgewicht bringen. Man glaubt dabei, dass das Chi in einem immer gleichen 24-Stunden-Rhythmus fließt (was sich mit der westlichen Vorstellung des 24-Stunden-Rhythmus des Herzens deckt). Es fließt entlang der Meridiane, die man sich am besten als Richtungen vorstellt, und hat entgegengesetzte Eigenschaften, Yin und Yang, die im Gleichgewicht sein müssen. Yin und Yang stellen die ewigen Gegensätze von männlich und weiblich, hell und dunkel, voll und leer usw. dar.

Andere Heilmittel: Manchmal werden auch andere Heilmittel als die fünf Hauptbestandteile der TCM empfohlen, z.B. Feng Shui, um das Chi des Patienten zu Hause oder am Arbeitsplatz auszubalancieren. Dabei soll die Lebensenergie mit voneinander abhängigen, stärkenden und unterstützenden Mitteln so ausbalanciert werden, dass der Patient harmonischer in seiner Umgebung leben kann.

Man muss nicht krank sein, um einen TCM-Arzt zu konsultieren.

Sie führen auch Vorsorgeuntersuchungen durch, weil es das Ziel dieses Systems ist, Krankheiten vorzubeugen und so ein erfülltes und glückliches Leben zu schaffen.

Wie arbeitet ein TCM-Arzt?

Der Arzt setzt zur Diagnosestellung alle Sinne ein, sieht, hört, erfragt und erfühlt Beschwerden oder Ungleichgewichte. Er verschreibt dem Patienten dann, wie jeder andere Arzt oder Therapeut, all diejenigen Therapien aus der TCM, die ihm helfen können, und erteilt zusätzlich Ratschläge die Lebensweise und die Grundhaltung des Patienten betreffend.

Die Theorie der fünf Elemente: Das Konzept der fünf Elemente wurde bereits in Verbindung mit Ayurveda vorgestellt. In der TCM kennt man fünf Elemente, nämlich Wasser, Feuer, Holz, Metall und Erde. Sie spielen, zusätzlich zu Yin und Yang, eine wichtige Rolle beim Ausbalancieren des Chi. Diese Theorie stammt aus Beobachtungen der ver-

schiedenen Arten dynamischer Prozesse, Funktionen und Merkmale in der Natur. Manche TCM-Ärzte setzen diese Theorie ein, um zu entscheiden, wie sie einen Patienten behandeln wollen, während andere sich dazu Yin und Yang zuwenden und so Ungleichgewichte beim Patienten feststellen.

Das Konzept ist so extrem kompliziert, dass es unmöglich in diesem Buch vollständig abgehandelt werden kann. Es gibt aber für alle, die Interesse haben und ihr Wissen vertiefen möchten, ausgezeichnete Bücher zum Thema.

DIE SUCHE NACH EINEM TCM-ARZT

Oft hilft Mundpropaganda, außerdem liegen in Krankenhäusern, Reformhäusern und Arztpraxen, auch wenn sie andere alternative Therapien anbieten, oft Informationen aus. Man kann aber auch im Branchenbuch oder im Internet suchen.

TCM für Pferde

Man kann, wie bei jeder Therapie, auch hier jeden in Traditioneller Chinesischer Medizin ausgebildeten Arzt bitten, ein Pferd zu behandeln; in manchen Ländern bedarf es hierzu der Überweisung eines Tierarztes. Akupunktur und Akupressur werden heute relativ häufig bei Pferden eingesetzt, aber auch chinesische Kräuterheilkunde kann angewendet werden.

YOGA

Yoga ist ein Bestandteil des indischen Ayurveda und war wahrscheinlich eine der ersten fernöstlichen Therapien, die im Westen Fuß fassten. Beim Yoga gibt es verschiedene Schulen, aber sie alle haben das gleiche Ziel.

PHILOSOPHIE

Auch Yoga arbeitet mit der Vorstellung, dass alle Systeme des Körpers, des Geistes und der Seele dann am besten funktionieren, wenn Harmonie und Gleichgewicht herrschen. Der Grundlehrsatz von Ayurveda lautet, dass die Lebensenergie des Körpers, das „Prana", durch Kanäle (Meridiane) im Körper läuft, und dass diese und die dazugehörigen Energiepunkte („Marma") durch Dehnübungen und spezielle Haltungen stimuliert und manipuliert werden können – genau wie beim Yoga.

Abgesehen vom Prana sind sanfte Dehnübungen sowieso eine gute Form körperlicher Betätigung, weil sie den Menschen flexibel und beweglich erhalten. Dem Rücken gilt dabei viel Aufmerksamkeit, weil die Wirbelsäule für den gesamten Bewegungsablauf wichtig ist und Ansatzpunkte für motorische und sensorische Nerven enthält.

WIRKUNGSWEISE

Auswirkungen auf den Körper: Der Sinn von Yoga ist es, Steifheit vorzubeugen, indem die Muskeln, Bänder, Sehnen und Gelenke sanft bewegt und gedehnt werden, um das Prana durch die Stimulation der

Meridiane und Energiepunkte (Harma) fließen zu lassen. Dadurch wird die Blut- und Lymphzirkulation verbessert, die Wirbelsäule gewinnt an Beweglichkeit und Spannkraft und die Rückenmuskeln werden stärker und elastischer.

Yoga für Pferde

Uns ist bisher nichts über ein bestimmtes System für Yoga bei Pferden bekannt, aber die Grundprinzipien von Yoga sind sicherlich auch bei Pferden anwendbar. Yoga für Menschen besteht aus sanften Dehnübungen, also machen wir bereits dann Yoga mit unserem Pferd, wenn wir Dehnübungen an ihm durchführen (siehe Stretching, S.60 und Shiatsu, S.24). Um jedoch Meridiane oder Energiepunkte damit stimulieren zu können, müssten diese aus Diagrammen für Menschen auf das Pferd übertragen werden, aber dazu bedürfte es eines ganzheitlich arbeitenden Tierarztes oder Physiotherapeuten, der sich auch mit Yoga auskennt. Shiatsu wurde bereits erfolgreich für Pferde „umgeschrieben", warum also nicht auch Yoga? Im Augenblick können wir unseren Pferden auf jeden Fall

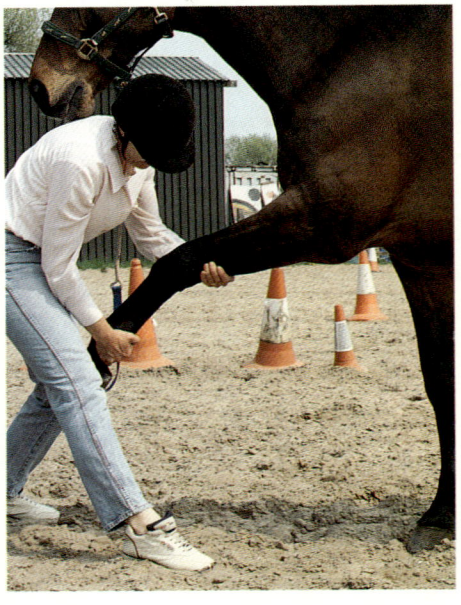

mit Dehnübungen Gutes tun, vor allem weil damit Rückenschmerzen gelindert werden können, ähnlich wie Yoga dies bei Menschen zu tun vermag. Rückenprobleme entstehen beim Pferd häufig einfach deshalb, weil wir auf ihnen sitzen und sie dann auch noch arbeiten lassen. Ihre Wirbelsäule wurde mit Sicherheit nicht dazu geschaffen, zusätzlich zu dem Gewicht ihres nach unten ziehenden Bauches Lasten von oben zu tragen. Wenn wir die Pferde dann noch auffordern, bestimmte Bewegungen auszuführen, muss dies beinahe zwangsweise zu Verletzungen führen. Yoga-ähnliche Dehnübungen helfen gegen die Beschwerden und stärken den Pferderücken.

Yoga gegen Rückenschmerzen: Diejenigen von uns, die keine gute Haltung haben, leiden im Regelfall unter Verspannungen und Beschwerden in den Muskeln. Yoga hilft uns dabei, eine entspannte, aufrechte und ausbalancierte Haltung mit einer gewissen Grundspannung im Stehen, Sitzen und beim Reiten zu entwickeln.

Auswirkungen auf die Psyche: Yoga hat auch äußerst wohltuende Auswirkungen auf Geist und Seele. Wir können nicht unser Bestes geben, wenn wir durch Steifheit, körperliches Unwohlsein, Bewegungseinschränkungen, Muskelverspannungen oder Schmerzen behindert werden. Meist sind wir dann ungeduldig und übellaunig. Wenn wir aber von den körperlichen Beschwerden befreit werden, befreit dies auch unseren Geist, und wir sind ausgeglichener und geduldiger, sowohl in unseren Urteilen als auch anderen Menschen und Tieren gegenüber. Yogis (Yogalehrer) glauben, dass die psychische Energie durch Verspannungen im Körper in der Wirbelsäule gefangen gehalten wird und dass Yoga dazu beiträgt, sie freizusetzen, und sie durch die Wirbelsäule ins Gehirn fließen lässt.

Erhaltung eines Gleichgewichts: Wieder sind wir bei der fernöstlichen Vorstellung, dass wir immer dann, wenn das Energiegleichgewicht gestört ist, krank werden, uns verletzen oder uns daraus geistige oder körperliche Nachteile erwachsen. Yoga bringt das „Prana" wieder ins Gleichgewicht.

Viele Reiter leiden unter Rückenschmerzen. Yoga kann dazu beitragen, die Haltung des Reiters sowohl im Sitzen als auch im Gehen und natürlich auch beim Reiten zu verbessern.

SELBSTHILFE

Es gibt Unmengen von Büchern über fernöstliche Therapien und Philosophien, die sich auch mit Yoga beschäftigen. Da Yoga auch bei uns sehr gut anerkannt ist, bieten viele Volkshochschulen oder auch Abendschulen Kurse an. Häufig finden sich Aushänge über Kursangebote in Arztpraxen, Fitnesscentern oder Kliniken. Außerdem finden sich die Adressen von Yogis auch in örtlichen Branchenbüchern.

CHI KUNG (QI GONG)

Chi Kung ist ein Bestandteil der Traditionellen Chinesischen Medizin. Chi Kung soll Abhilfe schaffen bei Sorgen, Stress und Nervosität, die sich auf das Verdauungssystem und den Harnapparat auswirken und so die Gesundheit des Körpers im Allgemeinen beeinflussen können. Es ist eine sanfte Form von Übungen und Haltungen, die einen gesunden Körper und Geist fördern sollen. Chi Kung dient der Gesunderhaltung, der Krankheitsprävention und dem Ausbalancieren der Einheit aus Körper, Geist und Seele.

CHI KUNG IM WESTEN

Wie viele chinesische Therapien ist auch Chi Kung ein sehr weites Feld, und es zu erlernen kann ein Leben lang dauern. Die Therapeuten in der westlichen Welt begreifen die Unterschiede zwischen den beiden Kulturen und haben deshalb die chinesische Methode an unseren gehetzten Lebensstil angepasst. Ziel ist es, das Immunsystem zu stärken (das oft durch zu viel Hygiene geschwächt ist) und Disharmonien des Chi in unserem Körper, unserem Geist und unserer Seele entgegenzuwirken.

Sanfte Übungen: Für viele Menschen in den westlichen Kulturen bedeutet das Wort „Übungen" etwas, was ihnen unsympathisch ist: Anstrengung, Zeitverschwendung und eine Erschöpfung der Energiereserven, kein Auffüllen. Chi Kung kann aber so wenig anstrengend sein, als ob man nur den kleinen Finger rührt! In östlichen Kulturen ist man der Ansicht, dass regelmäßige, sanfte Übungen für ein langes und gesundes Leben wichtig sind. Anstrengenderes wird mit Vorsicht betrieben.

Chi Kung in der Sportphysiologie und als Therapie: Man weiß seit mehreren Jahrzehnten, dass Extremsportler meist weniger lang leben als Menschen, die die Dinge langsamer angehen lassen. Sie leiden im Alter auch häufiger unter chronischen Krankheiten. Beispiele sind ein schwächeres Immunsystem und besonders Osteoarthritis. Obwohl Chi Kung hier als Therapie für den Reiter vorgestellt wird, drängt sich die Überlegung auf, dass Übertreibungen, auf lange Sicht gesehen, auch der Gesundheit unserer Pferde abträglich sind.

Zur Vorsicht mahnende Philosophie: Es ist nicht etwa „tough", sich oder sein Pferd bei schlechtem Wetter ohne angemessene Kleidung nach draußen zu schicken – auch Chi Kung ist eine chinesische Philosophie, die zu einer vernünftigen und sanfteren Behandlung von Körper, Geist und Seele rät, durch die allmählich Energie und Stärke aufgebaut werden. Unseren Pferden kann es nur dienlich sein, wenn wir uns diese Vorsicht zu eigen machen. Das bedeutet, dass wir sie mit dem Maß an Respekt behandeln sollten, das jedem Lebewesen zusteht, dessen Ambitionen sich vielleicht von den unseren unterscheiden.

Einsatzgebiete von Chi Kung

Der Begriff Chi Kung bedeutet frei übersetzt „Kultivierung von Energie". Das bedeutet, dass Chi Kung uns helfen kann zu lernen, wie man möglichst viel Energie speichert, bewegt und verwendet, um Gesundheit und Wohlbefinden zu fördern. Es gibt dafür tausende von Übungen für verschiedene Zwecke, z.B. für das Auffüllen von Energie, für das Bewegen/Verteilen blockierter/ überschüssiger Energie etc.

Therapeuten bilden sich über viele Jahre fort und sind der Ansicht, dass man nie auslernt. Sie können erstaunliche Muskelstärke demonstrieren, mit der sie sich vor starken Schlägen und vor Wunden schützen können. Andere Methoden ermöglichen es den Therapeuten, die innere Energie von Körper und Geist zu stärken und die Gesundheit und Langlebigkeit, für die die Chinesen bekannt sind, zu fördern.

WIRKUNGSWEISE

Kleine, mühelose Übungen und „abgerundete Stille" lehren den Schüler, Körper, Geist und Atmung so zu koordinieren, dass das Chi zum Fließen angeregt wird und die Selbstheilungskräfte gefördert werden. Diese Übungen sind in China ein Teil des täglichen Lebens und werden, wie auch Tai Chi-Übungen, sowohl in der Öffentlichkeit als auch zu Hause ausgeführt.

Die Übungen sollen die Energiemeridiane/Akupunkturpunkte anregen, je nachdem welche Übung man wie lange ausführt.

Am besten lernt es sich in Gruppen mit kleinen Teilnehmerzahlen.

HEILEN MIT CHI KUNG

Für das Heilen mit Chi Kung benötigt man einen Therapeuten, der seine Energie über Akupunkturpunkte auf den Patienten überträgt und so den Energiefluss des Patienten anregt. Der Therapeut entscheidet, ob der Patient dabei stehen, liegen oder sitzen soll und ob es nur zu wenig oder gar keinem körperlichen Kontakt kommt. Das macht es für viele schwer, diese Therapieform zu begreifen. Der Therapeut selbst muss über ein starkes Energiefeld verfügen, das er durch regelmäßiges Chi Kung fördert.

Auch bei der Chi-Kung-Massage oder beim Handauflegen wird Energie vom Therapeuten auf den Patienten übertragen. Diese Methoden scheinen immer dann besonders großen Erfolg zu haben, wenn sie zwischen Menschen stattfindet, die heilen bzw. geheilt werden wollen und die an Chi Kung glauben.

Die Absicht des Geistes: Es ist wichtig, daran zu glauben, dass das Chi im Körper dem folgt, was man im Geiste beabsichtigt. Wenn der Therapeut nicht wirklich heilen will oder der Patient nicht geheilt werden will, kann keine Heilung stattfinden. Wenn Unsicherheiten bestehen, schwächt das die Energie. Heilung kann auch dann nur schwer erzielt werden, wenn Patient oder Therapeut unsicher oder verspannt sind. „Centering" ist ein Bestandteil vieler Therapien. Dabei ist es wichtig, die eigene Existenz in das Zentrum des Körpers zu ziehen, an einen Punkt, der sich ca. 4 cm unter dem Nabel im Körperinneren befindet. Man muss sich dabei auf seine wahren Absichten konzentrieren, dann fließt Energie! Hierfür gibt es Meditationsübungen. Meditation (siehe S.174) bedeutet nicht immer, dass man in Trance ist oder sich vollkommen ruhig verhält. Man kann auch in Bewegung meditieren.

SELBSTHILFE

Die Grundzüge des Chi Kung kann man aus Büchern und Videos erlernen, die es zu diesem Thema in einer Vielzahl gibt. Dies ist ein Anfang. Später suchen viele Schüler nach einem Lehrer, und das ist nicht immer einfach. Wie bei vielen anderen „neuen" Therapien gibt es auch hier Menschen, die unterrichten, obwohl sie selbst nur wenig Ahnung von der Materie haben und hauptsächlich am Geldverdienen interessiert sind. Gute Lehrer finden sich meist durch Mundpropaganda. Es finden sich aber auch Anzeigen in Zeitungen oder Kurse in Volkshochschulen. Suchen Sie nach einem Lehrer, der kleine Gruppen unterrichtet und sich bereit erklärt, nicht nur Übungen und Haltungen zu zeigen und zu erklären, sondern auch die Philosophie des Chi Kung und der Traditionellen Chinesischen Medizin zu vermitteln und mit seinen Schülern darüber zu diskutieren.

TAI CHI (TAIJI)

Tai Chi oder Taiji ist eine fernöstliche Kunst- und Therapieform, keine rein chinesische. Es ist verwandt mit dem Chi Kung. Anders als beim statischen Chi Kung sind jedoch anmutige, fließende Bewegungen Bestandteil des Tai Chi.

GESCHICHTE

Tai Chi soll nach einem Traum des taoistischen Mönchs Chang San Feng im 14. Jahrhundert entstanden sein. Er träumte von einem halb Kampf, halb Tanz zwischen einer Schlange und einem Vogel und entwickelte daraus dreizehn Bewegungen. Diese Bewegungen haben sich mit der Zeit weiterentwickelt und etwas verändert. Heute gibt es verschiedene Schulen des Tai Chi, die aber alle die gleichen taoistischen Philosophien teilen, was sie auch mit dem Chi Kung (siehe S. 158) verbindet.

Eine Form des Tai Chi ist die mächtige und effektive Kriegskunst „Taijiquan", was so viel wie „höchst vollendete oder nicht mehr zu überbietende Faust" bedeutet und vom Ausführenden mehr persönliche Disziplin, Zeit und regelmäßiges Training verlangt, als der normale Schüler wahrscheinlich aufzubringen bereit ist, der nur Körper, Geist und Seele fit halten möchte, ohne ins Fitnessstudio gehen oder joggen zu müssen.

Über seine taoistischen Wurzeln und seine Verbindungen mit Kung Fu, der Kampfkunst der Shaolinmönche, kann Taijiquan über 2000 Jahre zurückverfolgt werden. Für eine fernöstliche Disziplin bzw. Therapie ist es allerdings vergleichsweise jung!

SELBSTHILFE

Es gibt viele Bücher und Videos, durch die man versuchen kann, sich selbst Tai Chi beizubringen, aber dies ist wahrscheinlich nicht der ideale Weg, um eine Disziplin zu erlernen, die zu einem großen Teil aus Bewegungen besteht. Bücher und Bilder können keine Bewegungen vormachen. Auf Videos kann man zwar die Bewegungen ausgeführt sehen, sie beinhalten aber natürlich weniger Hintergrundinformationen als Bücher.

Tai Chi kann man am besten lernen, indem man sich einen guten Lehrer sucht, entweder für Privatstunden oder für einen Gruppenkurs. Anzeigen über Kurse und Stunden finden sich in lokalen Tageszeitungen, Volkshochschulen, Branchenbüchern, Reformhäusern und natürlich in Gesprächen mit Menschen, die sich für Gesundheit, Fitness und fernöstliche Philosophien interessieren. Manchmal finden sich auch Anzeigen über Tai-Chi-Videos speziell für Reiter in Pferdezeitschriften.

Einsatzgebiete von Tai Chi

Tai Chi und Chi Kung fördern Gesundheit und Wohlbefinden, indem sie zu Gesunderhaltung und Krankheitsabwehr beitragen. Tai Chi bedeutet etwa „höchst vollendet, nicht zu übertreffen", und die meisten Therapeuten sind sich darüber einig, dass es als Übungsform zur Erhaltung der innerlichen und äußerlichen Gesundheit und zur Stärkung von Körper und Geist tatsächlich kaum zu übertreffen ist. Es scheint wirklich zu halten, was es verspricht, und den Fluss des Chi auszubalancieren, den Geist (Shen) zu beruhigen und die Gesundheit zu fördern.

ALEXANDER-TECHNIK

Die Technik, die Möglichkeiten des Körpers gut auszunutzen, wurde im späten 19. Jahrhundert von F. Mathias Alexander entwickelt. Heute besteht großes Interesse an seiner Philosophie, und sie wird in vielen artistischen und sportlichen Disziplinen, aber auch im Geschäfts- und Alltagsleben umgesetzt. Man weiß heute, dass die Alexander-Technik die Koordination, die Leistung und das Wohlbefinden des Reiters und damit auch die Leistung und die Einstellung des Pferdes zur Arbeit verbessert.

PHILOSOPHIE

Schon bei unserer Geburt weiß der Körper, wie er zu funktionieren hat. Man sagt, dass Kinder drei Viertel aller Dinge, die sie zum Überleben brauchen, lernen, bevor sie fünf Jahre alt sind. Darunter ist auch das Wissen, wie man seinen Körper hält und einsetzt, also wie man den Bewegungsapparat benutzt. Die meisten Kinder lernen sehr früh, dass Verletzungen Schmerzen verursachen und dass man Schonhaltungen einnehmen kann, um den verletzten Körperteil zu entlasten und so Schmerzen zu vermeiden. Hierin liegen aber zwei Probleme. Erstens steht, sitzt und bewegt man sich in Schonhaltung meist sehr unnatürlich, was dem Körper schaden kann. Zweitens werden Schonhaltungen häufig zur Gewohnheit, auch nachdem die Verletzung ausgeheilt ist.

Wenn Schonhaltungen zur Gewohnheit werden: Leider verursachen nicht nur Verletzungen Probleme, sondern auch ein grundsätzlich falscher Gebrauch des Körpers, und wenn dieser, oder auch Schonhaltungen, zur Gewohnheit werden, muss man mehr tun, als sich selbst zu befehlen, damit aufzuhören. Zu einer guten Haltung gehören auch unsere Reaktionen auf Reflexe, automatische Antworten, über die wir in der Regel nicht nachdenken. Wenn sie normal funktionieren, arbeitet der Körper innerhalb seiner normalen Grenzen und mit wenig offensichtlicher Anstrengung.

WAS BEWIRKT DIE ALEXANDER-TECHNIK?

Die Alexander-Technik kann uns dabei helfen zu lernen, Reflexe nicht mehr zu stören und damit ihre Effektivität und unsere normalen Bewegungen wiederzuerlangen. Wir können uns dann freier bewegen, atmen, sprechen und denken, beim Reiten einen besseren Sitz erlangen, natürlicher mit den Bewegungen des Pferdes mitgehen und so unsere Leistung steigern.

Erlernen der Technik: Unterricht in der Alexander-Technik, die eine praktisch anwendbare Erfahrung darstellt, lehrt den Schüler oder die Schülerin, die Bewegungen seines/-ihres Körpers und was sie für die Muskelaktivität bedeuten wahrzunehmen. Der Lehrer erklärt und zeigt dem Schüler, wie er einen Muskeltonus erzielen kann, der ihm hilft, Spannungen abzubauen und

---

Einsatzgebiete der Alexander-Technik

Reitern kann die Alexander-Technik bei folgenden Dingen helfen:

▶ Sie verbessert Koordination, Leistung und Wohlbefinden des Reiters und somit auch Leistung und Einstellung des Pferdes zur Arbeit.

▶ Sie fördert die Eigenwahrnehmung und produktive oder kreative Gedanken.

▶ Sie hilft bei chronischen Verletzungen bzw. ihren Auswirkungen, z.B. Nacken- oder Rückenschmerzen oder Verspannungen.

▶ Sie hilft bei Atemwegserkrankungen und schlechter Atemtechnik.

▶ Sie wirkt bei Stress und Energiemangel.

Die Alexander-Technik hilft immer dann, wenn diese Beschwerden durch Fehlhaltungen oder falsche Bewegungen verursacht wurden.

Die Alexander-Technik zielt darauf ab, Reitern ihre Körperhaltung und -bewegung bewusst zu machen, und trägt so dazu bei, den Reitersitz zu verbessern.

dazu beiträgt, dass der Körper sich besser ausbalancieren kann.

WIRKUNGSWEISE

Auswirkungen auf das Pferd: Schlechte Leistungen eines Pferdes, Unarten wie Kleben, Steigen, Buckeln, Widersetzlichkeit, unter dem Sattel Weglaufen und sogar Scheuen und Zackeln sind häufig auf schlechtes Reiten zurückzuführen, bedingt wiederum durch einen schlechten Reitersitz, dessen Ursache häufig eine schlechte Körperhaltung zu Pferd und im Allgemeinen ist.

Ein schlechter, instabiler Sitz bringt das Pferd aus dem Gleichgewicht, das, wie wir uns ins Gedächtnis rufen sollten, mit dem Reiter ca. ein Sechstel seines Eigengewichts oder mehr trägt – eine beachtliche Last, vor allem wenn das Pferd sich bewegt. Weil viele Reiter nie lernen, ihr Pferd richtig auszubilden und zu trainieren, bewegen viele Pferde sich schon an sich falsch und unnatürlich. Weil viele außerdem nie gelernt haben, wie sie sich unter dem Sattel bewegen sollen, fällt es ihnen noch schwerer, mit der Last fertig zu werden.

Auswirkungen auf den Reiter: Ein Reiter muss gerade sitzen und sich bewusst sein, wie er sitzt – nicht krumm, zur Seite oder zu weit nach vorne oder hinten gelehnt. Viele Reiter machen diese Fehler, wissen es aber nicht. Sie glauben aufrecht und gut zu sitzen. Die Alexander-Technik lehrt den Schüler, sich seines Körpers bewusst zu werden und ihn schließlich kontrollieren zu können. Um das Gelernte auch beim Reiten anwenden zu können, benötigt man allerdings einen Lehrer, der sowohl die Alexander-Technik als auch Reiten lehrt. So lernt der Reiter viel über den eigenen Sitz und seine Auswirkungen auf das Pferd. Es kommt nicht nur darauf an, die Hilfen richtig anzuwenden, sondern auch darauf, sich körperlich und geistig auf das Pferd einzustellen.

SELBSTHILFE

Es gibt zwar Bücher über die Alexander-Technik und ihre Anwendung beim Reiten, aber mehr als die Grundlagen kann man sich damit nicht selbst beibringen. Wie bei so vielen Dingen geht auch hier nichts über persönliche Erfahrung, und jeder, der wirklich an dieser Technik interessiert ist, sollte sich an einen qualifizierten Lehrer wenden. Um den Schüler auf den richtigen Weg zu bringen, ist ein ganzer Kurs (empfohlen werden mindestens zwanzig Stunden) natürlich sehr viel effektiver als ein paar Einzelstunden, aber auch wenige Stunden erzielen schon eine deutliche Verbesserung bezüglich der Denkprozesse, der Haltung, der Bewegung und des Wohlbefindens. Man sollte daran denken, dass man, anders als beim Reiten, nicht immer Stunden nehmen muss. Wenn man verstanden hat, worum es geht, hat man genügend Kontrolle über seinen Körper erlangt, die richtige Körperhaltung wird zur Gewohnheit, Schonhaltungen verschwinden. Wenn man einige Stunden genommen hat, besteht

Viele Reiter sitzen schief. Hier kann durch Training mit der Alexander Technik Abhilfe geschaffen werden.

der Erfolg ein Leben lang – vorausgesetzt, man übt immer wieder.

Alexander-Technik und Reiten: Leider gibt es nur wenige Menschen, die sowohl als Reitlehrer als auch in der Alexander-Technik qualifiziert sind. Es gibt aber viele, die einen guten Reitunterricht geben, obwohl sie keinerlei Qualifikation besitzen, und vielleicht findet sich darunter je-

mand, der gleichzeitig auch die Alexander-Technik lehrt. Man kann aber auch einfach „normalen" Unterricht in Alexander-Technik nehmen und dann versuchen, das Gelernte beim Reiten anzuwenden.

DIE FELDENKRAIS-METHODE

Wie soll man die Bewegungen seines Körpers kontrollieren können, wenn man nicht wirklich weiß, was er tut? Die Feldenkrais-Methode lehrt ihre Schüler, sich durch leichte und sanfte, nicht gewohnheitsmäßige Übungen ihrer Körperhaltung stärker bewusst zu werden. Mit der geringstmöglichen Anstrengung sollen effiziente Bewegungen erzielt werden. Die Schüler sollen sich ihrer tatsächlichen Bewegungen bewusst werden und durch Erfahrung neue, bessere Wege erlernen, sich zu bewegen, mit neuem Körperbewusstsein und einer verbesserten Kontrolle über den Körper.

Die Feldenkrais-Methode eignet sich gut zur Entfernung von Blockaden und dazu, die Bewusstheit des Reiters zu verbessern und so auch Widersetzlichkeiten beim Pferd zu vermeiden. Die Methode lehrt Reiter zu erfühlen, wann sie die Bewegung des Pferdes stören. Dadurch kann das Pferd sich freier bewegen und mehr leisten.

ENTWICKLUNG

Die Methode wurde von dem Physiker Dr. Moshe Feldenkrais entwickelt, der nach einer Knieverletzung begann, seine eigenen Bewegungsmuster zu studieren, und dabei herausfand, dass er sich durch das Ausprobieren neuer Muster freier bewegen konnte, was die Folgen seiner Verletzung milderte. Sein System lehrt Menschen zu verstehen, wie sie sich bewegen. Dadurch sollen sie schlechte Bewegungsmuster ablegen, die sich in ihr Nervensystem „eingravieren", was dazu führt,

dass man sich immer wieder gleich bewegt. Die Schüler lernen zu erfühlen, wie schlechte Bewegungsmuster sie daran hindern, sich effizient zu bewegen. Dann hilft man ihnen, effizientere Wege der Bewegung zu finden und diese zur Gewohnheit zu machen, und zwar so sehr, dass dies sogar vom Nervensystem als neues Bewegungsmuster gespeichert wird.

WIRKUNGSWEISE

Diese Technik eignet sich für Reiter besonders gut, weil sie sich immer im Gleichgewicht mit dem Pferd befinden müssen. Sie ermöglicht es Reitern, ungewollte Bewegungen zu vermeiden, die dem Pferd verwirrende Botschaften übermitteln. So kann das Pferd optimale Leistung erbringen. Weil der Reiter sich nun natürlich und richtig bewegt, gehört so manche unbequeme oder schmerzhafte Körperhaltung nun der Vergangenheit an.

Feldenkrais als Rehabilitationsmaßnahme

Die Methode besteht aus zwei Techniken: „Bewusstsein durch Bewegung" wird in Gruppen gelehrt, „Funktionale Integration" kommt in Einzelstunden zum Einsatz. Feldenkrais eignet sich sehr gut für die Rehabilitation nach Krankheit oder Verletzung oder bei angeborenen oder vererbten Problemen, die normale und natürliche Bewegungen einschränken. Es hat auch schon Menschen mit emotionalen Problemen geholfen, weil es Selbstvertrauen vermittelt. Außerdem eignet sich Feldenkrais z.B. gut für Reiter, Schwimmer, Musiker, Künstler, Tänzer, Skater, Sportler und dergleichen (sowohl für Amateure als auch für Profis).

Bedeutung der Haltung: Viele Reiter sitzen schief und bemerken es gar nicht. Wir, die Autoren, haben bei Sitzkorrekturen häufig von unseren Schülern zu hören bekommen: „Aber so sitze ich doch schon!" Für viele Reiter ist es zuerst auch ein eigenartiges Gefühl, wenn der Reitlehrer sie in die korrekte Haltung bringt, aber wenn sie sich daran gewöhnt haben, fühlt es sich viel besser an als zuvor. Die Feldenkrais-Methode hilft dem Reiter, richtig zu sitzen und zu erkennen, was sein Körper tut, so dass er dem Pferd nur dann Hilfen gibt, wenn er es wirklich will; so gibt er dem Pferd keine ungewollten Signale mehr, die ungewollte Reaktionen hervorrufen. Es ist auch erstaunlich, wie viele Menschen sich gut zu bewegen wissen, aber sobald sie auf einem Pferd sitzen, sofort schlechte Bewegungsmuster annehmen, die dann auch das Pferd aus dem Gleichgewicht bringen. Ein Teufelskreis beginnt ...

Reiter lernen hier u.a., wie sie ihre Wirbelsäule richtig einsetzen, um ein Pferd zu lenken und seine Bewegungen aufzufangen. Sie lernen ihre eigenen natürlichen Bewegungen, und so auch die des Pferdes, nicht mehr zu blockieren.

Die Selbsthaltung von Kopf, Hals, Schultern und Armen ist bei vielen Reitern schwach ausgeprägt – und auch Hüften und Knie können Probleme bereiten. Viele Reiter haben Schmerzen in den Knöcheln oder an den Außenseiten der Unterschenkel, weil sie ihre Füße und Beine falsch halten und das Gewicht dadurch nicht effizient abgefedert wird. Allerdings kann auch der Körperbau des Reiters selbst Probleme verursachen. Hier kann die Feldenkrais-Methode eine große Hilfe sein.

SELBSTHILFE

Es gibt zwar Bücher und Videos über die Feldenkrais-Methode, die auch ganz hilfreich sind, aber es geht doch nichts über die persönliche Erfahrung und die Betreuung durch einen Lehrer, sei es in Gruppen- oder in Einzelstunden. Es werden auch immer mehr spezielle Kurse oder Wochenenden für Reiter angeboten und, da alles andere als billig, in Pferdefachzeitschriften beworben.

Am besten informiert man sich bei Vereinigungen, die ein ganzheitliches Konzept der Pferdehaltung und des Reitens befürworten, oder bei „klassischen" Reitern bzw. Praxen, in denen Alternativmedizin angeboten wird. Man kann sich aber auch bei Firmen, die homöopathische Mittel oder Kräuterfutter anbieten, in Trainings- und Rehabilitationszentren für verletzte Pferde und Problempferde oder ähnlichen Einrichtungen nach Feldenkrais-Kursen erkundigen.

Der Einfluss des Reiters

Es ist nicht selbstverständlich für Pferde, ein Gewicht, und vor allem ein sich bewegendes Gewicht, auf dem Rücken zu dulden. Ihre natürliche Reaktion auf ein Gewicht auf dem Rücken – und das gilt für erfahrene, ausgebildete Pferde gleichermaßen wie für junge, unerfahrene Tiere – ist, sich steif zu machen und die Muskeln anzuspannen. Das allein beeinträchtigt schon die natürliche Bewegung. Kein Pferd bewegt sich unter einem Reiter, auch nicht unter einem erfahrenen Reiter, genauso wie ohne Reiter.

Damit das Pferd sich unter dem Reiter wohl fühlt, muss dieser sich in Harmonie mit den Bewegungen des Pferdes befinden. Dies gelingt ihm nur, wenn er über eine gute Körperbeherrschung verfügt und sich dessen bewusst ist, wie er sitzt und sich bewegt. Das ist nicht einfach, und meist beschweren sich gerade diejenigen Reiter, die das nicht schaffen, dass ihr Pferd sich ihnen entweder aktiv widersetzt oder passiv entzieht und nicht mehr auf Hilfen reagiert. Leider schlagen dann viele Reiter ihre Pferde aus Ärger und Frustration oder um es „dem Bock mal zu zeigen", was natürlich vollkommen nutzlos, dumm und grausam ist.

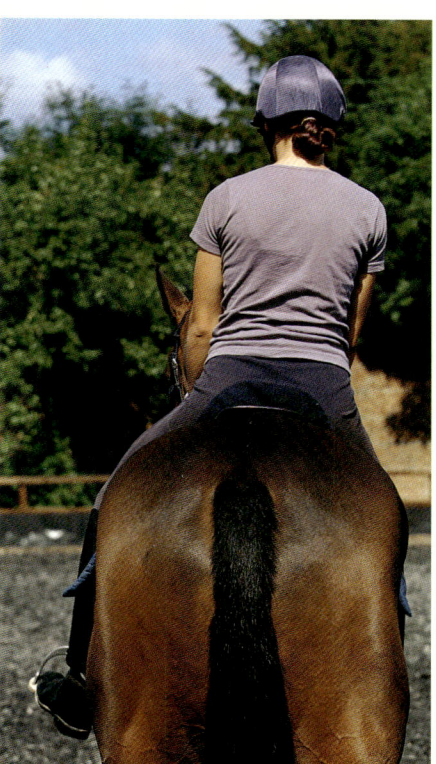

Durch die Feldenkrais-Methode lernt der Reiter zu erfühlen, wie er sitzt und wie er bestehende Fehler korrigieren kann.

KÖRPERLICHE BETÄTIGUNG

Der Körper des Menschen wurde wie der des Pferdes dazu geschaffen, sich zu bewegen. In der Medizin ist es längst eine anerkannte Tatsache, dass mäßige, geeignete körperliche Betätigung eines der besten Heilmittel darstellt. Es gibt viele Bücher über spezielle Übungen und Techniken, und auch in diesem Buch wurden verschiedene Disziplinen vorgestellt, z.B. die Tanztherapie, die Alexander-Technik und die Feldenkrais-Methode. Auch bei alternativen Therapien wie Chi Kung, Shiatsu und Yoga werden verschiedene Bewegungen, Körperhaltungen und Übungen gelehrt.

PHILOSOPHIE

Ein Spaziergang vor dem Abendessen war bis vor einigen Jahrzehnten ein selbstverständlicher Bestandteil des täglichen Lebens der meisten Menschen. Sogar körperlich hart arbeitende Menschen wussten, dass Laufen und körperliche Betätigung ihrem Körper gut taten. Heute besteht zwar an organisiertem Spazierengehen wie z.B. an Wanderungen ein erhöhtes Interesse, aber kurze Spaziergänge zum Luftschnappen oder zur Entspannung scheinen aus der Mode gekommen zu sein. Wir scheinen weniger Zeit zu haben und weniger aktiv zu sein, weil wir viel sitzen und vielleicht auch fauler sind als frühere Generationen.

WIRKUNGSWEISE

Nicht übertreiben: Man weiß heute, dass Menschen, die sich nicht körperlich betätigen, weniger gesund sind als solche, die sich durch maßvolle sportliche Betätigung, ob in Form eines Spaziergangs oder beim Tanzen etc., selbst fordern. Zu viel Bewegung kann aber genauso schädlich sein wie zu wenig. Spitzensportler leiden z.B. häufig an Gelenkkrankheiten und bauen später körperlich schneller ab, auch wenn sie sich nach ihrer Karriere weiter sportlich betätigen. Manche Ärzte sind der Meinung, dies ginge sogar so weit, dass diese Sportler weniger lang leben als Menschen, die Sport in Maßen betreiben.

Einen Mittelweg finden: Für die Gesundheit und Fitness ist es viel förderlicher, langsam zu trainieren und ein normales Maß an Fitness zu er-

Viele Reiter meinen, sie hätten ein steifes Hüftgelenk. Das ist falsch: Jeder Mensch, der gehen kann, hat auch ein bewegliches Hüftgelenk.

Positive Auswirkungen

Zu den positiven Auswirkungen gehören:

▶ Anstieg der Atem- und Herzfrequenz; dadurch wird der Körper besser mit Sauerstoff und Nährstoffen versorgt und Giftstoffe werden schneller abtransportiert.

▶ Stärkung des Gewebes

▶ Ein aktiverer Geist, weil wir uns darauf konzentrieren, wie der Körper sich anfühlt und was um uns herum passiert.

▶ Stärkere Produktion und Ausschüttung von Glückshormonen wie Endorphine und Enzephaline

▶ Freisetzung von Gefühlen wie Stress, Anspannung, Ärger, Depression, Hilflosigkeit, schlechtes Selbstwertgefühl etc., die durch körperliche Betätigung erheblich reduziert werden können.

reichen, als Spitzenleistungen erzielen zu wollen. Es gibt aber Sportler, die mit aller Macht erfolgreich sein wollen und bei denen moderates Training, durch das sie keine Höchstleistungen erzielen könnten, psychologische Probleme wie Enttäuschung und Frustration auslösen könnte.

SELBSTHILFE

Zum Thema „Körperliche Betätigung" gibt es reihenweise Studienergebnisse und Ratgeberliteratur. An dieser Stelle reicht es wahrscheinlich aus zu sagen, dass uns alles gut tut, was uns aktiv und gesund erhält, ob es sich dabei nun um Spaziergänge, Tanzen, andere Sportarten, Tai Chi, Yoga, Chi Kung, Aerobic (mit Vorsicht), Schwimmen, Skaten oder, natürlich, um Reiten handelt.

Ob Sie also daran glauben, dass durch Sport Energie verbraucht oder zum Fließen gebracht wird – es besteht kein Zweifel daran, dass Sport, in Maßen und vernünftig betrieben, uns gut tut.

Regelmäßige, moderate Aerobic im Sattel oder auch im Studio verbessert Fitness und Ausdauer.

ZERO BALANCING

Zero Balancing ist eine Technik, die sowohl auf fernöstlichen als auch auf westlichen Prinzipien des Heilens basiert. Es ist eine sehr sanfte Methode, deren Ziel es ist, durch Fingerdruck und Dehnübungen ein Gleichgewicht zwischen der Energie des Körpers und dem Bewegungsapparat herzustellen.

Mit Hilfe von Zero Balancing sollen tief liegende Spannungen im Körper gelöst und Stress, Beschwerden, Schmerzen und emotionale Probleme gelindert werden. Es soll der Gesunderhaltung und der persönlichen Entwicklung dienen, kann aber auch als Therapie eingesetzt werden.

PHILOSOPHIE

Diese Technik wurde 1975 von Dr. Fritz Smith, einem amerikanischen Arzt, Osteopathen und Akupunkteur entwickelt, der sich auch mit Rolfing (Tiefenmassage) und Yoga beschäftigte. Im Körper gibt es mehrere Gelenke, die nur wenig beweglich sind (z.B. das Iliosakralgelenk zwischen Becken und Steißbein). Ihre Hauptaufgabe ist es, Energie oder Kraft innerhalb des Skeletts zu übertragen. Wenn diese Gelenke blockieren, nimmt man eine Schonhaltung ein, wodurch weitere Probleme und Verspannungen mit weit reichender und unerwarteter Tragweite hervorgerufen werden.

TECHNIK

Durch speziellen Fingerdruck und anhaltendes Dehnen soll Ruhe an einer bestimmten Stelle geschaffen werden, die es dem Körper ermöglicht, sich zu entspannen und das Gewebe an dieser Stelle neu zu „organisieren". So wird die normale Struktur und Funktion wiedererlangt.

Zero Balancing für Pferde

Die Prinzipien von Zero Balancing werden allmählich auch auf Pferde übertragen. Auch sie können wie wir unter den körperlichen Auswirkungen von Anspannung leiden. Es gibt leider in Europa momentan nur sehr wenige Zero-Balancing-Therapeuten, die auch Pferde behandeln können. In den USA ist diese Therapieform viel weiter verbreitet.

TANZTHERAPIE

Man sagt, dass alles, was uns Spaß macht, uns – in Maßen genossen – gut tut, und Millionen Menschen auf der Welt tanzen gerne. Es macht auch dann Spaß, wenn wir nur auf der Tanzfläche herumhüpfen und keine begnadeten Tänzer sind. Tanzen als rein körperliche Betätigung ermöglicht es uns, geistig zu entspannen, und gibt uns ein Gefühl der Zufriedenheit.

Tanzen ist als Therapie überraschend anerkannt und verbreitet. Es wird dazu eingesetzt, „den natürlichen Fluss körperlicher Ausdrucksmittel freizusetzen", wie es in einer Broschüre zu lesen stand. Kurz gesagt sollen die Teilnehmer lernen, ihre Gefühle durch spontane, individuelle Bewegungen auszudrücken. Es werden keine Schritte vorgegeben.

Jedes Freisetzen von Gefühlen oder Spannungen ist gut für das Reiten. Besonders vorteilhaft ist es, wenn man lernt, einzelne Körperteile unabhängig voneinander, aber dennoch koordiniert, zu bewegen.

WIRKUNGSWEISE

Die Tanztherapie findet in der Regel in der Gruppe statt, und jeder Therapeut hat seinen eigenen Ansatz. Häufig werden Atemübungen, langsame Bewegungen und Rhythmusübungen eingesetzt. In anderen Gruppen stellt man sich vor dem geistigen Auge Bewegungen vor oder Szenen, die man beruhigend, aufregend oder hilfreich findet; dabei werden z.B. Tierbewegungen imitiert. Manchmal wird sogar die Stimme eingesetzt.

Durch den Klang und den Rhythmus der Musik, ob sie nun langsam und entspannend oder eher anregend klingt (je nach den Bedürfnissen des Teilnehmers), sollen negative Gefühle freigesetzt werden. Die Tänzer sollen dabei einen unwillkürlichen Energieschub erleben, wie sie ihn z.B. während eines einfachen Spaziergangs nicht empfinden würden.

Internationalität: Die Tanztherapie gibt es überall, und viele Therapeuten bevorzugen Musik und Rhythmus eines speziellen Landes. Lateinamerikanische Musik kann sehr effektiv sein, aber auch das Trommeln und Singen der Indianer, afrikanische, russische, griechische oder orientalische Musik eignen sich. Manche bevorzugen Pop, Klassische Musik, Rock, etc. Wenn der Tänzer sich dazu äußern kann, fragt man ihn häufig nach der Musik, die er mag.

SELBSTHILFE

Aushänge über Kurse finden sich in Reformhäusern, im Gemeindehaus und in Bibliotheken, in Schulen (vor allem wo Abendkurse für Erwachsene angeboten werden), in Arztpraxen, Kliniken und Volkshochschulen. Häufig finden sich auch Anzeigen in regionalen Tageszeitungen und Branchenbüchern.

Natürlich kann man auch einfach zu Hause Musik auflegen und alleine oder mit der Familie und Freunden dazu tanzen, aber für Menschen mit speziellen emotionalen Problemen empfiehlt sich als Therapie der Besuch eines Kurses unter der Leitung eines ausgebildeten Tanztherapeuten.

Einsatzgebiete der Tanztherapie

Mit der Tanztherapie werden emotional gestörte Patienten behandelt. Sie werden dadurch „aufgeweckt" oder beruhigt, und sie betreiben dadurch einen Sport, der sie körperlich fit hält und den sie sonst nicht ausüben würden. Menschen mit emotionalen Problemen bewegen sich oft unproduktiv (so wie Pferde mit Stereotypien oder Stalluntugenden). Sie beißen z.B. ihre Nägel ab, verstümmeln sich selbst, laufen ziellos herum und schlenkern ständig mit den Armen. Man glaubt, dass all dies dem Freisetzen negativer Gefühle, welchen Ursprungs auch immer, dient. Die Tanz- und Bewegungstherapie wird z.B. erfolgreich in der Psychiatrie eingesetzt.

PILATES-METHODE

Die Pilates-Methode ist eine Technik, die sich mit ihren Übungen auf spezielle, individuelle Weise nach den geistigen und körperlichen Bedürfnissen des Patienten richtet. Diese Methode wurde Anfang des 20. Jahrhunderts von einem Deutschen, Joseph Pilates, entwickelt. Sie besteht aus körperlichem und geistigem Training, und das Hauptziel ist, die Muskeln zu stärken, die den Torso stabilisieren (und so zu einer guten Körperhaltung beitragen) – was sehr wichtig für gutes Reiten ist!

PHILOSOPHIE

Diese Methode zielt darauf ab, bestimmte Muskeln wieder richtig auszurichten. Es ist eine sanfte, aber sehr effektive Technik, die jede Art von Gewebeverletzung vermeidet, die durch andere, weniger sanfte Übungsarten verursacht werden können. Sie soll Fitness und Gesundheit fördern, wird aber auch zur Rehabilitation nach Verletzungen eingesetzt.

Diese Methode wird immer beliebter bei Spitzensportlern, Tänzern und anderen Sportlern, aber auch bei Menschen, die in ihrem Leben noch nie Sport getrieben haben. Sie ist vor allem bei älteren Menschen beliebt und bei solchen, die sich von Verletzungen erholen, aber auch bei Menschen mit stressbedingten Problemen oder Essstörungen. Auch bei anderen schwer zu behandelnden Zuständen, die einen schon kranken Körper weiter schwächen (z.B. Osteoporose, Gewichtsproblemen, Meningoenzephalitis) wird diese Technik mit Erfolg eingesetzt.

TECHNIK

Für jeden Patienten wird ein spezieller Übungsplan ausgearbeitet. Der Körper wird angeregt, mit minimaler Anstrengung und ohne Verspannungen wieder effektiv zu arbeiten. So soll ein perfektes Gleichgewicht erlangt werden, was das Immunsystem stimulieren und die Gesundheit allgemein verbessern soll, weil die Organe sich in ihre natürliche Lage zurückbewegen und so optimal funktionieren können. Körperhaltung, Kraft und Koordination werden verbessert.

Bei dieser Methode werden sanfte Übungen eingesetzt, um die körperliche Fitness zu verbessern und mentalen Stress abzubauen.

HYPNOSE

Hypnose wirkt nicht bei jedem Menschen. Sie ist aber auch nicht einfach ein seltsamer Trick, durch den ein Entertainer Menschen dazu bringt, Dinge zu tun, die sie eigentlich lieber nicht tun wollen, ohne dass sie merken, was mit ihnen passiert. Die Hypnose ist eine Therapie, die z.B. von der staatlichen Gesundheitsbehörde in Großbritannien und in vielen anderen Ländern voll anerkannt wird. Dort wird sie regelmäßig zur Behandlung und bei der Rehabilitation geistig Kranker eingesetzt. Die Hypnose kann als natürlich auftretender Zustand beschrieben werden, der dem Tagträumen ähnelt, der aber gezielt eingesetzt wird und nicht nur zufällig auftritt.

Wie kann Hypnose Reitern helfen?

Die Hypnose kann Reitern helfen, die zu wenig Selbstvertrauen haben, ihre Bewegungen nicht koordinieren können, nicht mit ihrem Pferd zurecht kommen, vor Turnieren oder auch sonst nervös sind oder mit ihrem Pferd ausbildungsmäßig nicht weiterkommen. Hypnose soll eine sehr angenehme Erfahrung sein.

WIRKUNGSWEISE

Ist es wirklich so, dass der Hypnotiseur ein Pendel vor dem Patienten hin- und herschwingt? Manchmal ja: Das Pendel soll dem Patienten helfen, sich zu konzentrieren. Seien Sie aber beruhigt: Kein Hypnotiseur kann Sie dazu bringen, etwas zu tun, was Sie nicht tun wollen.

Der Patient soll sich entspannen. Dazu sitzt er entweder auf einem bequemen Stuhl oder liegt auf einer Couch. Der Einsatz des Pendels ist als „Faszinationstechnik" bekannt. Nicht alle Hypnotiseure verwenden aber Pendel. Manche bitten den Patienten, sich auf einen Fleck an der Decke, ein Bild an der Wand oder einen bestimmten Gegenstand zu konzentrieren. Andere sprechen leise, aber nicht allzu monoton mit dem Patienten, weil er ja nicht einschlafen soll: Der Patient muss zwar bei vollem Bewusstsein sein, um antworten zu können, aber er muss auch vollkommen entspannt, fast in Trance sein, damit die Hypnose wirkt.

Der Patient wird in der Regel nach seiner Vergangenheit und nach schönen und unschönen Ereignissen in seinem Leben befragt, die die vorliegenden Probleme ausgelöst haben könnten. Dann wird das Gespräch auf Wege der Problemlösung hingelenkt. Das alles geschieht auf sanfte, beruhigende, langsam fortschreitende Weise.

Den Geist programmieren

Stellen Sie sich vor, Sie haben Probleme mit den Seitengängen (hier sollte der Hypnotiseur selbst reiten können!): Der Hypnotiseur wird eine Trainingseinheit mit Ihnen durchsprechen und Sie bitten, sich vorzustellen, dass Sie perfekte Lektionen reiten, wobei Sie all das in die Praxis umsetzen, was Sie theoretisch wissen, aber beim Reiten nicht schaffen. Sie stellen sich also unglaublichen Erfolg, perfekte Lektionen, ein willi-ges, Pferd usw. vor. Mit anderen Worten, Sie programmieren Ihren Geist und er sagt Ihnen, dass Sie all das tun können und werden.

Sie können unter Hypnose alle Fehler machen und sie sich abgewöhnen, ohne dabei Ihr Pferd zu belasten. Sie können dabei klar denken, perfekte Hilfen zum richtigen Zeitpunkt geben, einen Sprung passend anreiten und während des Springens ruhig und korrekt mitzugehen, einen fehlerfreien Parcours nach dem anderen reiten – und das alles auf der Couch in der Praxis des Hypnotiseurs.

Es ist nicht so, dass der Hypnotiseur Macht über seinen Patienten hat. Wie bei den meisten alternativen Therapien spielt auch hier die Absicht eine große Rolle: Der Patient muss seine Probleme lösen wollen, und der Hypnotiseur muss gut ausgebildet und für seine Arbeit geeignet sein, damit er dem Patienten wirklich helfen kann.

Die Gedanken befreien

Die Hypnose beeinflusst und „befreit" die Gedanken des Reiters. Die rechte Gehirnhälfte, die die irrationale Seite unseres Wesens und unser unbewusstes und unterbewusstes Handeln steuert, übernimmt oft dann die Kontrolle, wenn wir das nicht wollen. Die linke Gehirnhälfte, die die bewussten Handlungen lenkt, muss lernen, immer dann die Kontrolle zu übernehmen, wenn wir das wollen. Dies ist für Reiter besonders wichtig, weil Pferde sehr sensibel auf unsere Gedanken und winzige gewollte oder ungewollte Bewegungen reagieren. Wir müssen also beim Reiten unseren eigenen Körper genau kontrollieren können. Zum Reiten gehören immer zwei, und das macht diese Sportart so einzigartig.

Mangelndes Selbstvertrauen überwinden

Wenn wir etwas falsch gemacht haben, erinnert uns unsere rechte Gehirnhälfte nur allzu oft daran, was für Versager wir doch sind und was für eine Zeitverschwendung es ist, das Ganze noch einmal zu versuchen, obwohl wir vielleicht nur einen einzigen Fehler gemacht haben. Bei sensiblen Menschen kann dies leicht zu einem Mangel an Selbstvertrauen führen, wenn eine ähnliche

Späteinsteiger sind häufig nervös. Sie fragen sich, wie das Pferd reagieren wird oder ob sie herunterfallen und sich verletzen werden. Solche Ängste führen häufig dazu, dass diese Menschen das Reiten bald wieder aufgeben. Die Hypnose kann bei Problemen wie diesen helfen.

Situation noch einmal auftritt. Man erinnert sich an die Fehler, die man gemacht hat, nicht an das, was man richtig gemacht hat, und das wirkt sich auch auf die Haltung gegenüber dem Pferd aus.

Die Hypnose kann dazu beitragen, dass die linke Gehirnhälfte die Oberhand über die rechte Hälfte gewinnt. Der Hypnotiseur hilft dem Kunden, sich zu entspannen und verschafft ihm ein erfolgreiches „Reiterlebnis", wobei er oft denkt, dass alles wirklich passiert.

Wirkt Hypnose?

Hypnotiseure nehmen die Sitzungen häufig auf Band auf oder geben ihren Kunden Bänder mit, die sie sich in einer ruhigen Stunde ansehen können, wenn sie genug Zeit haben, sich die guten Erfahrungen und Techniken vor ihrem geistigen Auge vorzustellen. Bei manchen Menschen dauert es länger, bis die Hypnose wirkt, wenn man aber dafür empfänglich ist, wirkt sie früher oder später. Später ist man in der Lage, sich immer dann selbst zu „behandeln", wenn ein Problem auftritt. Falls nötig kann man auch dann noch einmal den Hypnotiseur aufsuchen.

DIE SUCHE NACH EINEM THERAPEUTEN

Sie können im Branchenverzeichnis nachschlagen oder sich bei Pferdefachverbänden nach einem Hypnotiseur mit Reitkenntnissen erkundigen. Auf S. 186 finden Sie einige Adressen, die Ihnen vielleicht weiterhelfen.

Selbsthypnose

Bevor man diese Techniken an sich selbst ausprobiert, sollte man sich unbedingt an einen Hypnotiseur wenden. Im Idealfall sollte der Hypnotiseur selbst reiten, damit er verstehen kann, worum es geht. Dies kann sich allerdings als schwierig erweisen.

Selbsthilfekassetten

Über einen Hypnotiseur können Sie mit Sicherheit Kassetten oder CDs beziehen, die Sie sich immer dann anhören sollten, wenn Sie ein bisschen müde sind und alle Aufgaben erledigt haben. Man muss sich dabei konzentrieren und alles, was darauf beschrieben wird, ernsthaft vor dem geistigen Auge entstehen lassen. Dann wird man hinterher feststellen, dass man sich tatsächlich in einer Art Trance befunden hat, obwohl man dabei nicht das Gefühl hatte, die Kontrolle zu verlieren oder gar bewusstlos zu sein. Man atmet dabei tiefer, entspannt sich, der Puls sinkt. Manche Menschen schlafen dabei ein, „hören" aber dennoch alles, was auf der Kassette gesagt wird (notfalls können Sie die Kassette zurückspulen, um sicherzugehen, dass auch wirklich „alles drauf" ist – falls Ihr Misstrauen so groß ist!).
Sie können ganz beruhigt sein: Sie können jederzeit – falls Sie nicht wirklich einschlafen – aus diesem Trancezustand auftauchen, indem Sie einfach die Augen öffnen. Die Kontrolle liegt bei Ihnen, nicht bei der Stimme auf der Kassette oder einem dadurch ausgelösten Vorgang im Gehirn.

Hypnose für Reiter

Reiter haben fast immer einen relativ stressigen Berufsalltag, und es fällt ihnen häufig schwer, Energie für mehr als den „normalen" Tagesablauf aufzubringen. Viele, die Erfahrungen mit Selbsthilfekassetten gemacht haben, berichten aber, dass sie danach mehr Energie und Enthusiasmus zur Bewältigung des Alltags hatten, insgesamt aber ruhiger waren und mehr Selbstvertrauen hatten. Wenn man die Kassetten richtig anwendet, überträgt sich die dadurch gewonnene Ruhe auch auf das Reiten. Man geht dadurch häufig besser mit seinem Pferd um und hat auch im Sattel mehr Erfolg, z.B. wenn das Pferd vor etwas scheut.
Das Reiten an sich verbessert sich allein dadurch, dass der Reiter entspannter ist und dies sich auch auf das Pferd überträgt. Dies ist einer der Schlüssel zu wahrhaft effektivem Reiten und einer echten Partnerschaft.

ENTSPANNUNGS-TECHNIKEN

Die kontrollierte Entspannung von Körper und Geist ist in der Regel der Schlüssel zu gutem Reiten und zu einem guten Umgang mit Pferden. Manche Menschen finden es aber sehr schwierig, sich zu entspannen.

DER SINN DES ENTSPANNENS

Wenn es eine Sache gibt, die Pferde sofort spüren, dann ist es Anspannung und Nervosität. Sie sind normalerweise selbst relativ ruhige Tiere, aber weil sie Beutetiere sind, sind sie unter der ruhigen Oberfläche auch immer auf der Hut vor möglichen Gefahren. Sie spüren sofort, wenn ein Mitglied ihrer Gruppe oder Herde angespannt ist, und weil das in einer Herde so sein muss, damit diese funktioniert, sind sie dann sofort genauso aufmerksam und angespannt.

Dieser Wesenszug ist für Reiter und Pfleger, die vielleicht selbst etwas gestresst und nervös sind, nicht immer hilfreich, weil ein Pferd das sofort spürt und sich, einfach weil es nicht aus seiner Haut kann, ebenfalls verspannt. Das Pferd ist dann weniger durchlässig, eher bereit zu scheuen und konzentriert sich nicht mehr auf die Kommunikation mit dem Reiter.

Pferde spüren auch sofort, ob jemand Ahnung im Umgang mit Pferden oder zumindest im Umgang mit Tieren hat oder nicht, und reagieren entsprechend darauf.

Sinnvolle Anspannung: Es gibt Zeiten, in denen ein gewisses Maß an Anspannung hilfreich sein kann. Wenn man z.B. beim Ausreiten von einem Bullen gejagt wird, hilft es nichts, entspannt zu bleiben – man muss so schnell wie möglich weg, und ein wenig Anspannung könnte dazu beitragen, sich einer derart unangenehmen Situation schnellstmöglich zu entziehen.

Auf Turnieren ist es ähnlich. Manche Reiter schätzen eine leichte Anspannung im Pferd, weil diese zu Höchstleistungen befähigt.

AKTIVES ENTSPANNEN

Es kann der Beziehung zu Pferden – und auch der zu anderen Menschen – nur förderlich sein, wenn man lernt, seine Anspannung zu kontrollieren. Manche setzen sich zum Entspannen einfach vor den Fernseher, andere lesen ein gutes Buch und trinken dazu ein Glas Wein. Man kann sich aber auch „echte" Entspannungstechniken von einem ausgebildeten Lehrer zeigen lassen, der einem erklärt, wie man sich konzentriert und die Anspannung freisetzt. Das macht häufig viel Spaß, und man lernt dabei neue Menschen kennen. Entspannungstechniken sind z.B. Autogenes Training, Hypnose und Yoga.

Entsprechende Kurse gibt es häufig. Aushänge finden sich in Reformhäusern, Praxen, Kliniken, Abendschulen, Volkshochschulen, Sporthallen etc. Auch über Anzeigen in Zeitungen finden sich passende Angebote.

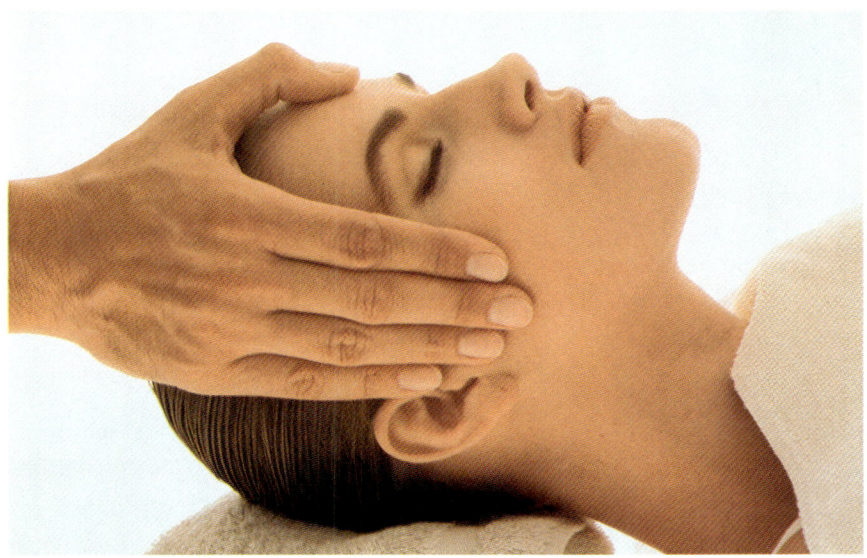

Ein guter Lehrer kann Ihnen helfen, sich zu konzentrieren und Spannungen freizusetzen. Dazu gibt es verschiedene Entspannungstechniken.

MEDITATION

Die Meditation ist schon seit tausenden von Jahren ein wichtiger Bestandteil fernöstlicher, orientalischer Medizin, und hat, wie viele andere Therapien dieser Art, in den letzten fünfzig Jahren auch im Westen immer mehr an Bedeutung gewonnen. Einfach definiert könnte man Meditation als Mittel beschreiben, um den Geist in Besinnung zu üben. Man schläft dabei nicht ein oder hypnotisiert sich selbst, man lässt den Geist auch nicht frei herumwandern oder schaltet vollkommen ab: eigentlich ist genau das Gegenteil der Fall. Meditation bedeutet gesteuerte Besinnung, erst durch einen Lehrer, später auch alleine.

Vorteile

Menschen, die gut meditieren können, sehen darin viele Vorteile und betrachten die Meditation als wichtigen Teil ihres Tagesablaufs. Sie fühlen sich danach:

▶ stärker,
▶ weniger verletzlich,
▶ gedanklich klarer und freier,
▶ entscheidungsfreudiger,
▶ unabhängig, aber in der Lage, anderen zu helfen,
▶ gesünder.

PHILOSOPHIE

Das Chi oder Ki folgt der Absicht des Geistes. Wenn der Geist durch Geschehnisse im Leben oder durch Krankheit verwirrt oder unfähig sich zu konzentrieren ist, dann zerstreut sich das Chi, und der Körper wird geschwächt. Das Gleichgewicht zwischen Körper, Geist und Seele ist gestört. Um dieses wieder herzustellen, muss der Geist sich wieder auf seine Absicht konzentrieren. In den fernöstlichen Kulturen gibt es viele Entspannungstechniken, und viele Bücher sind über die Meditation geschrieben worden.

Gesteuerte Besinnung erfordert Disziplin.

WEGE ZUR MEDITATION

In der westlichen Welt wird die Fähigkeit, sich zu konzentrieren und äußerliche Einflüsse „abzuschalten" (wenn auch nur für einige Minuten am Tag) in Kursen oder über Kassetten, Bücher und Videos gelehrt. Man sollte pro Tag eine halbe Stunde meditieren. Bei manchen Techniken, wie z.B. beim Yoga, müssen die Teilnehmer eine bestimmte Haltung einnehmen, bei anderen Methoden, wie beim Chi Kung oder beim Tai Chi wird in Bewegung meditiert, bei wieder anderen Methoden meditiert man über Gesänge oder Mantras, während andere Stille predigen. Meditation kann man sogar in Fernkursen über geschriebene Anleitungen, Kassetten, Videos etc. erlernen. Die meisten Menschen lernen aber lieber in Gruppen- oder Einzelstunden bei einem Lehrer zu meditieren.

Die Schüler sollen sich auf ihre Atmung konzentrieren. Beim Einatmen dringt frisches Chi in den Körper ein, beim Ausatmen wird altes Chi mit ausgestoßen und im Universum erneuert. Man muss dabei die Augen nicht geschlossen haben. Wenn man müde ist, sollte man die Augen sogar offen lassen, weil sonst die Gefahr besteht einzuschlafen. Menschen mit Schlafstörungen könnte dies allerdings helfen!

Andere Techniken: Andere Techniken werden in Kursen gelehrt. Man lernt z.B. die Kraft des eigenen Chi zu fühlen oder sich vorzustellen, wie es gleichmäßig durch den Körper fließt, wobei man sich z.B. auf eigene Verletzungen und Krankheiten oder drückende emotionale Probleme konzentriert. Man lernt z.B. auch, sich Licht vor dem geistigen Auge vorzustellen.

„Neue" Schüler können oft nicht mehr als einige Minuten meditieren, auch wenn sie es ernsthaft versuchen. Menschen, die nur zum Spaß meditieren wollen, schaffen es meist gar nicht.

SICH ZEIT NEHMEN

Pferdebesitzer, vor allem diejenigen, die auch noch arbeiten und eine Familie haben, erklären meist (verständlicherweise), dass sie keine halbe Stunde pro Tag für die Meditation erübrigen können. Morgens (eigentlich die ideale Zeit) geht es zu hektisch zu, tagsüber heißt es arbeiten (man könnte es in der Mittagspause versuchen), und abends ist man

---

Tägliches Meditieren

Die positiven Auswirkungen der Meditation stehen außer Frage. Nur wenige Menschen streben danach oder besitzen die Fähigkeit, so tief zu meditieren wie z.B. ein Yogi, der dann extreme Schmerzen aushalten kann, aber eine halbe Stunde pro Tag sollte eigentlich jeder für die Meditation erübrigen können. Auswirkungen und Wert der inneren Uhr sollten dabei nicht ignoriert werden. Man sollte jeden Tag etwa zur gleichen Zeit meditieren und dabei bequeme Kleidung tragen. Wenn möglich sollte man draußen an der frischen Luft meditieren, darf dabei aber nicht frieren. Außerdem sollte man nach dem Essen eine Stunde warten, weil die Atmung das Chi steuert und weil während des Verdauungsvorgangs Chi (und Blut) im Magen gebraucht wird und nicht für die geistige Konzentration zur Verfügung steht.

---

nach dem Reiten so erschöpft, dass man nur noch vor dem Fernseher sitzen, lesen oder sich mit dem Partner unterhalten möchte. Wenn man dann im Bett meditiert, schläft man dabei ein. Menschen, die täglich meditieren, betrachten die Meditation jedoch als wichtigen Teil ihres Lebens und opfern andere Dinge, um sich Zeit dafür nehmen zu können.

METAPHYSIK

Die Metaphysik als formalisierte Therapie illustriert perfekt das Konzept von der Vorherrschaft des Geistes über den Körper. Das Leitmotiv dieser Therapie ist, modern formuliert: „Dein Leben ist der Spiegel deiner Seele."

SINN DER METAPHYSIK

Menschen mit einer langen Pechsträhne finden weise Reden wie: sie sollten sie einfach beenden, diese Phase müsse bald vorüber sein (obwohl sie schon zwanzig Jahre anhält), oder sie sollten positiv denken, meist eher ärgerlich. Viele benötigen hierfür Hilfe, und die können qualifizierte Metaphysiker leisten.

Ihre Hilfe geht weiter über das passive Zuhören bei manchen sog. Beratungsgesprächen hinaus.

WIRKUNGSWEISE

Metaphysiker helfen ihren Klienten dabei, den Dingen realistisch auf den Grund zu gehen und sie in der richtigen Perspektive zu sehen bzw. bestimmte Situationen und Erlebnisse aus der Vergangenheit ins rechte Licht zu rücken. Reitern helfen sie, sich besser auf ihr Pferd einzustellen und zum Nutzen aller eine bessere Beziehung zwischen Mensch und Tier herzustellen.

DIE SUCHE NACH EINEM METAPHYSIKER

In Großbritannien hat die Reitlehrerin und Reiki-Therapeutin Wendy Price die Methode des „Reflective Riding" entwickelt, die sie als „Denkanstoß zur Heilung von Körper, Geist und Seele" beschreibt. Ihr System ist bei Reitern sehr beliebt, ob sie nun Probleme haben oder einfach nur eine bessere Beziehung zu ihrem Tier aufbauen wollen.

NEUROLINGUISTISCHES PROGRAMMIEREN

Jedermann kennt das Konzept der „Kraft des positiven Denkens". Das Neurolinguistische Programmieren (NLP) ist ein effektiver Weg, uns selbst gedanklich klar zu machen, was wir alles können. Es ist ein Weg, das menschliche Gehirn zu lehren, dass es mehr als eine Art gibt, auf Dinge zu reagieren. Das Ziel von NLP ist es, negative Reaktionen („Dieses Hindernis kann ich nicht springen!") in positive umzuwandeln („Das ist ganz einfach!").

Dadurch, dass NLP die innere Einstellung positiv einstimmt, kann es dazu tatsächlich auch die körperliche Leistungsfähigkeit steigern. Man stellt sich bestimmte Dinge, die man gerne tun möchte. im Geiste vor (Visualisierung). Diese Vorstellung ist dann so stark, dass wir darauf vertrauen, dass diese Dinge auch wirklich geschehen.

Viele Reiter haben Angst vor dem Springen. NLP kann helfen, diese Angst zu überwinden.

PHILOSOPHIE

Der Lernprozess: Jeder Mensch, der schon einmal etwas gelernt hat, hatte schon einmal in gewisser Weise mit NLP zu tun. Das Gehirn kommuniziert dabei mit dem Körper, der auf Befehle reagiert. Je häufiger ein Befehl wiederholt wird, desto einfacher wird er, bis er selbstverständlich wird – wie Gehen, Schreiben, Autofahren, ein Pferd aufzäumen, einen Brief tippen, ein Instrument spielen etc. Wenn wir anfangen, etwas zu lernen, erscheint es uns zuerst schwierig, weil diese Erfahrung für unsere Nervenbahnen neu ist und sie lernen müssen, damit umzugehen. Dies gilt für geistige und körperliche Aufgaben gleichermaßen.

Schlechte Erfahrungen: Wenn wir eine schlechte Erfahrung machen, speichert unser Gehirn diese auf ähnliche Weise (auch der kleinste Gedanke ist eine Erfahrung), und behält dieses Ereignis als Norm in Erinnerung. Wann immer eine ähnliche Situation erneut auftritt, lässt unser Unterbewusstsein die gespeicherten Bilder als Warnung wieder auferstehen: „Das passierte, als du das letzte Mal in dieser Situation warst. Mach nicht den gleichen Fehler!" Häufig werden wir dadurch sehr nervös, obwohl wir wirklich vorhatten, es noch einmal zu versuchen. Dies kann auch dazu führen, dass wir Fehler machen oder uns verletzen und so die negative Erinnerung noch verstärken.

PROBLEME

Manche Menschen haben Angst vor bestimmten Situationen wie z.B. vor dem Springreiten, auch wenn sie sich noch nie dabei verletzt haben, einfach nur, weil sie wissen, dass man dabei herunterfallen kann. Und dann stellen sie sich vor, wie sie stürzen und sich verletzen. Und wie das dazu führen könnte, dass andere unsere Pflichten übernehmen müssten: Wenn wir behindert bleiben oder sogar sterben, wer kümmert sich dann um unsere Familie, unsere Tiere? Wenn wir sicher wüssten, dass das Herunterfallen harmlos ist, hätten wir keine Angst davor.

Mangelndes Selbstvertrauen: Häufig gibt es auch bei Turnieren Probleme. Manche Menschen, die sonst ein gesundes Selbstvertrauen zu haben scheinen, werden sehr nervös, wenn sie plötzlich kritisiert (gerichtet) werden. Vielleicht ist es diesen Menschen einfach zu wichtig, was andere über sie denken, oder sie wollen sich selbst, nicht anderen, beweisen, dass sie etwas gut können, aber die bloße Anwesenheit eines Richters unterminiert ihr Selbstbewusstsein.

Angst vor Reitunterricht: Viele Reiter haben auch Angst vor Reitunterricht, obwohl sie wirklich dazulernen möchten. Dies kann daran liegen, dass sie sich schämen, dem Reitlehrer ihre Schwächen zu zeigen, oder sie glauben, dass sie die Dinge, die von ihnen verlangt werden, nicht schaffen, weil sie sie auch bisher nicht geschafft haben. Es kann aber auch sein, dass sie Angst haben, bei neuen Lektionen zu versagen, und so ihre Unfähigkeit entdeckt wird.

WIRKUNGSWEISE

Beim NLP werden die negativen Bilder in unserem Gehirn durch positive ersetzt. Alles dreht sich darum, Selbstvertrauen zu vermitteln und das Gefühl, alles erreichen zu können, was man möchte, solange man sich vernünftige Ziele steckt. Der Klient wird aufgefordert, sich an eine Situation zu erinnern, in der er etwas wirklich gut gemacht und sich darüber gefreut hat. Der Therapeut setzt dann kleine körperliche „Anker", d.h. er legt Haltungen fest, die der Kunde immer dann einnehmen soll, wenn er sich an diese positive Situation erinnert. In schwierigen Situationen denkt man dann daran und nimmt die vorgegebene Haltung ein; sofort kommt das großartige Gefühl von damals zurück. Das steigert allmählich die Leistung. Es gibt auch andere Techniken, mit denen man negative Erinnerungen durch positive zu ersetzen lernt.

Erinnerungsassoziation: Die Grundprinzipien neurolinguistischen Programmierens sind in unserem Gehirn verankert. Im Leben eines jeden Menschen gibt es gute und schlechte Zeiten. Wenn wir ein Lied hören, vor allem dann, wenn es ein bestimmter Sänger singt, versetzen wir uns oft sofort in die Zeit zurück, als dieses Lied etwas Besonderes für uns war. Das kann uns glücklich oder traurig machen, uns peinlich sein etc. ... Assoziationen sind sehr stark. Viele Menschen können sich z.B. daran erinnern, was sie gemacht haben und wo sie mit wem waren, als sie vom Tod Kennedys, Lennons oder Dianas, der Prinzessin von Wales, erfuhren. Viele von uns werden sich auch immer daran erinnern, wie sie die Jahrtausendwende, den Silvesterabend 1999/2000, verbracht haben, nicht aber an andere.

Der Einsatz von „Ankern": Indem man sich „Anker" ausdenkt, die man mit bestimmten Gefühlen in Verbindung bringt – wie z.B. die Finger zusammendrücken für Selbstvertrauen oder sich an der Nase kratzen für Glück – kann man mit der Zeit lernen (unter Anleitung eines NLP-Therapeuten oder eines Freundes, der sich auf NLP versteht), diese Gefühle einfach mit Hilfe des „Ankers" hervorzuholen. Man kann auch „Anker" mit bestimmten Gelegenheiten verbinden und dafür ein bestimmtes Wort oder einen Ausdruck verwenden. Je öfter man also den „Anker" einsetzt und sich dabei das zugehörige Gefühl in Erinnerung ruft, desto leichter fällt einem der Vorgang. Dieser biologische Prozess funktioniert!

NLP für Pferde

Man muss Pferde natürlich lehren, Ängste zu überwinden, aber sie können nicht lernen, mit NLP zu arbeiten. In den USA haben wissenschaftliche Forschungen allerdings ergeben, dass man ein Pferd dazu bewegen kann, eine unangenehme Situation zu tolerieren, indem man ihm währenddessen Leckerlis zusteckt und es lobt. Manche Pferde lernen sogar, die Situation zu genießen, andere finden sich zumindest damit ab. Allmählich kann man die Leckerlis dann durch lobende Worte ersetzen.

BIOFEEDBACK

Das Biofeedback ist eine Technik, die über bestimmte innere physiologische Zustände informieren soll. Sie wurde von Maxwell Cade entwickelt.

WIRKUNGSWEISE

Es werden elektronische Instrumente eingesetzt, mit denen man bestimmte Aktivitäten messen kann, die gewissen physiologischen Zuständen entsprechen sollen. Wenn z.B. bei diesen Messungen der Hautwiderstand oder die Temperatur der Finger steigt, zeigt dies einen Zustand der Ruhe und der Entspannung an.

EINSATZGEBIETE

Mit Biofeedback kann man lernen, seine Gefühle zu steuern oder zu verändern und die körperlichen Reaktionen darauf zu beeinflussen. Deshalb wird es beispielsweise eingesetzt, um stressbedingten Krankheiten wie Migräne, Verdauungsproblemen, Nägelbeißen, Muskelverspannungen usw. vorzubeugen oder entgegenzuwirken. Der Patient erhält Informationen über seinen Zustand und lernt, Beschwerden über seine Vorstellungskraft zu kontrollieren.

AUTOGENES TRAINING

Autogenes Training ist eine Autosuggestionstechnik und wirkt Verspannungen und Reizbarkeit des Reiters im Allgemeinen entgegen. Normalerweise benötigt man einen ca. sechs- bis achtwöchigen (Abend-)Kurs, um die Technik so zu beherrschen, dass man sie danach auch alleine zu Hause anwenden kann. Dann kann man sich bei psychischen und daraus entstehenden körperlichen Problemen immer sofort helfen, sobald sie auftreten.

Mit Autogenem Training kann man viele Beschwerden psychologischer oder körperlicher Natur wie Schlaflosigkeit, Depression und Stress, Verdauungsprobleme (Reizdarm), Kopfschmerzen und Magengeschwüre behandeln oder ihnen vorbeugen.

SELBSTHILFE

Unter der Anleitung eines ruhigen, selbstbewussten Lehrers kann man von einem Kurs viel profitieren. Vor allem Menschen, die erst mit Autogenem Training beginnen, werden so gleich auf die richtige Spur gebracht und lernen, wie sie die Übungen auch allein zu Hause anwenden bzw. sie auf ihre Reitprobleme übertragen können.

WAS BEWIRKT AUTOGENES TRAINING?

Man lernt, sich Situationen vor seinem geistigen Auge vorzustellen, von denen man möchte, dass sie eintreten (z.B. entspannt und selbstbewusst einen Parcours zu reiten), und wie man sich selbst davon überzeugt, dass man all das leisten kann, was man möchte. Außerdem lernt man, sich Bilder vorzustellen, die einen entspannen und die man auf bestimmte Situationen übertragen kann.

THERAPEUTIC TOUCH

Diese Therapieform wurde von der amerikanischen Krankenschwester Dolores Krieger entwickelt. Sie war immer sehr an ganzheitlichem Heilen interessiert gewesen, obwohl sie in einer schulmedizinisch geprägten Umgebung arbeitete, und beschäftigte sich eingehend mit dem Thema Geistheilung.

Dr. Grads Versuch: Dolores Krieger hatte von Versuchen in Kanada gehört, mit denen Dr. Bernard Grad von der McGill-Universität herausfinden wollte, ob Glaube allein heilen könne und ob er die Ursache für den Placebo-Effekt sein könne.

Er bat einen erfolgreichen Heiler, eines von zwei identischen Gläsern mit Wasser zu halten. Dann säte Dr. Grad zwei Flecken Gerste aus, gab über den ersten Fleck das Wasser aus dem Glas, dass der Heiler gehalten hatte, und über das andere das Wasser aus dem zweiten Glas. Die Gerste aus dem ersten Fleck wurde größer und grüner und enthielt mehr Chlorophyll, die Energiequelle der Pflanzen (Photosynthese!), als die übrige Gerste. Der Versuch wurde mehrmals wiederholt, führte aber immer zum gleichen Ergebnis.

Die Berührung durch einen Heiler: Dolores Krieger war der Ansicht, dass Heiler, wenn durch ihre Berührung der Chlorophyllspiegel stieg, auch in der Lage sein müssten, den Hämoglobinspiegel zu erhöhen, der den Sauerstoff im Blut transportiert und so, wie das Chlorophyll, Energie zur Verfügung stellt. 1971 assistierte sie bei einem Versuch mit 28 Patienten, die teilweise schwer krank waren. 19 von ihnen wurden von einem Heiler behandelt, der Rest erhielt keine Heilbehandlung. Es war, wie Dolores Krieger vermutet hatte: Bei den behandelten Patienten stieg der Hämoglobinspiegel, nicht aber bei den anderen. Außerdem berichteten einige der behandelten Patienten, dass auch die Symptome ihrer Krankheit gelindert worden oder sogar verschwunden seien.

Weltweites Heilen: Dolores Krieger setzte sich weiter mit dem Thema Heilen auseinander und gab ihr Wissen und ihre Erfahrungen an andere Krankenschwestern und sogar Ärzte weiter. Da sie sich der Skepsis der Schulmedizin bezüglich der Geistheilung bewusst war, nannte sie die Methode einfach Therapeutic Touch – was eigentlich nur bedeutet, dass die Therapie über Berührung wirkt. Unter diesem Namen findet diese Therapie heute auf der ganzen Welt Anwendung.

GLOSSAR

Dieses Glossar enthält eine Liste von Wörtern, die häufig im Zusammenhang mit Heilung und vor allem mit der Alternativmedizin vorkommen. Nicht alle Wörter aus dieser Liste kommen im Buch selbst vor, sie können aber für die Leser von Nutzen sein, die ihr Wissen weiter vertiefen möchten.

Abduktion: Bewegung weg von der Mittellinie oder Meridianebene des Körpers

Adduktion: Bewegung hin zur Mittellinie oder Meridianebene des Körpers

Adhäsion: durch Fibrin entstandene bindegewebliche Verwachsung, in der Regel nach Verletzungen

Adjuvans: ein Stoff, der die Wirkung anderer Stoffe fördert.

aerob: auf das Vorhandensein von Sauerstoff angewiesen (Training im aeroben Bereich, Wachstum aerober Bakterien etc.)

ätherische Öle: flüchtige, aus Pflanzen gewonnene Öle, die alle einen typischen Geruch und therapeutische Eigenschaften besitzen. Werden in der Aromatherapie verwendet.

Allergie: Überempfindlichkeit des Körpers auf einen bestimmten Stoff

Allopathie: medizinisches System. Ziel: Behandlung von Krankheitsprozessen durch die Anregung anderer Prozesse; Gegenmittel werden eingesetzt, um der Krankheit entgegengesetzte Symptome hervorzurufen, z.B. Verabreichung von Entzündungshemmern, Antibiotika ...

Akupunkturpunkte: Punkte, die sich auf den Meridianen befinden und an denen die nahe an der Oberfläche fließende Energie zur Förderung der Heilung eingesetzt werden kann.

akut: ein Zustand, der plötzlich auftritt und nur kurz andauert.

anaerob: nicht auf das Vorhandensein von Sauerstoff angewiesen (Training im anaeroben Bereich, anaerobe Bakterien etc.)

Analgetika: Schmerzmittel

arteriell: die Arterien betreffend

Artikulation: Gelenkverbindung

Astringent: Substanz, die die Zellwände zusammenzieht und ungewollte Absonderungen verhindert.

Asymmetrie: nicht symmetrisch oder im Gleichgewicht

Ataxie: Verlust der muskulären Koordination

Atonie: fehlender Spannungszustand der Muskeln

Atrophie: Gewebsschwund (organisch oder muskulär) infolge mangelhafter Durchblutung oder mangels Training

Aufguss: Kräuter werden mit kochendem Wasser übergossen, um die Aktivstoffe herauszulösen. Das Extrakt wird kalt getrunken.

Auren: Schichten aus Energie rund um den Körper, die von manchen Menschen als Farben wahrgenommen werden, von anderen als Gefühl der Stärke oder Schwäche, des Guten oder des Bösen.

Auskultation: Abhören von Geräuschen im Körper mit dem Stethoskop

Balsam: duftende Pflanzenflüssigkeit

Bindegewebe: Grundtyp des Körpergewebes. Besteht aus Bindegewebszellen und Interzellularsubstanz und füllt z.B. organfreie Räume.

Biodynamik: Lehre von den Bewegungen des Körpers und der darauf wirkenden Kräfte

Bioenergie: die biologische Energie in allen Lebewesen

Bursa: Schleimbeutel. Mit Gelenkschmiere (Synovia) gefüllter „Beutel", der z.B. Gelenke vor unerwünschter Reibung schützen soll.

Bursitis: Schleimbeutelentzündung

Callus: Hornschwiele. Hornhaut bildet sich an bestimmten Stellen als Schutz vor Reibung.

Carminativa: blähungstreibende Mittel aus pflanzlichen Drogen, wirken verdauungsfördernd.

Chakra: Eines von mehreren Energiezentren im Körper; Begriff aus der indischen Medizin

Chi: (chin.) Energie oder Lebenskraft, wichtig für alle Lebensbereiche. Chi ist im ganzen Universum vorhanden, höhere Konzentrationen befinden sich in den Meridianen des Körpers.

chronisch: sich langsam entwickelnder, lang andauernder Zustand

Collagen (auch: Kollagen): fibröse, proteinhaltige Substanz in Knochen, Knorpel und Bindegewebe

Dan Tien: Energiezentren des Körpers in der chinesischen Medizin

Debilität: Schwäche im allgemeinen Sinn

Decoctum: Kräuterheilmittel, das aus gekochtem Pflanzenmaterial besteht und dem Pferd oral verabreicht wird.

Diagnose: Entdeckung und Einschätzung einer Krankheit durch Untersuchung der vorliegenden Symptome

Dilatation: Erweiterung

Dynamisierung: homöopathischer Prozess, bei dem eine Lösung heftig geschüttelt wird, um die Potenz eines Heilmittels durch magnetische Veränderung seiner Molekularstruktur zu erhöhen.

distal: weiter entfernt von der Körpermitte

Diuretikum: harntreibendes Mittel

Dornfortsätze: vom Wirbelkörper abgehende Ansätze für Bänder und Muskeln

dorsal: den Rücken bzw. die Rückseite eines Körperteils betreffend, Gegensatz: ventral

Elektrolyte: Mineralsalze wie Natrium, Magnesium, Kalium, Chlor und Kalzium, die die elektrische Leitfähigkeit des Körpers regulieren. Verlust durch Schweiß

Enzephaline/Endorphine: die körpereigenen, opiumverwandten Stoffe, die Schmerzen lindern und das Wohlbefinden steigern.

Energiekörper: die Energieschichten, die, laut chinesischer Medizin, den Körper umgeben.

Energiemedizin: System, das die Selbstheilungskräfte des Körpers anregt, indem es den Energiefluss ausbalanciert, statt den Körper nur mit Hilfsmitteln wie Antibiotika oder Entzündungshemmern zu unterstützen.

Entericus: die Eingeweide betreffend

Entgiftungsmittel: alle Stoffe, die durch eine graduelle Entgiftung des Körpers die Gesundheit fördern und die Nährstoffaufnahme verbessern. Durch sie wird auch der Stoffwechsel verbessert.

Entzündung: die natürliche Reaktion des Körpers auf Verletzungen. Örtliche Entzündungszeichen sind Wärme, Röte, Schmerzen, und Schwellung.

Enzym: ein Protein, dass als Katalysator in biochemischen Prozessen oder Reaktionen dient.

Eugenik: homöopathischer Begriff für die Behandlung von Föten im Mutterleib

Expektorantia: schleimlösende Mittel

Fascia (auch: Faszie): kollagenbindegewebiges, unter der Körperdecke gelegenes Hüllorgan

Fibrose: Entstehung von Bindegewebe, das schlecht durchblutet ist.

Freiname: die 1953 von der WHO in Listenform publizierten Namen für pharmazeutische Substanzen

Ganzheitlichkeit: Die wissenschaftliche Theorie der Ganzheitlichkeit wurde von dem Philosophen Jan Christian Smuts (1870–950) veröffentlicht, der festlegte, dass Ganzheitlichkeit die Schaffung und Erhaltung eines Ganzen, vollständiger biologischer Systeme, sei. Jede Unvollständigkeit bzw. jedes Ungleichgewicht oder jede Disharmonie kann sich laut dieser Theorie auf die von der Natur ganzheitlich angelegten Systeme des Körpers störend auswirken.

Gelenkdistorsion: Verstauchung eines Gelenks, wobei Bänder verletzt und möglicherweise angrenzendes Gewebe wie Sehnen, Muskeln und Nerven in Mitleidenschaft gezogen sind.

Gewebe: ein durch spezifische Leistungen gekennzeichneter Verband von gleichartigen Zellen, z.B. Muskelgewebe, Lungengewebe oder Bindegewebe

Hämoglobin: Stoff, der Sauerstoff und Eisen im Blut transportiert; gibt den roten Blutkörperchen ihre Farbe.

hämostatisch: die Fähigkeit, Blutungen zu stoppen.

Homöopathie: das Heilen einer Krankheit mittels Medikamenten, die beim gesunden Menschen die betreffende Krankheit auslösen würden. Basiert auf der Vorstellung, dass „Gleiches mit Gleichem" geheilt werden kann.

Homöostase: Selbstregulation eines biologischen Systems im dynamischen Gleichgewicht ohne Einwirkung der Umwelt oder äußerer Einflüsse

Hormone: die chemischen Botenstoffe des Körpers, die je nach Aufgabe von verschiedenen Drüsen im Körper abgegeben werden.

Hyperthermie: Überwärmung des Körpers

Hypotonium: ein Heilmittel aus der Kräuterheilkunde, das den Blutdruck senkt.

Hypothermie: Unterkühlung

Iliosakralgelenk: Kreuz-Darmbein-Gelenk

Immunstimulanzien: stimulieren das Immunsystem

Impfkrankheit: Krankheit, die durch eine Impfung ausgelöst wird.

Indikation: Grund oder Umstand, eine bestimmte Behandlung durchzuführen.

Inhalation: Kochendes Wasser wird über eine Kräuterrezeptur gegossen, die Dämpfe werden eingeatmet.

Isopathie: Behandlung einer Krankheit mittels Verabreichung des Erregers, der sie verursachte, wie z.B. bei Impfungen.

Jing: ein Aspekt des Chi aus der chinesischen Medizin; die Quelle allen Lebens, individuellen Wachstums und aller Entwicklung

Kalzifizierung: das Hartwerden von Knochen durch Kalkablagerungen

kardial: das Herz betreffend

karpal: beim Pferd: das Vorderfußwurzelgelenk betreffend; beim Menschen: die Handwurzel betreffend

Karzinogen: krebserregender Stoff

Katalysator: ein Stoff, der eine chemische Reaktion beschleunigt.

Ki: japanische Schreibweise des Wortes für die Energie des Körpers bzw. die Lebenskraft (siehe Chi)

Kognitive Verhaltensforschung: ein Teilgebiet der Biologie, bei dem der Charakter studiert wird. Hier geht man davon aus, dass manche Tiere ein angeborenes Gewissen haben und sich dementsprechend verhalten können.

kongenital: angeboren

Konstitutionsmittel: ein Heilmittel, das ganzheitlich auf Körper, Geist und Seele wirken soll.

Kontraindikation: Gegenanzeige; Umstände, die den Einsatz einer eigentlich angezeigten Therapie oder eines eigentlich angezeigten Medikaments verbieten.

Kontraktion: ein sich Zusammenziehen

Läsion: umschriebene Störung einer Funktion oder des Gewebegefüges durch Verletzung oder Krankheit

lateral: seitlich, von der Mittellinie des Körpers abgewandt

Lösung: homogene Mischung, in der ein oder mehrere Feststoffe in Wasser gelöst sind.

lumbal: die Lende(n) betreffend, zwischen Thorax und Becken

Lumbosakralgelenk: das Gelenk zwischen den Lendenwirbeln und dem Kreuzbein. Die Stelle, an der die Hinterhand sich „biegt" und so die Hinterbeine in der Bewegung unter den Körper schiebt.

Luo: Kanalsystem, das die Hauptmeridiane verbindet (chinesische Medizin).

Lymphe: strohfarbene Flüssigkeit, die hauptsächlich weiße Blutkörperchen enthält; trägt zur Krankheitsabwehr bei; enthalten in den Lymphgefäßen, wird durch Druck von benachbartem Gewebe oder Muskeln bewegt.

Lymphdrüsen: Gewebe im lymphatischen System, das Krankheitserreger „ausschaltet".

Materia Medica: Lehre von in der Medizin verwendeten Stoffen

medial: näher zur Mittellinie des Körpers hin gelegen

median: nahe oder auf der Mittellinie des Körpers gelegen

Meridiansystem: Energiekanäle oder Richtungen, entlang derer die Lebenskraft oder Energie des Körpers fließt. Die Meridiane sind miteinander verbunden und beeinflussen sich gegenseitig.

Metabolismus: der Stoffwechsel; die Summe aller im Körper auftretenden chemischen Veränderungen

Miasma: historische Bezeichnung belebter oder unbelebter Krankheitsstoffe

Modalität: ein Faktor, der Symptome lindert oder verschlechtert; Symptome, die sich durch natürliche Mittel, wie Bewegung, Wetter, Zeit, Temperatur etc. verändern.

Moxibustion: die Verbrennung von Moxa (Kräutern) auf Akupunkturnadeln zur Wirkungsverstärkung durch Wärme und Duft der Kräuter als Teil der Behandlung

Mucilago: Arzneimittel aus pflanzlichen Schleimdrogen für den Schutz gereizten und entzündeten Gewebes; wirkt leicht abführend.

mukopurulent: schleimig-eitrig

Nadis: Energiemeridiane, die die Chakras im Körper miteinander verbinden (indische Medizin).

Narkose: Erzeugung von Tiefschlaf bzw. Bewusstlosigkeit durch intravenöse Verabreichung eines Medikaments

Nekrose: Gewebstod

Neoplasie: Neubildung von Krebsgewebe

Neurose: psychisch bedingte Gesundheits-/Geistesstörung

Ödem: Ansammlung unnormal großer Mengen von Flüssigkeit im Gewebe

olfaktorisch: den Geruchssinn betreffend

Opiat: aus Opium oder einem ähnlichen Stoff gewonnenes Arzneimittel

oral: den Mund betreffend

organisch (z.B. Anbau): ohne Einsatz von Pestiziden, Pflanzenschutzmitteln oder Dünger

Osmose: Bewegung von Flüssigkeit durch die Zellmembran, wobei eine Lösung an Konzentration verliert.

Ossifikation: Bildung von Knochen, Verknöcherung

Palpation: Tastuntersuchung; Einsatz des Tastsinns

Palliativum: Linderungsmittel

Pathogen: Krankheitserreger

pathologisch: die Pathologie betreffend, krankhaft

pektoral: die Brust betreffend

Perkussion: Beklopfen einer Körperfläche, z.B. des Abdomens, und Analyse der Schallqualitäten zur Diagnosestellung

Phytoprävention: Einsatz von Pflanzenstoffen zur Krankheitsprävention

Phytotherapie: der Einsatz von Pflanzenstoffen in der Medizin

Pneuma: Wort für Lebenskraft oder Energie aus dem Altgriechischen

Potenz: bei homöopathischen Arzneimitteln der auf die Ursubstanz bezogene Verdünnungsgrad

Potenzierung: das „Stärkermachen" eines homöopathischen Heilmittels

Präkursor: Vorstufe eines biologischen Zwischen- oder Endprodukts

Prana: indischer Begriff für Lebenskraft oder Energie

probiotisch: Nahrungsmittel, die Zusätze aus lebenden Mikroorganismen zur Unterstützung der Darmflora und der Verdauung enthalten.

Prognose: Vorhersage über wahrscheinlichen Verlauf und Ausgang einer Krankheit

Prophylaxe: individuelle und generelle Maßnahmen zur Krankheitsvorbeugung

Proprio(re)zeption: Eigenwahrnehmung des Körpers

proximal: nahe an der Körpermitte; Gegensatz: distal

Prüfung: die Verabreichung eines Heilmittels in der Homöopathie in ausreichender Menge, um die zu erwartenden Krankheitssymptome in einem gesunden Körper auszulösen.

pulmonal: die Lunge betreffend

Pyretikum: Fieber erzeugendes Mittel

Pyrexie: Fieber

Qi: andere Schreibweise des japanischen Begriffs „Ki"

Reaktionsmittel: Begriff aus der Kräuterheilkunde zur Beschreibung von Stoffen, die dazu beitragen, die Homöostase im Körper wieder herzustellen und seine Anpassungsfähigkeit verbessern, was wiederum die Funktionsfähigkeit des Immunsystems verbessert.

Reflexbewegung: unmittelbare und unwillkürliche Reaktion der Nerven

Remedium: Heilmittel, Arzneimittel, Medikament

Rolfing: ein System aus kräftiger Massage und Manipulation, mit dem Gewebe nach Verletzungen oder Traumata wieder in seine normale Lage gebracht werden soll.

Rotation: die vorsichtige Drehbewegung bei der Manipulation, durch die die Mobilität eines Gelenks und der Energiefluss in den Meridianen verbessert werden sollen

Rubefacientium: ein Hautrötung und Erwärmung verursachendes Hautreizmittel

Sakrum: Kreuzbein; fünf zusammengewachsene Wirbel, die unter bzw. hinter den Lendenwirbeln ein Dreieck bilden; bei Pferden die Stelle zwischen dem höchsten Punkt der Kruppe und der Schweifwurzel.

Saponine: giftige Stoffe in Pflanzen, die Fette aufspalten. In Arzneimitteln wirken sie schleimlösend oder abführend.

Sedativum: Beruhigungsmittel, das die Nervenfunktion reduziert und schlaffördernd wirkt. In der Akupunktkur: Verteilung überschüssiger Energien

Sepsis: Blutvergiftung

Shen: ein Aspekt von Geist und Seele, Begriff aus der chinesischen Medizin

Similium: Heilmittel aus der Homöopathie, das Symptome hervorruft, die den beim Patienten vorliegenden Symptomen sehr ähnlich sind.

Spasmus: Muskelkrampf; unwillkürliches Zusammenziehen von Muskelgewebe oder Verengung eines Blutgefäßes

Stereotypie: automatenhafte Wiederholung – meist unmotivierter – Bewegungen, ausgelöst durch seelischen Stress; das sind z.B. Weben, Koppen.

Stimulans: anregendes Heilmittel

Stress: gewaltsamer Einfluss auf den Körper, z.B. Quetschung oder Verspannung; unerwünschter physischer oder psychologischer Faktor, der den Organismus überfordert und so die Gesundheit und das Wohlbefinden negativ beeinflusst.

subklinisch: mit nur geringen klinischen Krankheitszeichen

subkutan: unter der/die Haut

Suspension: Flüssigkeit, in der feine Feststoffpartikel gelöst sind, die sich nicht als Sediment absetzen.

Symbiose: enge Verbindung zweier Organismen, von der beide profitieren.

Symmetrie: Ausgeglichenheit

Synergie: in der Kräuterheilkunde, Homöopathie etc. die verstärkte Wirkung beim Zusammenwirken zweier Stoffe (im Gegensatz zu ihrer Wirkung als Einzelstoffe). 2 + 2 ist hier also 6.

systemisch: den ganzen Körper betreffend

tarsal: beim Menschen: die Fußwurzel betreffend. Beim Pferd: das Sprunggelenk betreffend

therapeutisch: die Heilung betreffend

Thermographie: Standardtechnik aus der tierärztlichen Diagnostik. Ein Thermograph zeigt „Wärmebilder"; dadurch können unnatürlich warme oder kalte Stellen diagnostiziert werden.

Thorax: Brustkorb

Tinktur: flüssiges, in Alkohol gelöstes Kräuterheilmittel. Pflanzenteile werden in Alkohol eingelegt, um aus ihnen die Wirkstoffe herauszulösen.

Tonisierung: Stärkung und Unterstützung des Chi oder der Energie (chinesische Medizin)

topisch: die örtliche Lage betreffend

Trauma: eine Wunde, Verletzung oder extremer psychischer Stress

Trigger Point: englischer Ausdruck für Druckpunkt, Schmerzpunkt, Reizpunkt

Überhitzung: Begriff, der die übermäßige Energieaufnahme durch Nahrung beschreibt („Dieses Pferd sticht der Hafer!").

Urtinktur: unverdünnte homöopathische Lösung aus Pflanzenstoffen in Alkohol, aus der andere Heilmittel hergestellt werden.

vaskulär: die (Blut-)Gefäße betreffend

venös: die Venen betreffend

ventral: das Abdomen (Bauch) betreffend; Gegensatz: dorsal

Vermifugum: Entwurmungsmittel

volatil: flüchtig. Stoffe, die bei einer Raumtemperatur von etwa 20 Grad verdampfen.

Yang: der positive Aspekt von Yin und Yang, den gegensätzlichen Polen aus der chinesischen Medizin

Yin: der negative Aspekt von Yin und Yang, den gegensätzlichen Polen aus der chinesischen Medizin

Zelle: kleinste lebensfähige Einheit des Körpers, z.B. Hautzellen, Blutzellen, Knorpel- oder Knochenzellen

Zellulose: das Kohlehydrat, aus dem die Zellwände der Pflanzen bestehen. Zellulose ist der Hauptbestandteil der Pferdenahrung.

Zirkadianer Rhythmus: Tag-Nacht-Rhythmus, der die Körperfunktionen wie Schlaf, Energieniveau und Aufmerksamkeit steuert. Dauert etwas länger als 24 Stunden.

NÜTZLICHE ADRESSEN

Bundestierärztekammer e.V.
Oxfordstr. 10
53111 Bonn

Bundestierärztekammer e.V.
Akademie für tierärztliche
Fortbildung (ATF)
Oxfordstr. 10
53111 Bonn
atf@btk-bonn.de

Bundeskammer der Tierärzte
Österreichs
Biberstr. 22
A-1010 Wien
oe@tieraerztekammer.at

Gesellschaft Schweizerischer
Tierärzte
Postach 63 24
CH-3001 Bern
www.gstsvs.ch
info@gstsvs.ch

Gesellschaft für ganzheitliche
Tiermedizin
(GGTM)
Frau Dr. Heidi Kübler
Rudolf-Diesel-Str. 17
74182 Obersulm-Willsbach
Dr.Heidi.Kübler@t-online.de

Eine Liste von Tierärzten, die sich
mit Naturheilverfahren beschäftigen, erhalten Sie gegen eine Schutz-
gebühr vom

Zentralverband der Ärzte für Naturheilverfahren
(ZÄN)
Alfredstr. 21
72250 Freudenstadt

Institut für Bach-Blütentherapie,
Forschung und Lehre, Mechthild
Scheffer
Dr. Edward Bach Centre, German
Office
Liepmannstr. 52
22769 Hamburg

Dr. Edward Bach Centre, Austrian
Office
Börsengasse 10
A1010 Wien

Dr. Edward Bach Centre,
Swiss Office
Mainaustr. 15
CH-8034 Zürich

Deutsches Institut für
Pferdeosteopathie
(DIPO)
Hof Thier zum Berge
48249 Dülmen
www.osteopathiezentrum.de

TTEAM Deutschland
Bibi Degn
Hassel 4
57589 Pracht
bibi@-TTEAM.de

TTEAM Österreich
Ruth & Martin Laser
Anningerstr. 18
A-2353 Guntramsdorf
tteam.office@aon.at

TTEAM Schweiz
Doris Süess-Schröttle
Mascot Ausbildungszentrum AG
CH-8566 Neuwilen
learn@mascot-ausbildung.ch

Deutsche Reiterliche Vereinigung
(FN)
Freiherr-von-Langen-Str. 13
48231 Warendorf
www..pferd-aktuell.de
fn@fn-dokr.de

FS Reitzentrum Reken
Frankenstr. 37
48734 Reken
fs.reitzentrum@t-online.de

Vereinigung der Freizeitreiter
in Deutschland e.V.
(VFD)
Am Bauernwald 5b
81739 München
www.vfdnet.de

In Österreich:
Bundesfachverband für Reiten
und Fahren
Geiselbergstr. 26-35/512
A-110 Wien
www.fena.at
office@fena.at

Schweizerischer Verband
für Pferdesport
(SVPS)
Geschäftsstelle
Papiermühlestr. 40 H
CH-3000 Bern 22
www.svp.fsse.ch
info@svps-fsse.ch

Wenn Sie sich gern mit einer unserer Autorinnen/einem unserer Autoren (siehe nebenstehende Bücher-
liste) in Verbindung setzen
möchten, schreiben Sie an:

Kosmos-InfoLine Pferde
Postfach 10 60 11
70049 Stuttgart

ZUM WEITERLESEN UND VERTIEFEN

Dr. med. vet. Ina Gösmeier
Akupressur für Pferde
löst Verspannung, stärkt die Lebens-
energie
Stuttgart 1999

Petra und Wolfgang Hölzel
Mentales Training für Reiter
Der neue Weg zum erfolgreichen
Reiten
Stuttgart 2001

Armin Kasper
Hufkurs für Reiter
Hufkunde – Hufpflege – Hufschutz
Stuttgart 1999

Carola Lind/Karin Müller
Der sechste Sinn
Zwiesprache mit Pferden
Stuttgart 2001

Dieter Mahlstedt
Akupunktmassage nach Penzel
am Pferd
Stuttgart 1997

Ute Meyerdirks-Wüthrich
Bach-Blütentherapie für Pferde
Körper und Seele heilen
Stuttgart 1998

Gisela und Burkhard Rau
Der richtige Hufschutz für mein Pferd
Stuttgart 2001

Dr. med. vet. Michael Rakow
Die homöopathische Stallapotheke
Stuttgart 2002

Angelika Schmid-Neuhaus
Das große Fitnessprogramm für Pferde
Massage – gelöstes Reiten – Sattel-
check
Stuttgart 2000

Angelika Schmid-Neuhaus
Massage für Pferde
Stuttgart 2002

Jochen Schumacher/Monika Krämer
Reiten lernen mit allen Sinnen
Die Rekener Reitschule – 5 Bausteine
zum Erfolg
Stuttgart 1999

Susanne E. Schwaiger
Der Weg mit Pferden – Ein Weg zu mir
Das Pferd als Persönlichkeitstrainer
Stuttgart 2000

Susanne E. Schwaiger
Persönlichkeitstraining mit Pferden
Das Praxisbuch
Stuttgart 2001

Linda Tellington-Jones
Die Persönlichkeit Ihres Pferdes
Die Kunst, Charakter und Tempera-
ment Ihres Pferdes zu bestimmen und
positiv zu beeinflussen
Stuttgart 1995

Linda Tellington-Jones
TTouch und TTeam für Pferde
Der sanfte Weg zu Gesundheit,
Leistung und Wohlbefinden
Das Praxisbuch
Stuttgart 2002

Cornelia Wittek
Von Apfelessig bis Teebaumöl
Hausmittel und Naturheilkräfte für
Pferde
Stuttgart 1999

Cornelia Wittek
Kräuter und Tees für Pferde
Stuttgart 2002

Kirstin Zoller
Naturheilkunde für Pferde
Sanft und natürlich vorbeugen und
heilen
Stuttgart 2000

Videos

Armin Kasper
Hufkurs für Reiter

Linda Tellington-Jones
Die Persönlichkeit Ihres Pferdes
Reiten nach der TTeam-Methode
TTeam-Bodenarbeit
TTouch für Dressurpferde
TTouch für Springpferde

REGISTER

DANKSAGUNG

Für dieses Buch waren umfangreiche Recherchen notwendig, aber wir denken, dass sich die Mühe gelohnt hat, weil es ein wirklich umfassendes Kompendium der Therapien für Pferd und Reiter geworden ist. Die einzelnen Heilmethoden sind zwar nur angeschnitten, die Themen aber detailliert genug ausgeführt, um den Leser anzuregen, sich selbst weiter zu informieren.

Weil die Vorbereitungen zu diesem Thema Jahre dauerten und wir schon damit begonnen hatten, noch bevor der Verlag mit der Bitte an uns herantrat, ein derartiges Buch zu schreiben, haben wir es nicht geschafft, alle Menschen im Gedächtnis zu behalten, mit denen wir gesprochen und die wir befragt haben. Zahlreiche Organisationen haben uns sehr geholfen, und unzählige Patienten, Tierärzte, Ärzte und Therapeuten haben uns in all den Jahren mit ihren Ansichten, Erfahrungen und Kontakten weitergeholfen. Aus der Fülle all dieser Details ist nun dieses Buch entstanden. Wir sind all diesen Menschen unendlich dankbar.